joies du cheval

Collection « Joies et Réalités »

HACHETTE RÉALITÉS

Parus dans la même collection :

Joies de la Chasse
Joies de l'Automobile
Joies de la Voile
Joies du Rugby
Joies du Chien
Joies du Football
Joies de la Neige
Joies de la Pêche
Joies de la Moto

Le commandant
Benoist-Gironière
a présidé
à l'élaboration de cet ouvrage

Les textes sont de
Alain Albaric Louis Bidault
Colonel Brau Colonel Cavaillé
Général Chevallier Jonel Chyriacos
Denys Colomb de Daunant
Paul de Cordon Adrien Drion Serge Holtz
Hélie de Montaigut Jacques Noirot-Nérin
Angel Peralta Général Rethoré
Commandant Saint-Fort-Paillard
Capitaine Sorlin Marquis de Vibraye

Introduction
La passion du cheval

PAR LE COMMANDANT BENOIST-GIRONIÈRE

S'il est parmi les cavaliers un heureux privilégié qui peut se vanter d'avoir profité toute sa vie des innombrables joies que procure le cheval, je suis bien celui-là !

Depuis ma plus tendre enfance, il fut le compagnon de mes rêves. Les premiers contacts du petit bout d'homme que j'étais furent assez prosaïques et même très terre à terre (au niveau du crottin), il faut l'avouer ! C'est en son voisinage que je guettais les moineaux de ma carabine à air comprimé. Cet âge est sans pitié, mais ainsi s'affirmaient en moi, à l'unisson, les joies de la chasse et les joies du cheval.

Elles devinrent plus éthérées dès que je pus m'élever vers le ciel : je mis le pied à l'étrier et partis à la conquête de l'espace.

Je n'irai pas vous raconter mes chevauchées d'alors. Collégien en vacances d'un jour, je faisais des chasses de cinquante ou quatre-vingts kilomètres derrière un grand cerf, secoué, ballotté à la queue des chiens, incapable d'empêcher de trottiner une jument dont l'ardeur égalait la mienne. Je rentrais au collège courbatu pour de longs jours, mais le cœur débordant de joie !

Ma pauvre jument s'étant brisé un membre en glissant dans sa pâture, je dus me contenter quelque temps du brave bidet breton qu'attelait mon curé ; cette sainte monture n'avait d'ailleurs, je tiens à le préciser, rien de méprisable (un ami Irlandais ne m'a-t-il pas raconté depuis lors que les arcanes de l'équitation lui avaient été révélés sur le dos d'un cheval de corbillard ?). On trouve sa joie partout avec un cheval.

Puis ce furent Saint-Cyr et son escadron, Saumur et la folle ambiance équestre de la vie des sous-lieutenants d'alors. Je crois revivre ce passé en relisant une missive que m'envoya le grand cavalier, le réputé entraîneur François Mathet qui relate ainsi son arrivée à Saint-Cyr : « J'entrai dans la vie sans aucune expérience, face à l'indifférence, à la rudesse, à l'égoïsme, au-devant des chagrins et des épreuves. Qui m'avait poussé là ? Il faut bien l'avouer : le cheval ! Je n'imaginais pas la carrière des armes en dehors du cheval. Dès que j'en eus la possibilité, je me lançai à corps perdu dans les courses. Cela me valut bien des avatars, bien des ennuis, bien des déceptions. On me reprocha dans le militaire d'être trop civil, comme plus tard dans le civil d'être trop militaire. »

Comme François Mathet j'ai eu les mêmes joies, les mêmes déboires aussi. Qu'importe! Le cheval n'était-il pas là, toujours ami, toujours fidèle.

Ah, les belles errances dans le djebel algérien avec mes spahis! Les premiers concours gagnés à Alger sur un athlétique barbe d'un mètre cinquante, vainqueur de Puissances par la suite en France, et de tant d'épreuves! Et tous mes autres chevaux : les fougueux devenus dociles, les méchants devenus tendres... Les merveilleux voyages à travers le monde avec l'équipe internationale de concours hippique...

Que de joies fulgurantes! Elles sont par trop diverses pour que je puisse seul les décrire dans toute leur intensité. Pour en rassembler un bouquet aussi complet que bariolé, faisons appel à d'autres qui les ont vécues, chacun dans leur spécialité. Ils sauront mieux que moi conter leurs passionnantes équipées.

Mais vous, amateurs de joies équestres, gardez-vous bien de sentiments trop égoïstes. Si les joies du cheval sont un incomparable dérivatif, elles ne seront pures que si votre monture les partage. Celle-ci a droit à vos égards et à de justes récompenses, car sa bonne volonté est grande. Elle met sa puissance et sa merveilleuse beauté à la disposition de tous ceux qui savent le demander aimablement; elle ne se montre récalcitrante qu'avec les brutaux ou les ignorants.

Elle vous emmènera, en compagne fidèle, promener votre joie, oublier votre peine. Sur son dos vous laisserez déborder votre allégresse en de hardies galopades, vous sèmerez vos soucis tout au long des sentiers et, « après deux heures de chevauchée, le corps imprégné de tous les parfums des montagnes, des sapins et des étoiles », comme l'écrit le romancier Virgil Gheorghiu, vous rentrerez heureux.

Et puis, peut-être, quand vous serez vieux, cassé, boiteux même, aurez-vous encore la joie de faire revivre votre passé de folles cavalcades, comme je le fais, moi, du bout de ma plume.

Y. B.-G.

Les joies de l'élevage

CHAPITRE 1

Il fut un temps où notre campagne s'égayait des ébats printaniers de nombreux poulains nouveau-nés. Dans les grasses prairies de Normandie, dans les monotones marais vendéens comme dans les cailloux des Causses ou sur les rives salées de l'Adour, rares étaient les propriétaires ruraux qui n'avaient pas quelques poulinières. Dans les plus humbles logis, la jument n'arrêtait de travailler que pour mettre bas.

Qui ne se souvient des convois de saltimbanques sur les routes bien tranquilles d'alors? Attelages hétéroclites où les poulains suivaient hardiment leurs haridelles de mères mal nourries de l'herbe du chemin. Le dimanche matin les fermiers s'amenaient à la messe au grand trot bruyant de leur jument de labour, et mettaient un point d'honneur à posséder la bête la plus vigoureuse.

Le cheval assurait avec les bœufs les travaux des champs. L'armée absorbait une remonte de toutes tailles, de toutes races, de tous modèles.

Les temps ont bien changé : la motorisation a envahi les cultures et les routes. Faut-il le regretter? Oui, sans doute, quand l'on voit de magnifiques poulains de trait s'en aller à la boucherie. Certainement pas pour les chevaux « de guerre » car ces serviteurs modèles marchaient jusqu'à l'épuisement, se faisaient massacrer même, portant sans renâcler leur maître sous la mitraille. Je revois encore une bête dont la mâchoire pendait, fracassée par une balle. Il était plein de détresse, le regard de ce cheval qui mourait sans comprendre pourquoi pareille douleur mettait un terme à son existence faite d'abnégation.

L'armée n'achète plus que quelques chevaux de sport. Notre élevage en a été complètement perturbé : parce que les débouchés se sont fait rares d'une part, parce que seuls les bons chevaux ont trouvé preneurs d'autre part. Il a donc fallu supprimer toutes les poulinières médiocres, toutes celles que l'on faisait saillir pendant l'occupation pour en éviter la réquisition. Ce fut la disparition, après la guerre, des élevages familiaux, si bien qu'avec le renouveau de l'équitation il devint difficile de satisfaire les demandes. Cette situation amena les éleveurs à renouveler leur jumenterie et à l'améliorer sans cesse.

Nous avons désormais en France une qualité de chevaux jamais égalée. Bien des pays nous l'envient et y puisent largement.

Cet engouement pour le cheval s'affirme de jour en jour et attire vers ce noble animal une jeunesse enthousiaste. On prend quelques leçons d'équitation, on loue un cheval pour une heure, puis pour une promenade plus longue, pour toutes les vacances... Enfin l'on achète son cheval et l'on s'y attache tellement que l'on veut en perpétuer la joie. Alors on élève un poulain. L'élevage familial retrouve ainsi ses charmes à côté des grands haras qui, eux, s'orientent vers la compétition. Si l'avènement d'un poulain est une réjouissance dans la famille, c'est un rêve d'espoirs fous dans une écurie de sport. Et cela pose le problème de l'élevage.

Né dans une chaumière ou dans un établissement de luxe, le poulain n'aura droit à des papiers d'origine que s'il est reconnu par le service des Haras. Muni de sa carte d'identité, il fait partie de grandes familles françaises. Son nom sera inscrit sur la porte de son box, suivi de celui de son père et de celui du père de sa mère, car pour un homme de cheval les origines parlent. Ces grandes familles, ce sont les diverses races de chevaux de sport élevées en France, dont vous trouverez ici un large exposé.

Poulinière et foal au haras de Meautry.

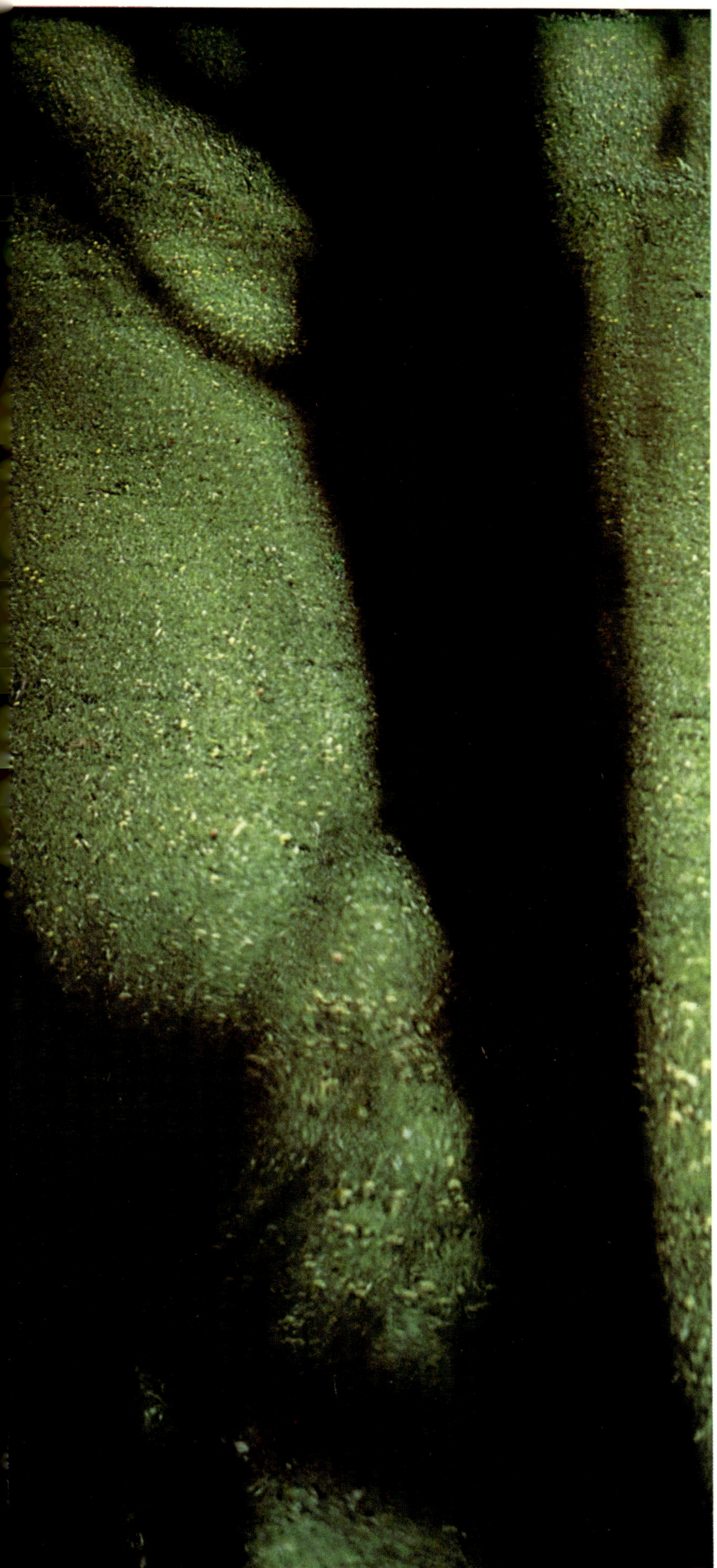

a / L'élevage

par Jacques Noirot-Nérin.

Prises à l'état sauvage, les espèces animales ont, depuis les temps les plus anciens, produit des sujets dont les aptitudes générales leur ont été conférées par la nature, la seule sélection opérée étant celle, impitoyable, des plus forts aux dépens de ceux qui le sont moins. Le génie de l'homme s'est au contraire appliqué à développer chez les animaux domestiques certains caractères, selon l'usage auquel il les destine.

Espèce d'essence supérieure, le cheval se prêtait mieux que tout autre à l'épanouissement de qualités qu'il possédait à l'état naturel : la vitesse et la force. Après avoir joué pendant longtemps un rôle utilitaire capital, très diminué ensuite du fait de la motorisation, le cheval tient cependant encore une place importante dans notre civilisation des loisirs.

Le fait d'utiliser des chevaux pris au lasso dans les pampas est assez exceptionnel. Il est donc évident que, pour approvisionner le marché dans ses différentes orientations, il faut une catégorie de citoyens qui produise les animaux nécessaires. Ce sont les éleveurs.

Apportons tout de suite une précision à ce sujet : si le plus grand propriétaire d'écuries de course du début du siècle, Edmond Blanc, prétendait sous forme de plaisanterie qu'on pouvait élever un cheval n'importe où, « fût-ce place de la Concorde », on conçoit que l'éleveur soit un terrien exerçant, sur le plan général, une activité agricole. Cependant la terminologie des courses a étendu le titre à celui qui était propriétaire de la jument mère du cheval considéré au moment de sa naissance. A ce titre Marcel Boussac, le baron Guy de Rothschild, l'Aga Khan sont des éleveurs; comme ils ont des haras, il ne leur est pas interdit de connaître occasionnellement les joies et les soucis de l'élevage. En revanche, d'autres,

Même contre le soleil,
le flanc maternel
est l'instinctive protection.

Grande est la joie de l'éleveur quand le poulain vient au monde. Depuis des mois il vivait d'espoir et d'inquiétude car il est très difficile, au moins pour un profane, de se rendre compte si une jument est pleine. Maintenant, dans le box, le foal déploie ses membres engourdis et se lève. Après quelques tentatives infructueuses, il titube puis aussitôt cherche à téter. Bientôt il suivra sa mère dans les prés, heureux de vivre mais trop craintif encore pour se passer de la protection maternelle.

pour lesquels le terme de « naisseur » serait plus approprié, possèdent seulement une ou plusieurs juments qui sont appelées à leur fournir des poulains, comme une action dans une entreprise industrielle procure normalement un dividende.

Les joies de l'élevage pourraient en premier lieu trouver leur expression dans le plaisir éprouvé à contempler un groupe de juments avec leurs poulains, s'ébattant dans de riches herbages par une belle journée de printemps ou d'été; à la satisfaction des yeux, que procure la vue d'un site familier, s'ajoute celle d'avoir permis la naissance de ces « bébés chevaux » encore un peu dégingandés, mais sur lesquels s'échafaudent déjà tant de projets!

Tout, cependant, n'est pas si simple. Pour commencer, et en contradiction avec la boutade rapportée plus haut, il faut, pour élever, disposer de bonnes prairies. A cet effet, il est souhaitable que le sol soit riche en calcaire, en sels minéraux (fer et zinc), en potasse, chaux, magnésie et phosphore. Les progrès réalisés dans toutes les techniques s'appliquent aussi à l'agriculture, et il est possible aujourd'hui d'apporter à un sol les éléments qui lui font défaut. Si actuellement c'est encore en Normandie que l'élevage du cheval de sang est le plus développé en France, c'est parce que son terroir s'y prêtait jadis naturellement. Ceci, bien sûr, est toujours vrai, mais, pour ne parler que de notre pays, les possibilités d'amélioration des sols permettent de faire naître de bons chevaux partout : dans le Nord, la région parisienne, l'Anjou, le Limousin, le Lyonnais, le Sud-Ouest...

La Normandie, toutefois, a gardé le privilège de son climat doux et humide qui joue un rôle actif dans la pousse de l'herbe. Certaines régions sont plus défavorisées sous ce rapport lors d'étés secs si la présence de points d'eau n'autorise pas le remplacement des précipitations naturelles par un arrosage approprié. D'une manière générale, la qualité de la prairie ne peut être qu'améliorée par l'épandage de chaux et de scories, le hersage, le roulage et l'échardonnage. Par ailleurs, on a constaté que les herbages pâturés seulement par des chevaux s'appauvrissaient avec le temps, phénomène par lequel on a tenté d'expliquer le déclin de certains élevages

Pour éviter les risques d'une excessive ardeur.

De grandes précautions sont apportées à la rencontre nuptiale de l'étalon avec la jument poulinière. Pour s'assurer que la jument se trouve dans de bonnes dispositions on lui présente un « souffleur » (appelé de façon imagée le « boute-en-train »). Celui-ci restera insatisfait mais provoquera chez la poulinière une attitude accueillante. Elle sera alors entravée, afin d'écarter tout risque de coups de pied, et l'étalon pourra se livrer à ses efforts créateurs.

Une saillie au haras des Monceaux.

après des périodes de réussite. De bons résultats ont aussi été obtenus par un système de transhumance : Pierre Wertheimer avait coutume, pendant la période de croissance de ses poulains, de les transférer de Normandie en Médoc, et il obtint de la sorte des chevaux sains, vigoureux et pleins de qualités.

On estime qu'il faut compter un hectare et demi de prairie par cheval; ce chiffre, toutefois, n'est pas absolu, la densité pouvant être accrue par l'octroi de nourriture d'appoint. Une exploitation rationnelle des herbages exige que ceux-ci soient morcelés pour être pâturés par cycle tournant. Les clôtures posent des problèmes : les chevaux peuvent se blesser gravement avec le fil de fer barbelé; la clôture électrique n'est pas à conseiller avec des animaux que la pureté de leur sang rend naturellement impétueux; les barrières de béton, par leur robustesse, sont dangereuses en cas de heurt par un cheval effrayé; en bois elles présentent l'inconvénient de nécessiter un entretien constant. Ce sont cependant ces dernières qui sont le plus recommandées (pour autant qu'aucun clou ne fasse saillie) quand, ce qui est l'idéal, il n'y a pas de fortes haies, hautes et denses, qui constituent une clôture efficace et sans aucun danger. On sait que l'endroit où l'élevage du pur-sang, et quelquefois celui du trotteur, est pratiqué sur une certaine échelle porte le nom de haras. Il comporte alors un ensemble d'installations répondant à son usage; dans les autres cas l'élevage du cheval s'inscrit dans le cadre d'une exploitation agricole, et des locaux plus ou moins spacieux sont prévus pour abriter les juments et leurs poulains.

Nous pensons sincèrement que la connaissance des origines constitue un facteur important dans les joies de l'éleveur qui se voudra l'artisan d'un nouveau chapitre ajouté au palmarès de telle ou telle famille. Que d'heures consacrées à essayer de tirer les leçons du passé, à comparer les théories, à supputer l'influence de certains étalons et poulinières dans un pedigree! Mais l'élevage est peut-être une des plus mystérieuses parmi les sciences, et les recherches les plus approfondies n'ont soulevé qu'une toute petite partie du voile qui la recouvre.

Les plaisirs et les jeux

Le haras établi, il reste à l'éleveur averti à le peupler. L'élément de base est fourni par les poulinières et leurs produits, avec présence ou non d'un ou plusieurs étalons. Abordons ce dernier point pour commencer : on peut incontestablement porter au chapitre des joies de l'éleveur le fait de présenter au visiteur un cheval célèbre qui, sa carrière terminée, sert maintenant de reproducteur. Il faut toutefois se méfier des excès auxquels peut entraîner la recherche de ce plaisir car il ne manque pas de gens qui, pour avoir leur étalon, font entrer au haras des chevaux aux titres modestes (surtout quand ils ont exploité auparavant leur carrière active et se sont illusionnés sur leur valeur). L'examen des *stud-books* de divers pays témoigne de l'emploi d'étalons fort peu qualifiés, dont l'utilisation même est préjudiciable dans la mesure où elle prive des chevaux meilleurs d'une certaine quantité de juments (il ne faudrait guère que le nombre des étalons utilisés excède le trentième de l'effectif de poulinières disponible). Il y a cependant l'exception qui confirme la règle... et qui autorise quiconque à mettre au haras le cheval de son choix, comme en témoigne l'anecdote suivante : au début du siècle, en Angleterre, un certain chevalier Ginistrelli destinait sa jument Signorina à un grand étalon. A cette époque les choses se passaient de façon artisanale, dirons-nous, et la poulinière, menée par un groom, traversait la ville de Newmarket quand elle rencontra un mâle obscur nommé Chaleureux. Les deux chevaux se firent fête et le propriétaire de la jument, attendri, décida de les laisser s'accoupler. L'année suivante naquit de cette union plébéienne Signorinetta, qui remporta les deux grands classiques d'Epsom, le Derby et les Oaks!

Dans le cas le plus général, seuls les haras d'une certaine importance possèdent un étalon. Celui-ci se recommande tant d'une excellente origine que d'une carrière flatteuse et d'un beau modèle. Depuis une vingtaine d'années la pratique de la syndication des étalons s'est beaucoup développée. Elle assure le propriétaire du cheval mis au haras de la réalisation immédiate d'un capital très important, susceptible de se modifier du tout au tout, dans un sens ou dans l'autre, selon la réussite ou l'échec du cheval comme étalon.

Les ébats du foal.

et l'émerveillement de découvrir le monde.

Le grand vainqueur d'un classique peut, après sa dernière course, être syndiqué pour cinq millions de francs et plus, en quarante parts payables au propriétaire qui, le plus souvent, en conserve le quart ou la moitié pour son propre usage. Tout porteur de part contribue aux frais d'entretien de l'étalon et peut, chaque année, lui envoyer autant de juments qu'il possède de parts, ou céder des droits de saillie à des tiers.

La monte commence en France vers la mi-février. Elle se termine fin juin. En pleine saison l'étalon saillit matin et soir; en revanche il est, si l'on peut dire, sans emploi pendant le reste de l'année. Selon les haras, la condition physique de l'étalon est maintenue de différentes manières : les chevaux des haras nationaux et ceux de quelques haras particuliers sont montés de façon régulière ; ailleurs on les fait travailler en liberté dans des manèges; ailleurs encore ils s'ébattent dans de vastes paddocks. Un pur-sang comme Motrico, vainqueur du prix de l'Arc-de-triomphe en 1930 et en 1932, avec une saison intermédiaire de monte, constitue une exception. Il en va autrement chez les trotteurs : au printemps 1967, Oscar RL saillit avec succès un grand nombre de juments tout en suivant un léger entraînement qui lui permit de nouveaux et grands succès au cours des six mois suivants.

S'il n'appartient qu'à certains éleveurs de parier sur la réussite d'un étalon autrement qu'en ce qui touche les produits attendus de leurs propres poulinières, tous sont concernés pour le choix d'une jumenterie. On peut acquérir des pouliches sortant de l'entraînement ou des poulinières déjà mères. Dans le premier cas la tentation pousserait à attacher à la carrière active une importance qu'elle n'a pas en réalité : on s'est en effet aperçu que de grandes poulinières se sont recrutées aussi bien parmi les juments n'ayant pas couru du tout ou n'ayant rien gagné que parmi les lauréates de prix plus ou moins importants. A cet égard on peut observer que les gagnantes du prix d'Amérique au trot, Cancannière et Gélinotte, n'ont jamais engendré de produits de leur valeur.

Le critère de la course n'est donc pas absolu et, au moment d'acheter une pouliche qui sort de l'entraînement, il convient de prendre certaines précautions. La première est de savoir par quelles mains elle est passée. Si le doping est officiellement interdit et si le contrôle est strict, il existe tout de même des entraîneurs à réputation douteuse. Il faut alors se méfier de la pouliche dont la forme a pu être « améliorée » par l'usage de tel produit. Son organisme risque d'en conserver des séquelles et des répercussions éventuelles sur ses fonctions génitrices peuvent se produire. Admettons que la pouliche sorte de chez un entraîneur intègre : il est souhaitable qu'elle n'ait pas couru de façon exagérée, car les capacités reproductrices peuvent être affectées par une fatigue générale anormale et, à cet égard, l'observation d'une certaine période de repos avant la première gestation ne peut donner que de bons résultats.

Puisque l'éleveur avisé ne s'attache pas exagérément aux résultats obtenus en course par la pouliche qui l'intéresse, il s'arrêtera plutôt à choisir une femelle dont le bassin ample, la croupe large, les articulations courtes et un ensemble de qualités féminines la prédisposent à être une bonne mère. La prudence conseillera de faire examiner les organes génitaux par un vétérinaire pour s'assurer que tout est normal sous ce rapport. Enfin, un point extrêmement important sera résolu par les connaissances techniques de l'éleveur : peu importe que la pouliche n'ait pas gagné, ou peu, pourvu qu'elle soit sœur, fille, nièce ou petite-fille de juments connues pour leur qualité au haras. En un mot qu'elle appartienne à une famille maternelle en plein épanouissement.

Quelle joie pour l'éleveur, alors, qui, non seulement pourra prévoir la naissance de futurs gagnants, mais aussi augurer de leurs aptitudes!

L'achat d'une poulinière déjà mère apporte à l'acquéreur certaines garanties puisque ainsi existe la preuve des facultés procréatrices et quelquefois aussi celle de la possibilité d'engendrer des vainqueurs. Cela ne dispense pas d'accorder au pedigree l'attention qu'il mérite ni de regarder de près la cadence des naissances déjà survenues. Il est normal qu'une jument reste vide tous les trois ans en moyenne ; on peut donc acheter sans inconvénient une pouli-

Après une bonne journée de grand air...

La rentrée aux écuries au haras Chartreux.

Dans le box et sur le pré au haras de Manneville.

nière dans ce cas, qui aurait déjà produit. Il faut par contre se montrer circonspect devant une jument vide pour la seconde année consécutive et écarter « a priori » celle qui l'est pour la troisième fois. Les progrès réalisés en médecine vétérinaire rendent en effet tout à fait anormale une telle succession de viduités. En tenant compte de la proportion de deux produits en trois ans, on estime que le capital investi dans l'achat d'une jument doit être amorti sur dix produits, soit en quinze ans. Nous y reviendrons.

Trois cent quarante jours après la gestation, la jument donne le jour à un poulain. La naissance s'est passée sans incident. Quelques jours plus tard le foal commence à gambader autour de sa mère ; à trois mois il trouve un complément d'alimentation au lait maternel ; à six il peut être sevré. Janvier arrive : le poulain est devenu un yearling ; ses formes se sont affinées, c'est maintenant un vrai petit cheval. L'été approche, et avec lui la période des ventes de Deauville, moment crucial dont dépend tout l'équilibre financier de l'entreprise. Il convient en effet que tout animal présenté soit « marchand », c'est-à-dire d'une origine qui soit à la mode (combien fluctuante !) du moment. Si par bonheur des résultats récents ont mis à l'honneur telle souche à laquelle, justement, appartient le poulain, les plus grands espoirs sont permis. Si au contraire on boude alors la production de tel étalon dont se réclame le yearling présenté, l'affaire se présente sous les auspices les plus sombres.

Il n'y a pas, d'ailleurs, que l'origine qui entre en ligne de compte ; il faut aussi que le sujet offert se présente bien. Cette dernière condition, toutefois, joue un rôle moins déterminant. On rapporte le mot d'Edmond Blanc, en 1919, devant un yearling qui ne payait pas de mine : « Ce poulain n'est pas beau, mais il est laid à la manière de son grand-père Omnium II, et cela ne me déplaît pas ! » Il avait bien raison d'ailleurs car il s'agissait de Ksar, un futur crack. Enfin il faut tenir compte des coteries et d'un tas d'impondérables. Certains élevages jouissent sur le marché d'une faveur qui est loin d'être justifiée par les résultats obtenus par les produits vendus ; des entraîneurs bien commissionnés poussent les prix de

Pour un poulain, anonymat est souvent synonyme de tare. Si ses origines sont inconnues les épreuves publiques lui sont interdites et il ne peut trouver son utilisation qu'à la promenade, à la chasse ou à l'instruction dans les clubs. Aussi les « papiers » d'un cheval ont-ils une grande importance. Dès la présentation de la poulinière à l'étalon, il est fourni un certificat de saillie où est consignée l'identité du reproducteur. Puis, à la naissance, le poulain est reconnu « sous la mère » et ses papiers sont alors définitivement établis. Ils comportent la généalogie de ses ancêtres côté paternel et côté maternel (les géniteurs de pur sang ayant l'honneur d'être mentionnés à l'encre rouge). La date de naissance, le sexe, la race (pur-sang, anglo-arabe, selle française), le nom et l'adresse de l'éleveur sont déjà une garantie d'identité mais qu'il faut personnaliser par un signalement du sujet le plus caractéristique possible. La couleur de la robe prête quelquefois à équivoque car elle peut se modifier avec l'âge. N'est-il pas curieux de constater par exemple que les chevaux lipizzans naissent noirs alors qu'ils deviennent d'un blanc presque absolu ? Ce sont donc de tels détails qui assurent le plus d'authenticité.

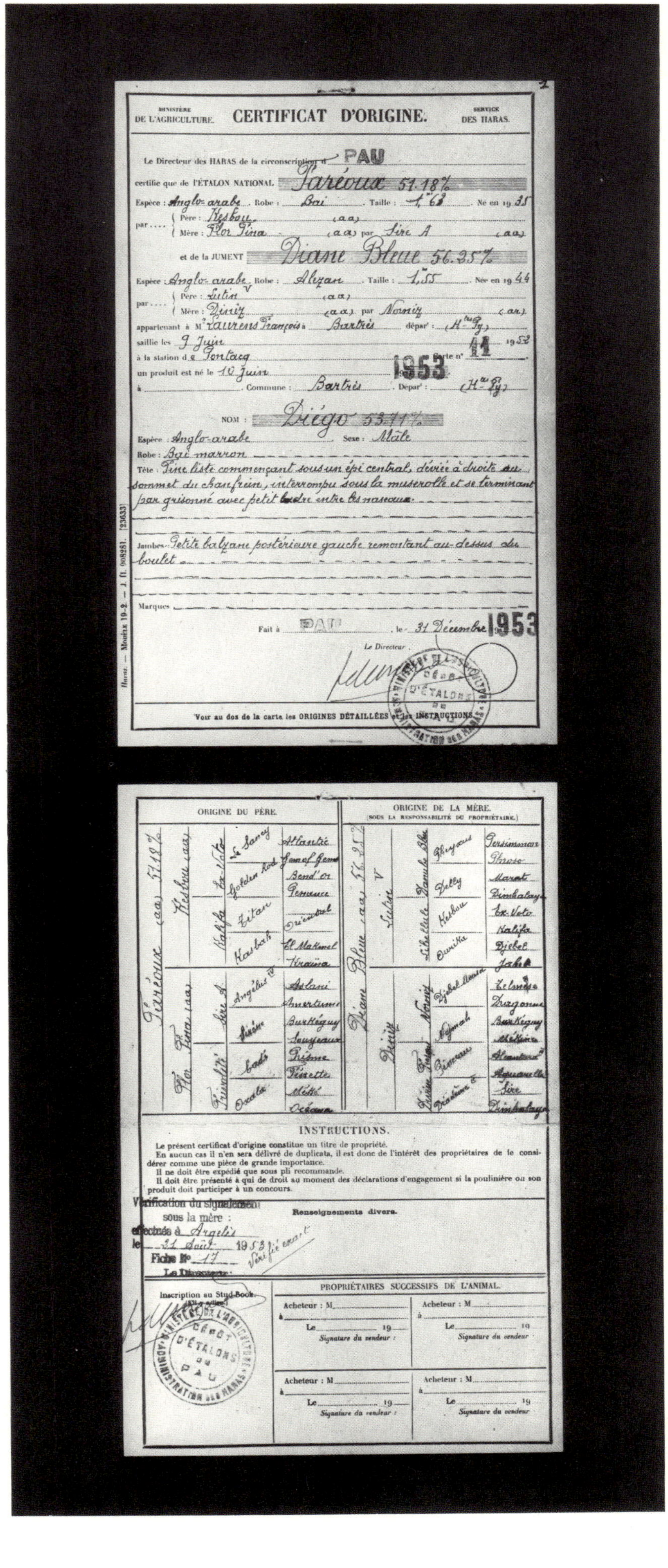
MINISTÈRE DE L'AGRICULTURE. **CERTIFICAT D'ORIGINE.** SERVICE DES HARAS.

Le Directeur des HARAS de la circonscription d PAU
certifie que de l'ÉTALON NATIONAL Taréoux 51.18%
Espèce : Anglo-arabe Robe : Bai Taille : 1m63 Né en 1935
par .... Père : Kesbou (aa) / Mère : Flor Tina (aa) par Sire A (aa)
et de la JUMENT Diane Bleue 56.25%
Espèce : Anglo-arabe Robe : Alezan Taille : 1,55 Née en 1944
par .... Père : Lutin V (aa) / Mère : Diviz (aa) par Norniz (aa)
appartenant à Mr Laurens François à Bartrès dépar' : (Hes Py)
saillie les 9 Juin 1952
à la station de Pontacq Carte n° 11
un produit est né le 10 Juin 1953
à .... Commune : Bartrès Dépar' : (Hes Py)

NOM : Diégo 53.71%
Espèce : Anglo-arabe Sexe : Mâle
Robe : Bai marron
Tête : Fine liste commençant sous un épi central, déviée à droite au sommet du chanfrein, interrompu sous la muserolle et se terminant par grisonné avec petit ladre entre les naseaux.
Jambes : Petite balzane postérieure gauche remontant au-dessus du boulet
Marques

Fait à PAU le 31 Décembre 1953
Le Directeur

Voir au dos de la carte les ORIGINES DÉTAILLÉES et les INSTRUCTIONS

Harax. — Modèle 19-2 — J. (I. 908281. [23633]

ORIGINE DU PÈRE. — ORIGINE DE LA MÈRE. (sous la responsabilité du propriétaire.)

INSTRUCTIONS.

Le présent certificat d'origine constitue un titre de propriété.
En aucun cas il n'en sera délivré de duplicata, il est donc de l'intérêt des propriétaires de le considérer comme une pièce de grande importance.
Il ne doit être expédié que sous pli recommandé.
Il doit être présenté à qui de droit au moment des déclarations d'engagement si la poulinière ou son produit doit participer à un concours.

Vérification du signalement sous la mère : effectuée à Argelès le 31 Août 1953
Fiche N° 17 — Vérifié exact
Le Directeur :

Renseignements divers.

Inscription au Stud-Book.

PROPRIÉTAIRES SUCCESSIFS DE L'ANIMAL.

Acheteur : M. ... à ... Le ... 19 ... Signature du vendeur :
Acheteur : M. ... à ... Le ... 19 ... Signature du vendeur
Acheteur : M. ... à ... Le ... 19 ... Signature du vendeur :
Acheteur : M. ... à ... Le ... 19 ... Signature du vendeur

certains yearlings; la conjoncture économique du moment, la présence ou l'absence de riches acheteurs étrangers jouent sur le niveau des enchères...

Quand la presse spécialisée rapporte les prix de vente des yearlings, certains chiffres élevés laissent croire au profane que le métier d'éleveur ressort de la panacée. Le raisonnement est simpliste, comme le montre le budget type d'exploitation suivant, basé à la fois sur une jument d'un prix d'achat moyen et sur l'utilisation d'un étalon au prix de saillie, moyen également. Cela donne :

Achat de jument, 33 000 F, amortissement sur 15 ans, soit, par an	2 200 F
Assurance 3 %	1 000 F
Entretien	8 000 F
Saillie	8 000 F
Déplacements; divers	1 500 F
	20 700 F

Ce « compte poulinière » annuel doit normalement être majoré d'une moitié pour tenir compte de la règle habituelle des deux produits en trois ans. Il faut en outre ajouter les dépenses concernant le yearling (pour l'assurance duquel a été choisie une valeur égale à celle de sa mère). On obtient alors :

« Compte poulinière » majoré d'une moitié	24 750 F
Entretien et assurance yearling	8 500 F
Inscription aux ventes; publicité; divers	2 500 F
	35 750 F

En tenant compte du pourcentage normalement perçu par les établissements de vente, il est aisé de conclure que, dans les conditions prises ici pour base, tout yearling dont le prix de vente ne dépasse pas nettement trente-trois mille francs n'est pas rentable. Or, ceci est le cas de la grande majorité des sujets dispersés chaque année sous le feu des enchères.

Est-ce à dire que le plus complet désintéressement soit nécessaire pour goûter les joies de l'élevage ? Non, bien sûr : plutôt que de vendre à perte, il reste toujours à l'éleveur la ressource d'exploiter lui-même son cheval avec, certes, l'engagement de nouveaux frais, mais la possibilité de gains de courses substantiels. Précisons qu'en tout état de cause des primes sont attribuées par le ministère de l'Agriculture aux naisseurs des chevaux classés premier, second et troisième de toutes les courses disputées en France (et de certaines épreuves étrangères suffisamment importantes). Ces primes s'élèvent à dix pour cent des allocations qui reviennent respectivement aux propriétaires de ces trois premiers; elles sont prises sur un budget spécial, c'est-à-dire qu'elles ne se déduisent pas, comme pour l'entraîneur et le jockey, du prix attribué au propriétaire. Pour qui a eu la chance de produire un bon cheval, ces primes représentent une manne d'autant plus appréciable qu'elle est recueillie jusqu'à l'ultime apparition du cheval alors que, depuis longtemps, ce dernier n'est plus à charge de son éleveur (sauf dans le cas où celui-ci fait courir lui-même).

Concluons en disant que le matérialisme a trop envahi notre époque et que si, en définitive, il s'avère coûteux d'élever des chevaux, cela ne saurait arrêter la plupart de ceux qui s'y adonnent. On ne voyage pas, on n'acquiert pas une toile de maître, on ne va pas au spectacle sans l'existence d'une contrepartie financière. Admettons donc le principe de celle-ci en matière d'élevage et disons que c'est là peu de chose si cela permet de se considérer, après le Créateur, comme l'artisan de la naissance de tel champion dont le nom seul fait vibrer les foules des plus grands hippodromes du monde !

J. N.-N.

... la joie d'une puissante foulée
sur l'herbe drue.

Yearling galopant.

Pur-sang arabe.

b / Les races de chevaux de sport

par Hélie de Montaigut,
contrôleur général, chef du service des Haras.

L'intérêt que l'homme a porté au cheval apparaît dès la préhistoire. Les représentations graphiques ou picturales retrouvées sur les parois rocheuses d'Afrique et d'Asie comme dans les grottes de l'Europe occidentale en sont les premières manifestations.

Le cheval est un animal de chasse au même titre que les grands ruminants (aurochs, bisons, buffles), mais sa chasse est sans doute plus difficile que celle des autres animaux sauvages. Craintif, perpétuellement aux aguets, il ne peut trouver sa sûreté que dans les réflexes rapides que lui donne son influx nerveux ; dans sa vélocité aussi, qui a été la seule défense de l'espèce, développée par la sélection naturelle et par ailleurs mal armée contre les carnassiers. Sa capture ou sa mise à mort doivent être un des triomphes des chasseurs de l'époque.

Aussi, très tôt l'homme primitif a voulu utiliser à son profit les aptitudes qu'il avait observées chez cet animal difficile à approcher, à surprendre et à capturer, et dès le début de la période historique les premières représentations artistiques des Hittites et de l'Égypte des Pharaons nous montrent le cheval dompté, domestiqué, mais surtout à des fins guerrières.

Science, art et jeu, l'élevage a, au cours des âges, façonné, transformé les innombrables races de l'espèce chevaline. Certaines s'imposent non pas tant par le nombre de leurs représentants que par le rôle qu'elles ont joué dans la création et l'amélioration des autres races ou la place qu'elles tiennent ou ont tenu dans la vie économique des nations.

Le sang arabe qui ravive tant de races...

Le pur-sang arabe a été choisi afin d'améliorer l'évolution d'autres races, même celles de trait, non pas tant à cause de sa morphologie que pour sa rusticité et la générosité de son sang. A la souche des grandes familles de pur sang, il donne avec elles l'anglo-arabe, et on retrouve son expression chez nos lourds boulonnais de trait. En Suisse, il apporte bon pied bon œil aux chevaux des Franches-Montagnes. Élevé en des régions moins austères que son pays d'origine, il s'améliore peut-être dans sa silhouette, mais perd un peu de ses qualités ancestrales.

1

Inch' Allah (pur-sang arabe).

2

Prince hindou (pur-sang anglais).

3

Odysner (trotteur français).

LE PUR-SANG ARABE

A tout seigneur tout honneur. Certes le cheval arabe de race pure, le kochlani, n'a jamais eu pour lui le nombre, et l'intérêt que lui ont porté les pays occidentaux depuis le haut Moyen Age jusqu'à la création de la race de pur sang anglais est aujourd'hui bien amoindri.

Il représente cependant le premier résultat des efforts raisonnés de l'homme en vue d'obtenir un type d'animal adapté au service qui lui est demandé. C'est la première réussite de la sélection méthodique.

D'où vient-il? Vraisemblablement des contrées naturellement assez fertiles des hautes collines au sud du Caucase. Mais sa sélection est l'œuvre des peuples nomades dont, pendant des millénaires, les terrains de parcours se sont étendus entre la plaine du Tigre et de l'Euphrate et les chaînes côtières du Liban et d'Israël. C'est une région qui, malgré sa sécheresse, a assez de points d'eau et d'humidité pour se couvrir au printemps d'une végétation d'herbe drue, produire l'orge et les dattes et nourrir une population nombreuse de chamelles, d'ânesses et de juments communes, les kadischi, dont la production laitière contribuera à l'alimentation, à la suralimentation plutôt, du pur-sang arabe dans son jeune âge.

Appelés à se déplacer pour nourrir leurs troupeaux, de tempérament guerrier et cherchant volontiers à améliorer leur économie par des razzias sur les régions plus fertiles qui les entourent, sauf au sud, ces nomades ont, dès l'origine, cherché à produire un cheval de raid rapide, apte à porter le poids longtemps et à des allures vives en terrain varié : un cheval de guerre.

La sélection a été suivie, minutieuse, surtout depuis la conversion de ces peuples à l'islam. Les filiations sont enregistrées avec soin, transmises oralement ou par écrit. Le résultat de cette sélection est le pur-sang arabe « oriental » tel que nous le décrivent depuis des siècles les auteurs hippiques, et dont tant de représentants (et parmi les plus remarquables) ont peuplé les écuries de l'administration des Haras jusqu'après la Première Guerre mondiale.

1 Le pur-sang arabe est reconnaissable à sa tête très typique : large de front, camuse de chanfrein. Ses oreilles sont petites, ses naseaux largement ouverts. Typique aussi est la forme de sa croupe, très horizontale, signe de vitesse et non de puissance. Sa peau est d'une extrême finesse.

2 Le pur-sang anglais a emprunté à l'arabe son influx nerveux et sa vitesse. Sélectionné en vue d'améliorer sa rapidité, il a l'allure du lévrier. Sa tête est petite, longue et fine, bien détachée d'une encolure étendue; l'épaule est longue, très oblique, sur une poitrine profonde; le coffre est étroit, avec les côtes longues et en ogive. La pointe de la fesse, assez basse, permet un grand engagement des postérieurs au galop. On le dit de type « ogival ».

3 Le trotteur, au contraire, est de type « cylindrique ». Il lui faut, pour allonger son trot, passer le postérieur sous l'antérieur correspondant. Afin de trousser suffisamment celui-ci il a le bras très horizontal, donc l'épaule verticale et courte. Ce bras horizontal recule l'attache des antérieurs sous la masse et rend plus imposante la saillie du poitrail en avant. Genoux et jarrets sont haut placés pour « piocher » plus aisément dans le mouvement du trot.

Sous une taille d'un mètre quarante-deux à un mètre cinquante-deux (parfois quelques centimètres de plus pour certains sujets), l'arabe de pur sang respire la noblesse, la vivacité; il est la grâce même en mouvement, surtout au galop. Il a la tête relativement petite, sèche, au front large, au chanfrein droit ou légèrement creux, aux naseaux ouverts, aux ganaches sèches, portée haut par une attache fine au bout de l'encolure. Celle-ci, à la crinière (mal nommée ainsi car c'est une délicieuse chevelure de femme) soyeuse et brillante, sort un peu haut des épaules qui sont longues, sinon très couchées. La poitrine est profonde, le dos droit, la croupe un peu horizontale et la queue attachée haut, les membres forts (pour la masse à porter), aux articulations basses et larges, le pied aux talons un peu hauts, ronds, et à la corne de bonne nature.

D'Orient, le pur-sang a été amené d'abord dans les pays du Maghreb, l'Espagne et les régions de France méridionale occupées pendant quelques années ou quelques siècles à partir des premières années de l'hégire par les conquérants arabes. Il a été introduit à nouveau en Europe occidentale à l'issue des croisades, et au long des siècles fut l'objet des cadeaux de princes orientaux aux souverains occidentaux ou d'achats de voyageurs européens en Orient.

Il est peu de races autochtones d'Europe qui n'aient pas subi une infusion, même légère, de sang arabe, souvent trop brève et discontinue pour qu'en apparaisse encore la trace, parfois renouvelée et suffisamment prolongée pour qu'elle éclate aux yeux, même sous la masse de certaines races de chevaux de trait.

L'ARABE DANS LE MONDE D'AUJOURD'HUI

Le Moyen-Orient, berceau de la race, possède encore des pur-sang arabes, mais s'il les a c'est surtout pour les courses du Caire et de Beyrouth. Très peu d'exportations paraissent aujourd'hui réalisées vers les pays occidentaux ou les U.S.A., où cependant l'élevage de l'arabe est toujours en honneur.

Les pur-sang arabes élevés en France sont remarquables pour la pureté de leur race, leur petit nombre et leur type actuel qui

avec leurs caractéristiques un peu forcées...

4 L'anglo-arabe tient de ses deux origines un dosage assez varié de leurs caractéristiques respectives. Quand on le sélectionne pour obtenir une plus grande taille, il se rapproche du pur-sang; quand on le garde dans son type classique il présente un aspect plus dense, plus compact, des forces plus concentrées.

5 Le selle français, qui est le résultat de l'amélioration de nos races régionales par le pur-sang, est un modèle plus important, influencé lui aussi dans sa silhouette par le dosage de ses origines. On le veut beau cheval, à savoir : tête harmonieuse, encolure trapézoïdale, épaule oblique et longue, bon dessus, croupe longue et inclinée (signe de puissance), très membré, avec les articulations basses. On le veut tout autant bon cheval, c'est-à-dire ayant du sang, malgré sa masse, et de l'équilibre.

6 Le cheval barbe a été lui aussi fort amélioré par l'arabe et par la présence française en Afrique du Nord. On retrouve plus ou moins ses formes originales quand le sang arabe ne prédomine pas : tête busquée, fortes épaules, poitrine bien descendue mais très étroite. Malheureusement ce cheval est défaillant bien souvent à cause d'une arrière-main assez réduite et de jarrets un peu grêles.

4

Pancho (étalon anglo-arabe).

5

Joli Cœur (selle français).

6

Mouhal (barbe).

ne rappelle généralement que d'assez loin l'oriental typique. Les souches arabes de France remontent toutes à des juments importées d'Orient soit directement, soit par la Hongrie, au début du XIXe siècle, et tracées au *stud-book* sans aucune discontinuité.

Ce petit nombre de juments arabes (soixante-dix environ) n'est qu'en minorité livré à des étalons de leur race. La plupart sont livrées au pur-sang anglais pour produire des anglo-arabes, de même que les quelques étalons détenus par l'administration des Haras dans ses dépôts de Pau, Tarbes et Pompadour servent à peu près exclusivement des juments anglaises ou anglo-arabes.

Le *stud-book* français de la « race pure » comprend depuis sa création, en 1833, une « section arabe » où sont inscrits les produits nés en France et ceux qui furent importés d'Orient, d'Afrique du Nord ou d'ailleurs. La preuve de la pureté de leur race peut ainsi être établie.

LE PUR-SANG ANGLAIS

Quiconque a été aux courses a pu admirer ce splendide animal qu'est le pur-sang. Sa noblesse, ses robes chatoyantes et variées, la puissance musculaire qu'accentue l'entraînement à la course, l'amplitude de ses mouvements au pas et au galop font de tout pur-sang en condition un beau tableau.

La race de pur sang a été créée en Angleterre du milieu du XVIIe au milieu du XVIIIe siècle. Elle est le résultat du croisement continu d'étalons orientaux (pur-sang arabes de Syrie, de Turquie, de Perse et du Maghreb) et aussi de quelques barbes de cette région avec des juments autochtones ou importées d'Orient, et de la sélection des futurs reproducteurs mâles et femelles par la course au galop. Seuls les athlètes de la race sont conservés.

Les juments autochtones sont déjà alors, et depuis toujours, plus ou moins régulièrement sélectionnées par des courses que nous nommerons « de pays » et qui sont très populaires en Angleterre. Les juments orientales sont les Royal Mares que Charles II, après sa restauration, introduira à plusieurs reprises dans le haras royal.

Parmi les deux cent quinze reproducteurs mâles arabes, turcs et barbes importés au XVIIe siècle et au début du XVIIIe dont les noms sont inscrits au premier volume du *stud-book*, deux étalons orientaux, Darley Arabian et Bierley Turk, plus un troisième qui sera importé vingt ans plus tard, Godolphin Arabian, sont les trois chefs des trois familles dont les alliances renouvelées donneront le pur-sang.

Partie d'étalons qui mesuraient de quatorze à quinze paumes (un mètre quarante à un mètre cinquante-deux) et de juments un peu plus petites, certaines Galloway ne dépassant pas douze paumes (un mètre vingt-deux), la race de pur sang est à peu près fixée dès la seconde moitié du XVIIIe siècle dans son standard, peu différent de celui d'aujourd'hui (taille d'un mètre cinquante-six à un mètre soixante-cinq), et l'étalon oriental n'intervient plus, la sélection se faisant dans la race. Ses performances, certes, seraient inférieures à celles de nos pur-sang d'aujourd'hui sur les distances de douze à seize cents mètres, d'ailleurs inconnues dans les courses d'alors, mais elles sont comparables dans les courses, classiques à l'époque, de trois et quatre miles (quatre mille huit cents à six mille quatre cents mètres), avec les temps d'une minute six à une minute sept aux mille mètres relevés dans les rares épreuves actuelles sur ces distances. L'amélioration, depuis deux siècles, n'a donc porté que sur la vitesse pure.

Cette époque du milieu du XVIIIe siècle est celle des trois chefs de race : Matchem, petit-fils de Godolphin, Herod, qui descend à la quatrième génération de Bierley Turk, Eclipse, à la quatrième aussi de Darley Arabian.

Ces trois étalons dominent leur génération. Renouvelant les alliances qui ont présidé à la formation de la race entre les familles des trois ancêtres orientaux, les alliances entre les familles de ces trois pur-sang vont aboutir moins de cent ans plus tard à l'apparition des étalons chefs de race de la troisième époque, avec Melbourne et Stockwell en Angleterre, Gladiator, importé, Monarque, Vermout et surtout Dollar, nés en France. L'élevage américain, lui, puise ses souches autochtones dans des étalons importés dans le

La belle épaule oblique
du pur-sang anglais...

Soltikoff, pur-sang anglais.

Belle Ferronnière, pur-sang anglais.

premier tiers du XIXe siècle avant de les rajeunir dans des importations suivies au XXe, époque à laquelle s'amplifie le grand brassage des souches de pur sang des différents pays, les vieux sangs anglais et français étant rajeunis par des importations continuelles d'étalons et de poulains d'Amérique et réciproquement.

A notre époque, l'élevage des pur-sang est réparti dans la totalité des pays développés du monde tempéré des deux hémisphères, avec prédominance très forte des pays anglo-saxons. Les U.S.A., avec trente mille poulinières, ont près de la moitié des juments existantes ; la Grande-Bretagne et l'Irlande en ont quelque cinq mille cinq cents, l'Australie et la Nouvelle-Zélande près de cinq mille, l'Amérique du Sud, où domine l'Argentine, huit mille cinq cents, le Japon deux mille cinq cents (mais ses courses sont alimentées pour moitié par des anglo-arabes).

La France, avec cinq mille cinq cents juments qui ont eu deux mille six cents produits en 1966, n'a plus que huit pour cent des pur-sang du monde après en avoir eu plus de vingt pour cent avant 1914.

S'il ne se fait pas remarquer par le nombre, l'élevage français de pur sang est cependant un des plus sélectionnés du monde et celui qui a produit la plus grande proportion de vainqueurs classiques internationaux ces vingt dernières années.

Donner un standard du pur-sang est malaisé. Certains sujets rappellent leurs ancêtres arabes par la taille, la physionomie, la finesse des tissus ; d'autres ont l'air de demi-sang communs, au poil bourru, au squelette très fort, à l'aspect presque lymphatique. Les uns et les autres recèlent pourtant la même qualité.

Cependant le pur-sang d'aujourd'hui est généralement un cheval d'un mètre cinquante-huit à un mètre soixante-huit, harmonieux dans ses formes, avec une tête petite, des crins fins. Ses membres, relativement légers pour sa masse, ont des rayons très longs qui permettent l'amplitude des foulées de galop, gage, avec leur fréquence, de la vitesse.

Le pur-sang, quand il n'est pas d'un modèle trop « spécialisé » pour une aptitude donnée (déboulé sur une très courte distance),

... et sa longue tête, intelligente et fine...

Pour qui l'aime et le comprend le cheval a une tête où l'on peut lire comme dans un livre ouvert. La noblesse de la race est dans ce tissu si tendre et si fin où l'on voit les veines courir sous la peau, dans cette chevelure soyeuse, dans ces oreilles menues et bien plantées, dans cette ossature distinguée : arcades sourcilières bien sorties, chanfrein rectiligne et fuselé terminé par de larges naseaux palpitants. Quant au caractère du cheval il suffit d'observer ses expressions : celui qui est plein de bonne volonté tend vers vous ses naseaux inquisiteurs, les oreilles dressées en avant, les yeux doux et confiants; le coquin vous regarde de côté, sa tête souvent basculée pour être plus distante. Le méchant retrousse ses babines, montrant les dents; son œil se fait sévère par la contraction des paupières, ses oreilles sont franchement couchées en arrière.

Belle Ferronnière (à gauche), qui a gagné le prix de Diane en 1963, est une jument de pur sang anglais.

Soltikoff (vainqueur en 1962 du prix de l'Arc-de-triomphe et en 1963 du prix du Prince d'Orange et du Gran Premio del Jockey-Club de Milan) s'est cassé une jambe en 1964 au cours d'un entraînement.

Soltikoff.

Une de Mai, trotteur français.

est un merveilleux cheval de selle, capable de toutes les performances non seulement en course au galop, où il domine largement les autres races, mais en parcours à travers pays : concours complet d'équitation, chasse, en concours hippique et en dressage. Et c'est un de ses titres de gloire que d'être à la fois le champion de la vitesse pure et de pouvoir être, par la perfection de son équilibre, son intelligence, ses facultés de dressage, un champion de concours hippique sous la férule combien légère d'une cavalière. Untouchable, le délicieux alezan américain vainqueur du championnat d'Europe de concours hippique des cavalières en 1967, en est la plus vivante illustration.

LE TROTTEUR FRANÇAIS

Un siècle après l'époque où prenait fin en Angleterre la création de la race de pur sang, définitivement fixée, débutait timidement en Normandie la sélection, par des épreuves de course au trot, de la race des chevaux de carrosse.

L'idée d'améliorer cette race de grands chevaux un peu lymphatiques, recherchés pour l'attelage de luxe à cause de leurs allures relevées, revient à un inspecteur des Haras, Ephrem Houël, que sa carrière ménera des splendeurs du Pin aux parages assez sinistres du haras de Langonet, en pleine lande bretonne.

Trente ans après le décret impérial de 1806 qui réglementait les courses au galop officielles en France, il réussit à organiser les premières épreuves au trot à Cherbourg.

A l'époque où ont lieu les premières courses au trot pour sélectionner des reproducteurs de meilleure qualité, de nombreux essais se sont poursuivis depuis trois quarts de siècle pour améliorer la race chevaline de Normandie. Des pur-sang arabes ont été introduits comme étalons, mais ceux-ci ont été peu employés, comme le fameux Massoud qui en dix ans servira moins de deux cents juments. Les éleveurs normands, attachés à leurs grands chevaux, dédaignent ces arabes dont les produits sont plus petits que leurs mères.

Puis la Restauration et la levée du blocus continental permettront l'entrée en France des pur-sang anglais qui vont être un peu plus employés en croisement. Mais la jument normande, relativement arriérée, n'est pas toujours livrée avec succès au pur-sang trop affiné. Aussi, de préférence à celui-ci, c'est le demi-sang anglais, le hunter, lui-même très imprégné de sang pur, qui va apporter l'influx nerveux indispensable. Young-Ratler sera le chef de file de ces demi-sang anglais. Ils seront suivis d'autres demi-sang, les Norfolk, qui apportent, eux, leur aptitude au trot. Le champion en sera The Norfolk Phoenomenon. Enfin paraît en 1886 l'étalon chef de race Fuschia.

On peut appeler la vingtaine d'années qui suit « l'ère de Fuschia ». Pendant quatorze ans étalon au Pin, il demeure tête de liste des étalons classés d'après les gains de leurs produits. Ceux-ci gagnent plus de cinq millions de francs, somme colossale à l'époque. Ses fils lui succèdent, et parmi eux Bemecourt, puis apparaît son petit-fils Intermède, onze fois champion des étalons en douze ans, entre 1921 et 1932.

Acheté par les Haras et affecté au haras du Pin, comme son grand-père, Intermède devait produire particulièrement bien avec des juments filles ou petites-filles de pur-sang. Il fut le dernier représentant de la lignée obtenu sans *inbreeding* sur Fuschia. Tous ses autres petits-fils, et plus encore ses arrière-petits-fils, seront le produit d'un élevage en consanguinité. Ses éleveurs, pleins de confiance en l'avenir, ne perdirent pas de temps et se mirent à utiliser largement et à doses répétées le sang de ce chef de race : la lignée mâle de Fuschia domina seule, durant quarante ans, dans l'élevage trotteur en France.

Pendant la période qui va jusqu'à la Première Guerre mondiale, l'orientation adaptée permit de consolider la race. Son *stud-book* est créé en 1907. Les records sont améliorés : d'une minute trente-six au kilomètre sur deux mille six cents mètres, qui était celui de Fuschia, à une minute vingt-cinq pour Ontario en 1914.

Après la guerre l'intensité de l'élevage en consanguinité augmente, la vitesse aussi, et Uranie, à partir de 1924, trotte en une minute

Chez le trotteur, beauté de l'effort et grâce du mécanisme.

Le trot attelé est certainement le meilleur moyen de mettre en valeur l'extraordinaire amplitude et le puissant rythme du trot de course. En observant Jamin (ci-contre) on peut admirer toute la générosité du geste, la beauté mécanique des membres qui se lèvent, se ploient, s'étendent, attaquent le sol avec la régularité d'un métronome réglé sur une folle cadence. Cela donne un merveilleux contraste avec la légèreté du sulky qui suit dans la plus aérienne fluidité.

Roquépine (entre Short Stop, à gauche, et Oscar RL., à droite).

vingt-deux, remportant une série de victoires sur de longues distances contre les meilleurs trotteurs d'Europe, d'origine américaine.

Ensuite et simultanément avec celui sur Fuschia, on se met à employer l'*inbreeding* sur les meilleurs de ses fils et petits-fils, Intermède en particulier. Cette forme d'*inbreeding* très rapproché (union d'un étalon avec sa demi-sœur) donne les cracks des années 1945-1950, qui amènent le record en dessous d'une minute vingt.

Après ces essais risqués et couronnés de succès, il convenait de « rafraîchir » le sang. Par quel croisement ? C'est d'abord un retour à des rameaux encore excellents de vieilles lignées françaises, puis le croisement du trotteur français avec le sang américain, vers les années 1930. Amazone B, fille d'un étalon français *inbred* trois fois sur Fuschia et d'une jument américaine, est la première grande réussite de ce genre de croisement.

Cette réussite entraîne l'introduction en France de trotteurs américains de grande classe : Sam Williams, The Great McKinney. Les meilleures juments françaises vont aux étalons américains.

Le danger de perdre notre race nationale apparaît alors aux dirigeants de l'élevage trotteur, aux fonctionnaires des haras et aux éleveurs. En 1934 il est décidé de suspendre l'importation des trotteurs américains et, en 1937, le *stud-book* du trotteur français est fermé. Les juments et étalons américains importés avant cette date, ainsi que leurs descendants, continuent cependant à y figurer.

La question se pose aujourd'hui d'avoir recours à une nouvelle infusion de sang américain pour donner au trotteur français un peu plus de cet influx et de ce mécanisme au trot qu'il peut encore, en dehors de l'élite de ses produits, envier au trotteur américain.

Cet apport de sang américain des années 1930-1935, dans le trotteur français, amène à noter ce qui caractérise l'une et l'autre race de trotteurs.

La race française, par comparaison avec la race américaine, est beaucoup plus grande, plus massive ; elle a un squelette plus fort. Ceci est le fruit de la sélection au trot monté sur de longues distances, poursuivie en vue de conserver ces qualités jadis recherchées pour un cheval de service, de selle ou d'attelage.

La race française est restée rustique. Elle possède un bon tempérament, une constitution robuste, un bon caractère. A la sélection par la course a été ajoutée la sélection sur le modèle. Au cours des ans aucun étalon présentant des défectuosités de modèle trop marquées n'a été admis à la monte dans les haras nationaux, qui ont longtemps détenu dans leurs écuries l'élite des étalons trotteurs et en ont encore quelques-uns parmi les plus remarquables.

Le trotteur français est parfois aussi plus commun, plus grossier que l'américain, mais il est mieux fait dans la poitrine, dans le dos. L'action au trot du français n'est pas aussi parfaite que celle de l'américain, qui rase davantage le sol. L'un se ressent encore de son ascendance des carrossiers normands, aux allures relevées, l'autre a pris au pur-sang anglais, dont il tient les trois quarts de son sang, l'influx nerveux, les allures étendues et rasantes, en un mot la vitesse pure.

La guerre survient sur ces mesures de fermeture du *stud-book* et, sans arrêter la sélection, éprouve l'élevage trotteur français, concentré surtout en Normandie.

Mais après 1950 l'élevage trotteur français entre dans une période de plein épanouissement sous l'influence de la popularité des courses au trot et de l'augmentation des effectifs. Ce plein épanouissement se concrétise par les victoires des meilleurs trotteurs français sur leurs rivaux américains, non seulement en France et en Europe mais jusqu'en Amérique où, à partir de Jamin, brillant champion du monde en 1958, les juments Masina, Ozo et Roquépine battent les meilleurs américains sur leurs pistes.

Malgré son évolution, l'élevage trotteur est resté, dans sa forme, assez différent de celui du pur-sang.

Quand on a commencé à élever des trotteurs en Normandie et qu'il a fallu dresser puis entraîner les poulains, l'éleveur lui-même s'est mis à la besogne sans recourir à ces spécialistes venus d'Angleterre avec les premiers pur-sang.

Il en est résulté un type d'éleveur-propriétaire-entraîneur-jockey, mi-rural mi-citadin, qui contribue à donner au « trotting » un cachet différent du monde de l'élevage et des courses du pur-sang.

L'anglo-arabe débordant de vitalité...

Courlis, étalon anglo-arabe (haras de Pompadour).

Anglo-arabes (haras de Pompadour).

Moins exigeant en capitaux, moins aléatoire dans sa production, l'élevage du trotteur est davantage celui du fermier aisé que du grand propriétaire de haras de pur-sang. A ce caractère plus démocratique continue à s'ajouter généralement une participation très directe de l'éleveur aux soins et au dressage de ses produits.

Ce caractère explique l'énorme développement pris par l'élevage de trotteurs en France ces dernières années. Le nombre des naissances de trotteurs y dépasse aujourd'hui celui des pur-sang, et les trotteurs, supportant mieux un entraînement moins éprouvant pour le cœur et les jambes que celui des pur-sang au galop, paraissent plus longtemps sur les hippodromes. Il en résulte une surproduction inquiétante, les courses offertes à tous ces trotteurs nouveau venus ne pouvant suivre le rythme de leur accroissement.

L'ANGLO-ARABE

Les éléments primitifs des races autochtones de chevaux de selle de la région Nord-Pyrénées (la race « navarrine ») et du Limousin étaient à base de sang arabe. Les qualités natives de la race arabe se manifestaient chez elles (énergie, grâce, souplesse, endurance et rusticité) et les faisaient apprécier pour la remonte de la cavalerie légère.

Aussi, dès 1805 et la réorganisation des haras, la préoccupation du Service fut d'en améliorer le modèle au moyen de croisements avec les reproducteurs offrant avec eux le plus d'analogie : les premiers étalons qui peuplèrent les dépôts de Tarbes et de Pau furent des andalous, des barbes, des arabes purs sortis des écuries de l'empereur ou importés ; il y eut aussi des pur-sang anglais, et même quelques normands. Cependant l'étalon arabe et ses dérivés directs qui formaient le fond de l'effectif des haras du Midi donnaient une race précieuse par le sang et la qualité, mais de taille trop petite et ne répondant plus déjà aux besoins du commerce ni de la cavalerie. Il fallait introduire un sang, non pour modifier la race dans son essence, mais pour en modifier la forme, et l'on demanda à l'anglais d'apporter sa taille et son cadre. Mais on en

... si consciencieux et si adroit
qu'il ne souffre pas d'être contrarié...

Pesant d'Or, étalon anglo-arabe (haras de Saintes).

abusa, et les qualités de rusticité de la race indigène en souffrirent : on eut la preuve que l'emploi séparé de l'arabe et de l'anglais ne pouvait se faire avec succès. Le directeur des haras de Pompadour aux alentours de 1840, E. Gayot, eut l'idée de développer systématiquement la production d'une race dont des individualités existaient depuis le jour, à la fin du XVIIIe siècle, où des pur-sang anglais et des pur-sang arabes avaient été mariés. Cette race, l'anglo-arabe, serait, pensait-il avec raison, susceptible de rendre le sang arabe et le sang anglais assimilables dans les veines des races autochtones du Midi et du Limousin. Cet éminent hippologue a parfaitement défini le but qu'il recherchait : « Produire un cheval moyen qui ne soit ni l'arabe ni l'anglais, qui, tout en se rapprochant de l'un et ne s'écartant pas trop de l'autre, n'ait pourtant ni les exigences de celui-ci ni l'insuffisance de celui-là... »

Jusque vers 1880 les éleveurs marquèrent une répugnance assez vive à utiliser les anglo-arabes. Quand enfin elle fut vaincue, on tenta, avec les meilleurs éléments, l'accouplement des anglo-arabes entre eux. En même temps l'administration décida que seul serait qualifié d'« anglo-arabe » tout cheval comptant dans ses veines un minimum de vingt-cinq pour cent de sang arabe. Le sang arabe étant un élément rétrograde au point de vue des performances en course (base de la sélection des reproducteurs), les « pur-sang anglo-arabes » puis les « demi-sang anglo-arabes » produits du croisement des premiers avec les juments du Midi furent classés en vingt-cinq et cinquante pour cent, qui eurent chacun leur série de courses particulières.

Dans chaque race en gestation, un étalon, par sa prépotence, son aptitude à transmettre ses qualités, contribue à l'affermir, tel Eclipse pour la race anglaise. Prisme, entré au haras en 1884, fut le pilier, le générateur de la race anglo-arabe. Il donna cinquante-huit étalons parmi ses fils. Peu d'anglo-arabes actuels ne sont pas *inbreeds* sur lui par plusieurs courants.

L'anglo-arabe actuel est un cheval d'un mètre cinquante-cinq à un mètre soixante-cinq et plus, qui a conservé de ses ancêtres orientaux, souvent très proches, une jolie physionomie, des tissus

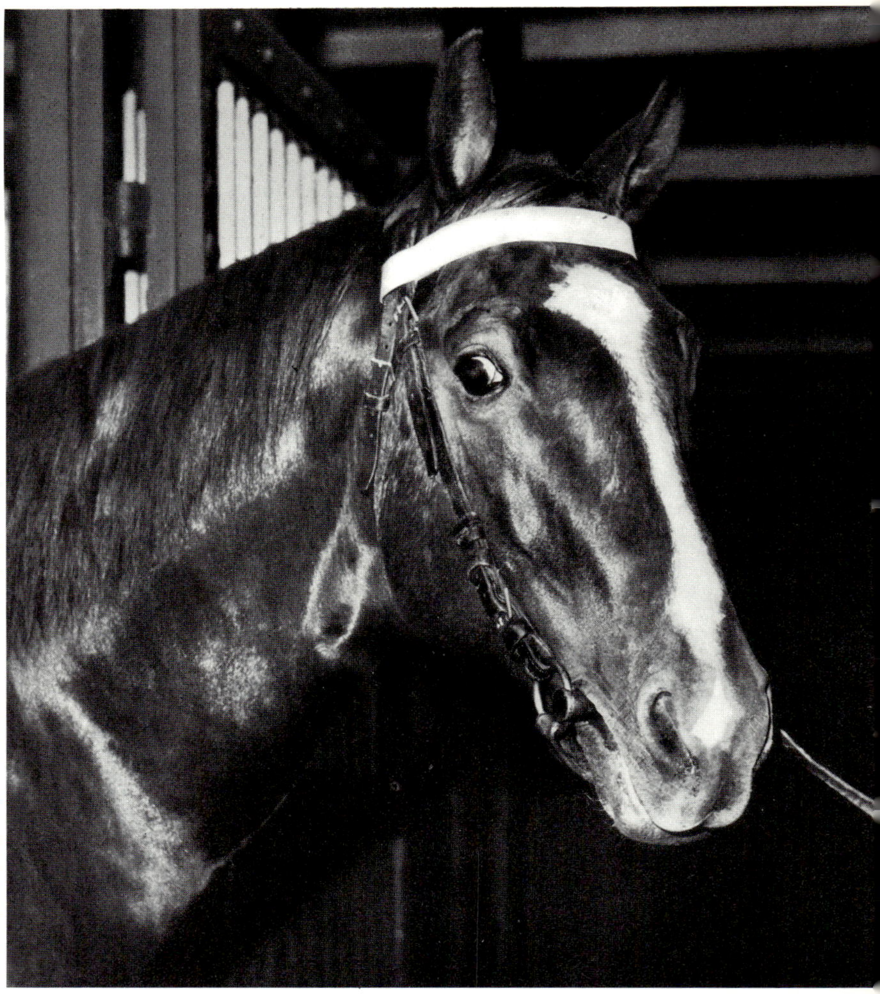

Le selle français :

Chevaux de selle français.

fins, un squelette un peu léger mais dense, des allures remarquablement équilibrées, légères, étendues et généralement brillantes. Il a pris de ses ascendants anglais la taille, le cadre, les rayons, aux uns et aux autres l'aptitude à l'obstacle. C'est en résumé un merveilleux cheval de selle pour des cavaliers adroits et ayant du métier, car il est souvent un peu délicat et les interventions intempestives, les à-coups sur la bouche le rebutent à proportion de son influx nerveux.

Deux représentants de la race anglo-arabe se sont illustrés à Helsinki en 1952 : Ali Baba, monté par Pierre Jonquères d'Oriola, en remportant la médaille d'or olympique de concours hippique, Verdun, monté par le commandant Lefrant, la médaille d'argent de concours complet.

LA RACE DE CHEVAUX DE SELLE FRANÇAIS

Cette dénomination s'applique depuis quelques années à tous les chevaux de selle autres que les anglo-arabes produits en France, dont les parents peuvent faire état d'ascendants connus à deux ou trois générations.

La race des chevaux de selle français réunit toutes les anciennes races régionales dites de « demi sang », elles-mêmes constituées par divers croisements, surtout d'étalons de pur sang anglais avec des juments autochtones : race de demi-sang normand, charentais, vendéen, corlaysien, du Centre ou du Charolais, des Dombes.

Cette réunion pourrait paraître assez arbitraire si ces races régionales n'avaient en fait été que des rameaux de la race Normande dont les reproducteurs ont été employés, depuis le milieu du XIXe siècle, à améliorer celles-ci à côté des pur-sang anglais.

Au début du XXe siècle l'apparition de l'automobile va modifier l'utilisation du demi-sang et entraîner le bouleversement de l'élevage. Les remontes militaires, qui jusqu'alors s'étaient contentées des rebuts, deviennent le seul client capable d'absorber la majeure partie de la production, mais l'armée veut un cheval de selle et non d'attelage, doué d'allures et d'un équilibre totalement diffé-

Mexico. Jonquères d'Oriola sur l'olympique Lutteur B.

de la charpente
et de l'ampleur...

Mexico, étalon selle français (haras du Pin).

rents, car il ne s'agit plus de tirer au trot mais de porter un cavalier, cela à toutes les allures, en tout terrain et en franchissant des obstacles.

Il faut au cavalier militaire un bon porteur avec un bon dos, de la résistance et de la sobriété, et le cheval qui résistera le mieux aux dures épreuves de la retraite sera le plus rustique, quelles que soient ses allures.

La création de la Société du cheval de guerre (qui se fondra plus tard dans la Société hippique française) marque en 1898 la phase victorieuse de la lutte du cheval de selle contre le carrossier.

Les années 1939-1945 voient une reprise de l'élevage du demi-sang comme du cheval de trait, les éleveurs livrant à l'étalon toute femelle en âge de reproduire pour éviter sa réquisition ou en raison de la demande de chevaux d'attelage pour pallier le manque d'essence. Mais 1946 est le début d'une nouvelle période de désaffection en ce qui concerne le cheval de selle. Pour beaucoup d'observateurs, il est définitivement condamné à disparaître. Cet état de choses durera dix ans.

Vers 1957-1958 enfin, l'équitation commence à devenir plus populaire en France. Avec des moyens financiers encore très limités, les haras nationaux créent et développent des sociétés hippiques rurales et surtout urbaines, aidés dans leur tâche par des passionnés de la « chose équestre » (dirigeants nationaux ou régionaux de la Fédération française des Sports équestres et de ses ligues). Grâce à ces sociétés, en dix ans les Français de toutes origines ont découvert les joies de l'équitation, réservées surtout jusqu'alors aux militaires et à quelques représentants des classes privilégiées. Les plus doués de ces nouveaux venus à l'équitation se lancent dans la compétition hippique : concours hippique, concours complet d'équitation, concours de dressage qui offrent des débouchés chaque jour accrus aux chevaux de selle dont la production française ne pourra suffire à la demande.

Les régions traditionnelles de production du demi-sang (l'Ouest, le Centre, les Dombes et surtout la Normandie) connaissent un renouveau de l'élevage qui n'est limité que par la difficulté de trouver des poulinières à des prix abordables. Mais de nouvelles régions, vouées jusqu'alors à l'élevage des chevaux de trait ou qui, voisines de centres industriels riches, étaient surtout des régions d'utilisation du cheval de selle (Bassin parisien, Nord, Est), commencent à produire celui-ci avec une jumenterie souvent assez disparate à base de demi-sang, d'anglo-arabe ou de réformés des sociétés hippiques : barbes, espagnols...

Comment se présente aujourd'hui le cheval de selle français?

C'est un cheval qui, dans son modèle, rappelle ses origines (croisement du pur-sang anglais et du demi-sang lourd). Il a du premier la distinction, les rayons, les tissus, les allures allongées et d'autant plus près du sol que l'auteur de pur sang est plus proche ; du second, le squelette fort, la rusticité, l'aptitude à porter le poids grâce à son dos court et musclé. Sa taille varie d'un mètre cinquante-huit à un mètre soixante-huit, mais seuls les sujets de plus d'un mètre soixante-deux sont recherchés pour la compétition. Sa robe est variée, avec prédominance d'alezan et de bai. Le gris est rare, cette dernière robe ayant été exclue longtemps des achats de l'armée.

En cinquante ans de sélection des poulinières et des étalons sur leur modèle, le cheval de selle français, dans ses sujets les plus réussis, est comparable à l'irlandais, généralement considéré comme le type idéal du cheval de selle.

La réussite en concours hippique de certains chevaux de selle français ces dernières années les a fait rechercher pour la remonte des équipes de cavaliers chargés de représenter de nombreuses nations dans les compétitions internationales : Italie, Espagne, Portugal, Belgique, Hollande, Suisse.

Parmi cette foule de bons chevaux, certains ont valu à la France la récompense suprême aux jeux Olympiques ou au championnat du monde de concours hippique : Lutteur B à Tokyo en 1964, Pomone à Buenos Aires en 1966 sous la monte du prestigieux cavalier qui avait mené un anglo-arabe aux mêmes honneurs en 1952.

Ces champions représentent, par leurs origines, le type même des croisements d'où est sortie la race du cheval de selle français : le hongre Lutteur comme la jument Pomone sont fils et fille du

... et, malgré sa masse,
du sang et de l'équilibre.

pur-sang anglais Furioso et de juments dans les veines desquelles coule du sang trotteur (celui de vieilles souches carrossières) et aussi anglais.

Nous avons nommé Furioso, mort au haras du Pin en 1967 après avoir été pendant vingt ans le père d'une pléiade de chevaux à l'aptitude exceptionnelle sur l'obstacle. Avec lui sont à citer les pur-sang Rantzau à Saint-Lô et Popof à La Roche-sur-Yon.

LA RACE BARBE

Bien qu'elle ne soit pas une race d'origine française et généralement pas élevée en France, la race barbe me paraît avoir suffisamment de références pour figurer dans cette revue des races chevalines françaises.

Depuis la conquête de l'Algérie, le cheval barbe a en effet remonté les unités de cavalerie recrutées dans les populations du Maghreb. Il a été particulièrement précieux pour l'armée dans les campagnes de pacification de ces régions, en 1942-1943 en Tunisie, et dans la dernière guerre d'Algérie. On peut dire de lui qu'il a bien mérité de la patrie.

A ces titres guerriers j'ajouterai celui d'avoir servi, à partir des années 1955, à remonter les sociétés hippiques urbaines dont il a permis le développement à une époque où les chevaux de selle français ne pouvaient convenir en raison de leur prix trop élevé et de leur nombre réduit.

Enfin son amélioration et sa sélection ont été poursuivies avec méthode pendant toute la durée de l'occupation française en Afrique du Nord par le service des remontes de l'armée, puis par celui de l'élevage et par celui des haras.

Le barbe, souvent confondu avec le pur-sang arabe, n'est cependant pas de la même race. Alors que ce dernier est originaire d'Orient, le barbe paraît être le descendant des chevaux du Sahara dont on a retrouvé des dessins gravés sur les parois rocheuses de sites préhistoriques. Comme eux il a la tête assez forte, avec souvent le chanfrein busqué, la croupe rabattue, les jarrets coudés, mais il a un fort squelette pour sa masse, une poitrine profonde, un dos court et musclé, de bons pieds : toutes qualités recherchées chez un cheval d'armes.

L'étalon arabe a été souvent croisé avec le barbe, surtout en Algérie, pour lui donner plus d'élégance et les qualités pour le sport dont, à l'état pur, il manque généralement.

Mais il existe de beaux représentants de la race pure dans le Sud tunisien, la région de Kairouan et les hauts plateaux des confins algéro-tunisiens. Ils sont remarquables par leur taille, leur épaisseur, leur musculature.

De robe baie, alezane ou grise, le barbe mesure entre un mètre cinquante et un mètre cinquante-six. Il est donc un peu plus grand que l'arabe.

L'énumération de ces différentes races montre combien est varié le choix mis par l'élevage français à la disposition du cavalier le plus exigeant. De plus, si l'on songe que ces races bien définies se marient en de multiples croisements, il est certain que chacun peut y trouver la monture qui fera sa joie.

H. M.

Sobre et rustique,
le barbe est le vrai cheval de guerre.

Barbes dans un campement marocain.

Les joies de l'espace

CHAPITRE 2

Il est merveilleux de voir combien le cheval sait s'adapter aux désirs et aux capacités de son maître ; sa bonne volonté est telle qu'il se plie aux moindres exigences, à condition qu'elles soient formulées gentiment. Il est surprenant de voir l'animal le plus fougueux devenir docile entre les mains d'un enfant. C'est qu'il sent la faiblesse et l'ingénuité de celui-ci.

Rares sont les chevaux méchants. S'ils le sont, c'est leur premier maître, brutal ou maladroit sans doute, le responsable. Seule une grande douceur effacera un douloureux passé. Il faut alors les mener avec tact : le moindre rudoiement réveillerait leur rancune.

Un cavalier animé de bonnes intentions, qui ne demandera à son cheval que ce qu'il est capable de lui faire comprendre, profitera sans appréhension et totalement du jouet vivant qui lui est confié. Suivant ses possibilités équestres et son endurance, il pourra s'offrir dans la nature soit le petit tour seul ou accompagné, soit la longue promenade, soit les longues randonnées de tourisme équestre. Ce sport de plein air est ouvert à tous. Il n'exige pas une grande expérience, mais du respect pour la monture car celle-ci, qui sait se débrouiller seule, se chargera de surmonter les passages difficiles. Quel plaisir alors de s'enivrer d'espace avec un animal qui apprécie lui-même la campagne, qui en respire à pleins naseaux les vivifiantes senteurs ! Partagée avec lui, la joie n'en est que plus intense. A l'écurie, votre cheval méritera ces soins affectueux qui feront de lui plus qu'un compagnon : un ami.

Beaucoup de cavaliers ont le privilège de pouvoir fréquenter un équipage de chasse à courre ou, mieux, d'en faire partie. Alors s'offrent à eux les hardies chevauchées à travers plaines et bois, monts et vallons. La tranquille promenade devient une rude aventure tout terrain. Il faut foncer, traverser taillis et futaies, franchir les ruisseaux, grimper, descendre (car de longs détours font perdre le vent qui apporte aux oreilles le son des trompes et le récri des chiens). Le paisible cheval de promenade peut devenir ainsi le plus fougueux des hunters, qui participera vraiment à la chasse. Pourtant, au départ, il n'est souvent qu'un humble bidet, sans race précise, auquel on ne demande que de se faufiler partout en portant son maître vers l'hallali.

La vénerie française n'exige pas de chevaux extraordinaires : il leur faut seulement suivre les chiens dans leur travail et déjouer les ruses de l'animal poursuivi. On leur évite tout effort inutile : s'il se présente un obstacle, on le tourne.

Bien différente est la chasse anglaise qui ne se conçoit qu'avec une excellente monture capable de franchir les talus les plus abrupts, les haies les plus denses, les barbelés les plus traîtres. En France, l'adroit veneur suivra mieux que le grand cavalier, et souvent fatiguera moins son cheval car il aura moins d'exigences inutiles. Un veneur breton qui avait chassé à courre toute sa vie, qui avait pris les derniers loups, suivait toute la chasse au pas. A l'hallali, il était là. Son âge ? Quatre-vingt-trois ans ! Il connaissait parfaitement le terrain et devinait, dès le lancé, quel parti l'animal avait pris. Que de sagesse donne l'expérience !

Silhouettes.

a / Promenade et tourisme

par le capitaine Sorlin,
commissaire général des Rallyes nationaux et internationaux de Tourisme équestre.

Revenir aux sources de la nature en s'éloignant le plus possible des axes routiers, visiter les coins difficiles et retirés de nos forêts ou des régions accidentées et désertes, voilà bien pour l'homme de la seconde moitié du xxe siècle les joies qu'il recherche. Mais pour qu'il les goûte pleinement, fût-il seul ou avec des amis, il lui faut un compagnon pour le porter et l'aider à pénétrer au cœur même de cette nature où, seul, il hésiterait quelque peu à s'engager.

Le cheval est bien le compagnon idéal. En communion constante avec lui, il éprouvera le maximum de joies. C'est de ces joies que je veux vous entretenir afin que ceux qui les connaissent puissent mieux les apprécier et que ceux qui les ignorent désirent les connaître.

Certains pensaient, vers les années 1948, que l'équitation, sous toutes ses formes, ne trouverait plus beaucoup d'adeptes ; d'autres, au contraire, la voyaient se développer sous un jour nouveau, respectueuse des grandes lignes de nos traités académiques mais mise à la portée d'un plus grand nombre, suivant les nécessités de l'époque. C'est ainsi que, sous l'impulsion des Haras nationaux et de la Fédération française des Sports équestres, les sociétés hippiques rurales et urbaines créées en 1934 ont pris un grand essor après la Seconde Guerre mondiale.

Des hommes, formés dans nos anciens régiments de cavaliers, se sont mis à l'ouvrage, apportant leur savoir, leur foi et leur désin-

Trop courts sont les jours
pour les cavaliers passionnés.

téressement pour développer l'équitation auprès d'une clientèle nouvelle. C'est grâce à eux que les joies du cheval ont pu être accessibles à tous.

Dès lors on reconstruit écuries et manèges, on aménage des terrains d'extérieur, on forme des instructeurs qualifiés afin de répondre aux demandes d'un public nouveau qui découvre dans cette discipline un attrait varié et prenant.

LA PROMENADE

Mais nos manèges ne restent qu'un moyen d'apprendre les bases de l'art équestre. L'homme d'aujourd'hui a besoin d'air, d'espace pour maintenir son équilibre et sa santé compromis par le bruit et la pollution de l'air de nos grandes villes. Rien de mieux que la promenade pour décontracter le cavalier, le mettre en confiance avec sa monture. Le paysage distrait par sa variété, les multiples contacts avec la nature occupent l'esprit; le timide devient hardi, le voisin avec qui l'on bavarde devient un ami. Créer des liens de camaraderie, regarder et comprendre la nature sous ses multiples aspects, voilà bien des joies durables. Pour nous y aider, quel merveilleux compagnon que le cheval ! N'est-il pas fait pour vivre à l'extérieur, brouter quelques brins d'herbe au gré des circonstances, s'abreuver à la source rencontrée...

La confiance que le cavalier place en sa monture est communicative. L'animal s'arrête devant un obstacle dangereux, hésite à pénétrer dans un terrain marécageux, et, si on l'a perdu, retrouve le chemin du retour.

Dans les allées herbeuses propres aux allures allongées, il vous fait connaître les joies d'un bon galop. Dans les pentes abruptes qu'il descend pas à pas, dans les montées rapides, il vous demande des rênes pour se servir de son « encolure » et de son « rein ». Et parfois, quand vous ne comprenez pas ses réticences (pour le bien commun d'ailleurs), il se fâche, s'impatiente, refuse vos demandes. C'est sa façon de vous faire comprendre qu'elles sont intempestives. Laissez-vous alors conduire sans arrière-pensée.

Le soleil vient-il à disparaître, le vent à souffler, la pluie à tomber, pelotonné dans votre manteau de pluie vous connaîtrez des instants pénibles mais ils restent sources de joie car votre cheval vous aide à les vaincre. Faites-lui confiance, laissez allonger vos rênes, prenez une bonne allure au pas et soyez certain que vous rentrerez tranquillement, en vous jouant des fondrières rencontrées, du ruisseau qui déborde, du petit lac subitement formé par l'averse rapide. Joie de la nature, plus marquée parce que vous avez eu des difficultés et qu'un compagnon vous a aidé à les surmonter. Lorsque ses sabots tintent sur le pavé à l'approche de l'écurie, c'est par de larges caresses sur son encolure que vous lui manifesterez votre reconnaissance.

Autour du feu de bois et verre en main, c'est encore le bon moment passé à cheval qui se poursuit. Vous analysez le pourquoi des incidents de parcours, vous interrogez vos maîtres, cherchant ainsi à combler les lacunes de votre savoir.

Merveilleuse école de formation des jeunes, la promenade à cheval reste pour les adultes une source de joie et d'optimisme.

LA RANDONNÉE

Plus aguerris, toujours enclins à apprendre et à surmonter de nouvelles difficultés, ceux qui ont le souci de développer ce sport ont pensé qu'en marge des disciplines équestres existantes, c'est-à-dire le dressage, le concours hippique, le concours complet, une nouvelle discipline avait sa place : le tourisme équestre.

Partir à cheval pour plusieurs jours, savoir doser le travail de l'animal, le nourrir suivant l'effort fourni, ajuster et entretenir son harnachement, respecter une discipline de marche, étudier la carte pour la reconnaissance d'itinéraires, organiser des gîtes d'étapes, recenser les maréchaux-ferrants, connaître l'adresse des vétérinaires, quelle merveilleuse prospection à entreprendre !

Deux grandes associations se sont penchées sur ces questions : le Touring Club de France (en confiant cette mission à son groupe hippique) et l'Association nationale pour le Tourisme équestre.

S'aventurer en tout terrain, la grande joie du cavalier...

Préalable indispensable au départ : la carte au 1/100 000 ou au 1/50 000 en couleurs, sur laquelle le cavalier établira d'avance un croquis d'itinéraire en recherchant les petites routes secondaires, sans grande circulation, et aussi en tenant compte des renseignements donnés par les gens du pays.

Pour s'aventurer en tout terrain, pour supporter sans fatigue excessive les longues étapes mais aussi les changements de gîtes et de nourriture que beaucoup n'apprécient pas, le cheval de tourisme doit être robuste et même rustique. Il lui faut avoir bon dos pour porter allégrement le cavalier et son paquetage, bon pied pour passer indifféremment de la rocaille à la boue, bonne corne aux sabots pour ne pas se déferrer. Le cheval barbe d'Afrique du Nord est le type du routier infatigable et sobre.

Par monts et par vaux.

Ces deux associations, réunies en un Comité national de coordination pour le Tourisme équestre, œuvrent à développer cette discipline en aidant, en renseignant et en organisant des épreuves régionales, nationales et internationales.

Une sérieuse préparation est nécessaire avant toute randonnée. Si votre club a décidé d'y participer, le responsable réunit ses cavaliers pour les instruire des différents problèmes à envisager.

LE CHEVAL

Il faut un solide cheval de manège, faisant sans renâcler ses trois ou quatre heures de reprises chaque jour, mangeant bien, se reposant même dans une écurie peu confortable, ayant un bon dos et de bons pieds.

S'il est sujet aux « gonfles », s'il a des cors sur le dos, nous vous conseillons de ne pas le prendre, car dès la première étape vous risquez des blessures.

Les pieds... « Pas de pieds, pas de cheval. » Sur eux particulièrement il faut porter un soin attentif. Les fers auront une bonne « couverture » pour que votre cheval marche d'aplomb et garde longtemps ses « chaussures ». Une bonne précaution consiste à faire souder des « grappes » en « pinces » et en « éponges ». Ainsi la durée de la ferrure se trouve doublée.

La selle d'armes d'officier, légère, épousant bien la forme du dos, est excellente. Une bonne couverture sera installée en guise de tapis.

Vous avez acquis les notions suffisantes pour soigner votre cheval, pour lui donner une nourriture en rapport avec le travail fourni. Il vous faut maintenant apprendre à régler votre allure en tenant compte des accidents du terrain, de l'état du sol, de celui de votre monture et bien entendu des conditions climatiques. Vous êtes un touriste qui apprécie les charmes de la nature, contemple les monuments rencontrés... Fixez-vous alors une moyenne de huit kilomètres à l'heure (un kilomètre au trot, deux kilomètres au pas vous permettent de réaliser cette vitesse). Et souvenez-vous de ce sage proverbe arabe : « Le pas, c'est le galop de longtemps. »

Le bonheur
de quitter la route...

Le harnachement idéal de tourisme est celui qui était réglementaire pour les officiers des armes montées. La bride comporte un licol de parade avec une longe pour attacher le cheval; la selle est agrémentée de nombreux anneaux où l'on peut fixer des sacoches et le monosac et rouler l'imperméable. Le meilleur tapis de selle est aussi la couverture réglementaire pliée en quatre, mais il faut avoir bien soin d'en remonter le pli dans le pommeau pour éviter qu'elle ne blesse le garrot. Dans les sacoches : trousse de toilette, casse-croûte, nécessaire de pansement et trousse de maréchalerie.

Un soin très attentif doit être apporté à la ferrure. A chaque halte une vérification s'impose. Le fer s'use vite sur un sol dur et rocailleux; il peut être arraché par le sol mou et humide qui fait ventouse. Un bon fer de tourisme doit avoir beaucoup de « couverture » afin de mieux protéger la sole. Pour en prolonger la durée il est souhaitable d'y souder des proéminences appelées « grappes », qui se placent en « éponge » et en « pince ». Quand le sol est rendu glissant par le verglas (ou simplement sur le macadam), il faut mettre des clous à glace ou, mieux, des crampons « Mordax ».

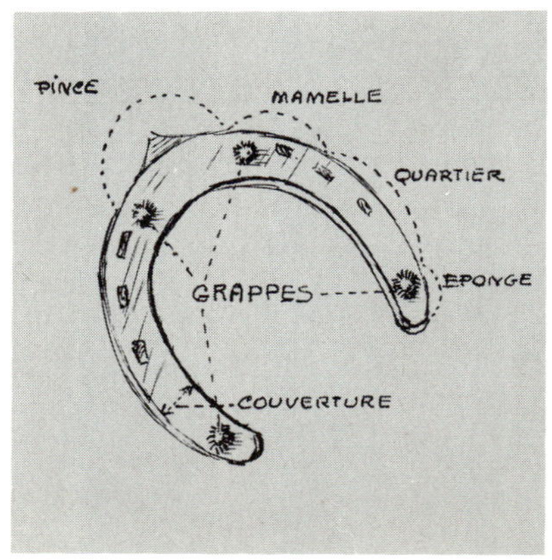

Dans la rivière.

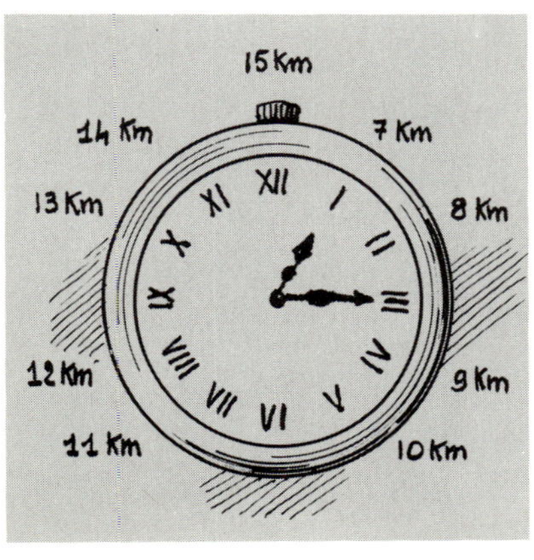

Les vitesses de marche sont relativement lentes car rien ne fatigue plus que de forcer une allure. La bonne moyenne est : au pas 110 m à la minute, au trot 240 m, au galop 340 m, au galop allongé 400 m. Il est facile d'utiliser sa montre pour doser les temps de trot suivant la vitesse désirée. Il ne faut alors pas tenir compte des chiffres des quarts d'heure (3, 6 et 9). Exemple : si l'on trotte cinq minutes en une heure, on parcourt 7 km, si l'on trotte trente-cinq minutes on fait 11 km, cinquante-cinq minutes, 14 km, etc.

La fraîcheur de l'onde.

Votre instructeur vous a rappelé les règles de la discipline de marche : comment se prend une distance, un intervalle, les règles du code de la route, l'importance du serre-file dans la colonne de marche...

Votre cheval est équipé, vous savez le soigner et l'utiliser judicieusement. Pensons maintenant aux problèmes de la route.

La carte au 1/200 000 vous permet dans un premier temps de dégrossir le problème posé par l'établissement de l'itinéraire. La bonne longueur d'une étape se situe entre vingt-cinq et trente kilomètres. Cette distance était autrefois celle qui séparait le chef-lieu de canton de la sous-préfecture... Il fallait pouvoir s'y rendre facilement pour ses affaires et rentrer le soir. C'est dans de telles localités que nous avons le plus de chances de trouver à loger à pied et à cheval. Cela peut étonner, mais l'on découvre encore là un hôtel simple, accueillant, qui a conservé ses écuries. Je sais bien qu'on ne vient plus au marché hebdomadaire avec le cheval et la voiture que l'on dételait au « Lion d'Or » ; l'écurie sert le plus souvent de bûcher ou de fourre-tout, mais râteliers, mangeoires et boucles d'attache attendent le voyageur éventuel... L'hospitalité de l'hôtelier aidant, on ne manquera pas de vous dégager les sept ou huit places disponibles pour vos montures. Je vois chaque année, en allant au grand rassemblement annuel de tourisme équestre, les municipalités qui jalonnent les parcours donner des instructions afin de réinstaller les écuries en sommeil et leur donner le coup de pinceau nécessaire.

Et puis consultez l'annuaire de la région. Vous y trouverez certainement l'adresse d'un marchand de bestiaux qui a des écuries, souvent vides dans la période d'été. Dans ces lieux tout est facile à transformer pour loger confortablement et sans risque d'accident vos montures.

Souvenez-vous aussi que le cheval a marqué les hommes quand il était le moteur de la vie économique du pays. Avec quelle spontanéité ceux qui ont connu cette époque, même sur sa fin, aiment revivre, ne serait-ce que pour quelques heures, le temps de leurs

L'herbe est douce aux pieds des chevaux.

Espace et lumière.

jeunes années. J'ai encore présente à la mémoire la lettre de ce notaire de Bayon, en Meurthe-et-Moselle, à qui le maire avait transmis mon questionnaire pour organiser l'étape : « Je me fais un plaisir de me mettre à votre disposition pour l'organisation de votre cantonnement, et j'ai fait le nécessaire pour répondre affirmativement aux questions posées... Vous serez alors réceptionné par un vétéran du Touring Club de France, toujours bien valide, et vous pourrez faire confiance à ma rude expérience acquise de 1913 à 1918 au métier de dragon de la Grande Guerre ! » Et il proposait même de nous réserver sa plus belle chambre pour recevoir l'un des nôtres. Écrit charmant qui reflète bien cette merveilleuse découverte de la France à cheval !

D'autres fois, ce sont les cavaliers des clubs locaux qui se portent à votre rencontre, fanions en tête. Galops au botte à botte dans les allées forestières, renseignements précieux recueillis pour l'étape du lendemain, paysages pittoresques et beaux monuments rencontrés, présentation des installations locales, où tout revêt un air de fête, chaude et amicale camaraderie qui estompe tous les soucis. On renoue des relations, on en crée de nouvelles, on retrouve cavaliers et chevaux qui sont les têtes de liste de leur région et dont la renommée en a franchi parfois les frontières.

Mais pour donner à ce tourisme équestre encore plus d'intérêt, pour attirer à nous des étrangers, dès 1961 une pléiade d'hommes entreprenants : Guy Arcis et ses compagnons de l'Étrier vellave, André Piquet et Paul Maurice, de l'Étrier panissiérois, Henri Roque, l'homme à cheval d'Eygalières, ont eu l'heureuse idée de réunir les fervents du tourisme équestre en un rallye qui eut lieu à Polignac et fut un succès. Ces pionniers vinrent alors trouver le Touring Club de France pour organiser ensemble et donner plus d'ampleur encore au rallye projeté pour 1962... Roanne, choisie, fut un triomphe. En 1963, une association nouvelle se joignit à nous, nous apportant la foi et le dynamisme de son président, Raymond Henry. Uzès fit vibrer l'allégresse des Provençaux, en 1964 l'Anjou reçut dans sa bonne ville d'Angers, en 1965 ce fut la Lorraine, à Nancy, en 1966 la Bretagne, à Saint-Malo, en 1967 le Périgord, à Sarlat. 1968 verra se poursuivre ce tour de France par Nevers.

Ainsi une nouvelle France équestre prend naissance, parcourant chaque année des régions différentes. En véritables apôtres, ceux qui ont la charge de ce mouvement mettent tout en œuvre pour gagner chaque année à leur cause un public plus nombreux, ne perdant pas de vue les satisfactions que doit en retirer le cavalier randonneur.

En plus des connaissances historiques qu'apportent les pays traversés, une véritable culture équestre naissait grâce à la publication d'une plaquette créée à chacun de ces rassemblements, « dédiée aux hommes de cheval d'hier et d'aujourd'hui, aux vivants et aux morts qui ont fait naître et s'épanouir lentement, jour après jour, sous un faisceau de soins attentifs, d'affection et de compétence, les races magnifiquement adaptées dont nous sommes fiers ».

C'est de quelques-uns de ces souvenirs que je voudrais vous entretenir pour montrer la place qu'occupait le cheval et le rôle qu'il jouait alors. A bonne allure nous traversons les plaines bourbonnaises propices aux longues chevauchées. Nous sommes accueillis dans de charmantes gentilhommières où notre compagnon se repose dans les écuries du « château »; les charmantes anecdotes contées par le propriétaire des lieux égaient nos soirées. En Anjou, c'est la rencontre pittoresque de ces cavaliers en « paquetage complet » qui croisent « l'attelée à trois » sur la moissonneuse ou la carriole se rendant au marché local. C'est un pèlerinage que les quatre cents cavaliers de ce magnifique rallye 1964, entrant à Angers, venaient faire : en 1934, M. Miquel, alors directeur du haras de cette région, appuyé par son administration, créait les sociétés hippiques rurales qui se développèrent par la suite dans les centres urbains sous le nom de S.H.U., prouvant ainsi que « le compagnon de travail du paysan pouvait devenir son compagnon de plaisir ».

Relire les pages écrites sur cette époque nous est agréable, surtout celles qui sont consacrées à ces rassemblements importants de Château-Gontier où l'on savait récompenser le travail d'équipe.

Dans un jaillissement d'eau,
la rivière est franchie...

Un cours d'eau à franchir.

Au milieu des blés.

Le long des grèves de Bretagne.

Voulez-vous un exemple de quelques-unes des récompenses remises à l'issue des rencontres de cette époque ? « Un cheval de bronze offert par les « Nouvelles Galeries d'Angers » à la famille hippique rurale la plus nombreuse, composée du patriarche, de ses enfants à cheval, de ses filles, de ses brus et petits-enfants, en charrette avec des chevaux du même élevage. »

Et quelle charmante attention que d'offrir une gravure au cavalier le plus âgé, mais le plus jeune par l'entrain : « Au marquis de Charnacé, engagé volontaire à quatre-vingt-trois ans dans la cavalerie rurale ! » Ainsi, coupes et souvenirs remis en 1964 à l'occasion de ce rallye soulignaient l'effort des équipes, le nombre de leurs participants, leur assiduité à nos rencontres annuelles.

Avant de quitter ce pays d'Anjou, rappelons-nous son école de cavalerie, avec son Cadre noir, les nombreux hippodromes de toute la région, dont l'un a retenu particulièrement notre attention, Longué, avec ses courses de nuit, et dont le sympathique président, M. G. Mellerio, nous a chaleureusement accueillis lors de nos passages dans cette coquette petite ville.

Et puis la région change. La Lorraine nous reçoit. Quelle moisson de souvenirs pour nous, cavaliers de la seconde partie du xxe siècle! Chevauchées fantastiques des frères Aymond, de Jeanne d'Arc, de René II ou de Gérard de Vaudémont... la brillante époque du 5e Cuir et des Dragons de Lunéville, le Saumur lorrain.

Savez-vous ce qu'a fourni la Lorraine en 1914 ? Mobilisation du 2 août 1914 : quatre-vingt-quatre régiments, cuirassiers, dragons, chasseurs, hussards, soit à peu près trente-cinq mille hommes et quarante mille chevaux.

L'histoire est riche de grands noms de cavaliers. Citons-les rapidement : Lasalle, remarquable chef d'avant-garde, tué à Wagram en 1809 en conduisant une charge; Kellerman, une âme de fer, qui trouva son heure à Marengo; Curely, fils de cultivateur gagnant l'épaulette en 1806 et dont l'action la plus surprenante et la plus célèbre est la reconnaissance qu'il fit pendant la campagne de 1809 à la tête de cent cavaliers des 7e et 9e hussards à la recherche de l'armée autrichienne. Grâce à sa présence d'esprit, il utilisa un

Les étapes doivent être préparées.

Il est risqué de partir à l'aventure sans se soucier du gîte pour le soir. Autrefois le cavalier était sûr de trouver logement et nourriture à la première auberge venue et un maréchal toujours prêt à remettre un fer. Aujourd'hui qu'on ne loge plus « à pied et à cheval » il faut s'assurer qu'une grange sera libre pour abriter les chevaux et que des lits seront disponibles pour les cavaliers. Heureusement le cheval a laissé de bons souvenirs chez ceux qui l'utilisaient et qui aimeront ainsi revivre pour un soir la bonne ambiance du passé. Les autos seront sorties des anciennes écuries et la mangeoire retrouvée sous les bidons vides et les vieux pneus; on se serrera pour accueillir les hôtes. Mais si la maison est trop petite, une bonne nuit dans la paille de la grange ajoutera une note pittoresque au charme de l'aventure.

PRIÈRE DE BIEN VOULOIR REMPLIR LE QUESTIONNAIRE CI-DESSOUS

1

LOGEMENT DE______CAVALIERS

Ce qu'il nous faudrait :
Nombre de chambres dans un hôtel moyen. __________
Nom et adresse du ou des hôtels. __________
Nombre et prix des chambres disponibles. __________
A défaut, chez l'habitant :
Noms et adresses, nombre de lits. __________

2

LOGEMENT DE______CHEVAUX

Ce qu'il nous faudrait :
Écurie avec bat-flanc, mangeoire, auge et anneaux d'attache. Abreuvoir près de l'écurie.
Nom et adresse du propriétaire. __________
A défaut : étable aménagée avec bat-flanc.
Nom et adresse du propriétaire. __________
Distance entre l'hôtel et l'écurie. __________

3

NOMS ET ADRESSES

D'un maréchal capable de ferrer les chevaux de selle. __________
D'un vétérinaire. __________
D'un bourrelier. __________
Peut-on les contacter le dimanche ? __________

4

NOURRITURE DE______CHEVAUX

Ce qu'il nous faudrait
sur place à l'arrivée, par cheval :
5 kg d'avoine aplatie si possible, 6 kg de foin sec,
8 kg de paille, 1 kg de son.
A défaut :
Le nom et l'adresse d'un fournisseur. __________
Peut-on le contacter le dimanche ? __________

MERCI

Galop dans la prairie.

troupeau de bœufs rencontré sur son passage pour masquer ses cavaliers et tourner l'ennemi ; Ney, Oudinot, puis, près de nous, le général L'Hotte. Le cheval... Que de souvenirs enrichissant l'esprit et la valeur des hommes n'apporte-t-il pas.

L'année suivante nous vit en Bretagne, d'abord au Mont-Saint-Michel : « Comme un doigt de Dieu pointé vers le ciel, tantôt il émerge des brumes de la Manche, tantôt il se dresse, triomphant, dans l'embrasement de l'azur et des grèves. Ainsi nous apparaît le Mont-Saint-Michel-au-Péril-de-la-Mer. » Le cheval est présent aux fêtes du millénaire de l'abbaye dont les moines du Bec-Hellouin, du 1er mai au 16 octobre 1966, assurèrent dans l'abbatiale la continuité de l'office monastique. Le temps était clair et la foule nombreuse en ce matin de juillet où trois cents cavaliers, en route pour le rallye de Saint-Malo et répondant à l'appel des organisateurs des fêtes du millénaire, pénétrèrent par la grève au pied du mont. Moment émouvant quand ces sociétés venues des provinces les plus lointaines, fanions claquant au vent, se rangèrent pour saluer les autorités ecclésiastiques.

Comme les pèlerins de jadis, la colonne de cavaliers reprend la route en direction de la cité malouine après le verre de l'amitié. Saint-Malo nous reçoit. Chacun est soucieux de rendre hommage à la cité corsaire en présentant un défilé aux torches et un spectacle équestre impeccables. La foule envahit la chaussée. La diligence Paris - Saint-Malo arrive et fait tinter ses grelottières. La gaieté est générale.

Un ministre a quelque peine à se frayer un passage le dimanche après-midi pour assister au spectacle de l'hippodrome de Marville. A l'image de Du Guesclin aux grandes joutes de Rennes, qui sautait sur un bidet de labour et couvrait d'une traite La Motte-Broons-Rennes, empruntait l'armure et le cheval de son cousin, fournissait quinze courses sans trouver d'adversaire qui le vaille, tous les cavaliers bretons en ce grand rallye avaient tenu à se surpasser. Jeux du terroir, attelages du pays, carrousels menés avec les amis d'autres provinces, la joie rayonnait sur tous les visages malgré le petit crachin qui tombait en fin de journée.

En 1967, la rencontre de tous ces fervents du cheval eut pour terme Sarlat, en Périgord noir. En pénétrant dans la ville, on gagne les écuries construites de toutes pièces sur la place de la Grande-Rigaudie, au pied de la statue de La Boétie. Le poète a chanté l'accueil de son pays, cet accueil que nous avons apprécié au cours de ces fêtes du cheval :

« Laisse, laisse, laisse-moi faire et un jour en Dordogne
Si je devine bien, on te connaîtra mieux
Et Garonne et Rhône et ses autres grands dieux
En auront quelque envie et possible vergogne. »

Heureux pays où l'on pratique l'hospitalité et que nos amis du club hippique Fournier-Sarlovèze, cet « enfant terrible de Sarlat », nous apprirent à aimer particulièrement.

Promenade, tourisme, vous avez vu combien le sujet est vaste qui vous fera mieux encore apprécier les joies d'une équitation de plein air. Apprenez bien vite dans les manèges les règles de l'art équestre pour pouvoir goûter l'équitation dont forêts et grands espaces restent le meilleur des manèges. Et puis sachez que vous pouvez pratiquer ce sport à tout âge en vous entretenant. Esprit-Paul de Lafont Pouloti n'écrivait-il pas au XVIIIe siècle : « Le mouvement et l'exercice du cheval contribuent à la conservation de la santé en excitant la digestion, en ranimant les esprits. Ces effets sont merveilleux et presque incroyables dans la cure des maladies qui affectent la poitrine et le bas-ventre. Ils produisent le plus grand bien aux hypocondriaques, suffisent même pour guérir les vapeurs. Aussi Hippocrate, Galien et autres célèbres médecins, Socrate, Platon..., s'accordent tous à le regarder comme un des remèdes les plus efficaces de la médecine dont les effets sont les plus certains et comme le moyen le plus assuré de parvenir à une vieillesse longue et heureuse. »

Quel exercice d'éducation physique vaut-il celui-là, amis cavaliers ?

L. S.

La halte du soir, couché dans la paille ou sous la tente...

Il est évident que la résistance du cheval comme sa bonne humeur sont subordonnées aux soins dont son cavalier l'entoure. Considéré comme un compagnon et non comme une bête de somme, il se donnera de confiance à sa tâche. Durant la marche le cavalier saura choisir son terrain, préférant le sentier, au sol souple, à la route dure et glissante. Il laissera sa monture étancher sa soif au hasard d'un ruisseau rencontré. S'il doit l'attacher il choisira un arbrisseau ou une branche flexible, car chacun sait que le cheval a horreur de toute résistance fixe et n'a alors qu'une seule idée : s'en débarrasser. Il est bon de faire à pied le dernier kilomètre de route après avoir légèrement desserré la sangle : le poids de la selle masse ainsi le dos du cheval. A l'étape les soins à donner sont toujours les mêmes : vérifier la ferrure, contrôler le bon état du dos, mener le cheval à l'abreuvoir quand la transpiration a cessé, lui donner son fourrage.

Halte dans les montagnes Rocheuses.

La meute « sous le fouet » du maître d'équipage.

b / La vénerie

par le marquis de Vibraye,
président de la Société de Vénerie,
président de l'Association des Maîtres d'équipage de France (grande vénerie).

Le cheval de chasse, comparé à ses prestigieux congénères : chevaux de course, de concours hippique, de haute école, risque quelque peu de faire figure de parent pauvre.

Pour lui, pas d'ascendants dont on cite les noms célèbres, pas de gros gains ou de prix de vente impressionnants. Sa renommée, quels que soient ses mérites, ne dépassera jamais un cercle restreint. Modeste spécialiste, bon serviteur, fidèle compagnon des meilleurs moments passés en forêt derrière les chiens, mais aussi des épreuves et des déceptions : son ambition, et celle de son propriétaire, se limite là. Son rôle, en quelque sorte, est avant tout utilitaire. Il faut bien voir que la chasse à courre « à la française », autrement dit la vénerie, n'est pas essentiellement un sport équestre.

On confond trop souvent, et on englobe dans un seul et même sport, la chasse à courre telle qu'elle est pratiquée en Angleterre d'une part, en France d'autre part. Les artistes et l'imagerie populaire ont beaucoup fait pour entretenir cette confusion. Or le fox-hunting est véritablement un sport équestre (et quel sport!) alors que la vénerie est tout autre chose.

Loin de moi le désir de minimiser les mérites de nos amis anglais, passés maîtres dans l'art d'élever, de soigner et d'utiliser chiens et chevaux. Nous avons beaucoup à apprendre d'eux en ces domaines : le fox-hunting réclame de la part des cavaliers et de leurs montures des qualités auxquelles peu de veneurs et de chevaux de chasse français peuvent prétendre.

En Angleterre la chasse se déroule à travers pays, en terrain découvert. Le but est de galoper bon train à la queue des chiens,

De vieille tradition française, la vénerie compte encore de nombreux adeptes.

que l'on suit le plus souvent à vue, et de sauter des obstacles naturels souvent redoutables. Il convient d'être remonté en jumpers puissants et confirmés. Une chasse où le renard aurait le temps de ruser, obligeant ainsi les chiens à ralentir ou même à s'arrêter, perdrait son principal intérêt pour la majorité des suiveurs.

Les veneurs français ont un point de vue différent et d'autres préoccupations dans l'exercice de leur art.

Pour bien situer notre cheval de chasse dans son cadre et son rôle, il est nécessaire de définir, aussi brièvement que le permet ce vaste sujet, ce qu'est la vénerie : c'est l'art de déjouer les ruses d'un animal sauvage et de s'en emparer, de le forcer avec la seule aide de chiens courants.

De cette simple définition il faut retenir un fait : l'importance capitale du chien. Il est l'élément central de la chasse à courre, l'acteur principal, l'objet de toute la sollicitude et de toutes les préoccupations des veneurs.

Le chien d'équipage, également dit « chien d'ordre », est un chien courant qui doit répondre à certaines conditions de race et de taille. Il est alors apte à courir et à forcer les animaux de grande vénerie, c'est-à-dire le cerf, le sanglier et le chevreuil.

Les vieilles races françaises de chiens d'ordre ne sont pas parvenues jusqu'à nous à l'état pur. En partie détruites par les révolutions et les guerres, elles ont été, après chacune de ces périodes troublées, patiemment reconstituées par les veneurs. Mais ceux-ci, obligés de reconstruire sur le faible effectif sauvé et d'obtenir des sujets rapidement utilisables, ont toujours recherché le maintien des qualités de chasse et l'amélioration de la conformation avant la pureté de race et la conservation du type. On a obtenu ainsi des sujets plus vites mais moins criants que nos vieux chiens français, plus sages en chasse (parce que moins chasseurs), plus faciles à élever et à entretenir (parce que doués d'une meilleure santé).

Le comité de la Société de vénerie s'est attaché à suivre cette évolution, à l'encourager ou à la freiner en donnant aux éleveurs, veneurs et juges des directives tenant compte des réalités du moment. Le *Standard des chiens de grande vénerie*, remanié à plusieurs reprises ces dernières années (1925, 1948, 1957), reflète la disparition de certaines races, l'amenuisement ou les profondes modifications subies par d'autres.

Les races françaises encore représentées sont le grand bleu de Gascogne (ci-dessous), le gascon saintongeois, le levesque, le poitevin, le billy (voir dessins). Mais les races les plus répandues restent le français blanc et noir, le français tricolore et le français blanc et orange.

Le français blanc et noir est un grand chien d'ordre distingué, mais bâti en force. Il donne de ce fait une impression d'équilibre. Sa robe, à grand manteau noir ou à taches plus ou moins étendues, peut présenter des mouchetures noires. Reconnu depuis 1957, ce chien descend du croisement des vieilles races françaises gasconne et saintongeoise avec le fox-hound. Aucune trace de sang anglais ne doit apparaître dans sa tête. Son nombre est en augmentation constante dans les équipages de cerf et de chevreuil.

Le français tricolore est un chien d'ordre élégant, suffisamment charpenté et musclé, dont la robe tricolore à manteau plus ou moins étendu a des feux souvent vifs, ou même cuivrés. Reconnu lui aussi depuis 1957, le français tricolore est le produit proche ou éloigné du fox-hound et de la vieille race poitevine. Toute trace apparente de sang anglais doit être proscrite, surtout dans la tête. Plusieurs meutes actuelles comptent des sujets de cette race.

Le français blanc et orange, généralement très proche du précédent, a une robe blanche, ou blanche et orange à manteau ou à taches.

Outre ces caractéristiques énumérées, chacune de ces races doit en présenter de très précises pour la tête, le chanfrein, les oreilles, les yeux, les babines, etc.

Les sujets qui ne correspondent pas à ces standards accusent toujours au maximum le sang anglais qui coule dans leurs veines. Ils composent la grande masse des chiens d'ordre actuels. Sans type précis, ils sont tous catalogués « anglo-français » et se différencient uniquement par leur robe, blanche et noire, ou tricolore, ou blanche et orange.

Aux chiens d'ordre français,
réputés pour leur belle gorge,
le sang anglais
a apporté plus de vitesse.

1 Le grand bleu de Gascogne : chien de vieille race, éminemment français. Sa robe est marquée de taches noires sur fond blanc entièrement truité de noir, ce qui lui donne une sorte de reflet bleu ardoisé. Ces chiens sont encore assez nombreux dans le Sud-Ouest où leur grande finesse de nez rend de précieux services pour mener les voies légères par temps sec. Leur gorge est magnifique. Jadis ils chassaient le loup à la perfection.

2 Le poitevin : chien très distingué réunissant à un degré de perfection la force, l'élégance et la légèreté. Sa robe est tricolore, à manteau noir ou à larges taches, quelquefois blanche et orange. Ce chien a toutes les qualités nécessaires pour forcer un animal sauvage. Il est encore abondamment représenté.

3 Le gascon saintongeois : chien d'ordre type, accuse la grande espèce des deux races dont il est le produit. L'expression de la race française se reflète dans sa physionomie, dans son aspect doux et confiant. Le fond de la robe est blanc, plus ou moins moucheté de noir. Doués de beaucoup de fond, ces chiens ont une allure régulière et un nez exquis qui leur permet d'emmener un animal « d'un soleil à l'autre ». Ils sont malheureusement de plus en plus rares.

4 Le levesque : chien d'ordre très français, bien typé, bien découplé, osseux et avec beaucoup de lame. Sa robe est invariablement blanche et noire. Grand spécialiste de la chasse du chevreuil, le levesque ne se rencontre plus qu'exceptionnellement.

5 Le billy : chien bien bâti, fort, léger et distingué. Sa robe est complètement blanche, ou encore blanche avec taches ou manteau clair ou citron. Cette race, de création relativement récente, est en voie de développement, ses qualités la faisant rechercher par de nombreux veneurs, principalement par ceux qui chassent le chevreuil.

2
3
4
5

Sous la futaie.

Pour forcer un animal sauvage, naturellement très entraîné, connaissant parfaitement son terrain et sachant utiliser toutes les ruses que lui dicte son instinct, le chien doit posséder des qualités qui ne se trouvent pas toujours réunies chez un même individu, mais qui doivent exister en tout cas dans l'ensemble d'une meute. Le chien de meute ne chasse pas à vue, mais uniquement par son odorat qui lui permet de suivre la voie d'un animal même si celui-ci a pris une avance considérable. Il doit donc posséder une grande finesse de nez, qui se manifeste d'autant plus que les conditions atmosphériques sont favorables. Ces dernières ont ainsi une grande influence sur la qualité de la voie, le comportement des chiens et l'issue de la journée. C'est là l'un des nombreux facteurs d'incertitude en vénerie. Cette indispensable finesse de nez serait cependant sans grande utilité si elle n'était complétée par l'amour et l'intelligence de la chasse, sans lesquels le chien serait incapable de déjouer les multiples ruses de l'animal.

On demande au chien d'ordre d'être créancé, c'est-à-dire de ne chasser que l'espèce animale sur laquelle l'équipage est spécialisé, et aussi d'être de change, ce qui signifie qu'un animal attaqué sera distingué des autres animaux de son espèce par le chien de change qui ne voudra chasser que lui. Cette aptitude à être de change, qui existe chez certains chiens à l'état héréditaire et se développe avec l'âge et l'expérience, est impérative. Sans au moins quelques chiens de change dans une meute, il est pratiquement impossible de réussir.

Nous attachons aussi une grande importance à la gorge (la voix des chiens). Il n'existe pas de chien muet, mais il ne suffit pas de posséder l'organe, encore faut-il que le chien s'en serve en chassant. D'abord parce qu'en forêt, le plus souvent hors la vue des veneurs, il sera presque impossible de suivre des chiens peu gorgés ou ne criant point. Ensuite parce que le récri de quarante ou cinquante chiens de meute est un concert qui ne peut laisser personne indifférent et constitue une partie du plaisir que nous éprouvons à chasser à courre. Rappelons que la gorge magnifique de nos grands bleus de Gascogne est une de leurs principales qualités.

Il faut courir sous le vent
pour mieux entendre les chiens.

A la poursuite de l'animal.

Noirs et blancs sur la voie.

La vitesse doit être suffisante, car des chiens trop lents promèneront indéfiniment leur animal sans le sortir de son train, lui laissant ainsi tout le temps de multiplier les ruses; ils seront incapables de conclure. Des chiens trop vites, par contre, ne pourront s'assurer des feintes de l'animal et finalement perdront du temps. De plus, si le chien vite crie peu, le chien trop vite ne crie plus du tout.

La vitesse suppose chez le chien une aptitude physique et une bonne conformation ; elle connaît toutefois ses limites dans la ruse de l'animal poursuivi et la qualité de la voie, de sorte que ce n'est pas toujours le chien le mieux taillé pour la course qui se montre le plus vite, mais souvent celui qui est le plus fin de nez, le plus entreprenant et le plus intelligent. Un train minimum est nécessaire, mais il faut que le chien ait assez de vigueur et de santé pour maintenir ce train et surmonter les énormes fatigues que lui impose un animal dont on sait qu'il ne s'avouera parfois vaincu qu'après plusieurs heures de chasse et des dizaines de kilomètres. Parmi les qualités physiques recherchées on compte aussi avec la beauté, l'homogénéité de taille et de couleur dans l'ensemble de la meute. La vénerie est donc avant tout l'art et la manière d'élever et de sélectionner le chien.

Après l'élevage et la sélection vient l'utilisation.

Le dressage du chien d'équipage se réduit à peu de chose : marcher au couple, rester en meute à la promenade ou sur le chemin du rendez-vous, voilà à peu près tout ce qu'il est nécessaire de lui apprendre. Pour le reste, il chasse d'instinct et fait ses classes au contact de ses aînés. Sa propre expérience le guide ensuite.

Le rôle de l'homme à la chasse à courre est beaucoup moins déterminant qu'on ne le croit communément. La vraie méthode, consacrée par des siècles d'expérience, est de laisser faire les chiens, qui en savent toujours plus long que nous. On a pu dire ainsi que « le meilleur veneur ne valait pas le plus mauvais chien ».

Connaissance du chien, la vénerie est aussi la connaissance des animaux, de leurs mœurs, de leurs habitudes, de leurs ruses, et la connaissance de la forêt, avec les mille indices qui révèlent la vie secrète de ses hôtes.

La meute que son odorat guide
sur la voie de l'animal...

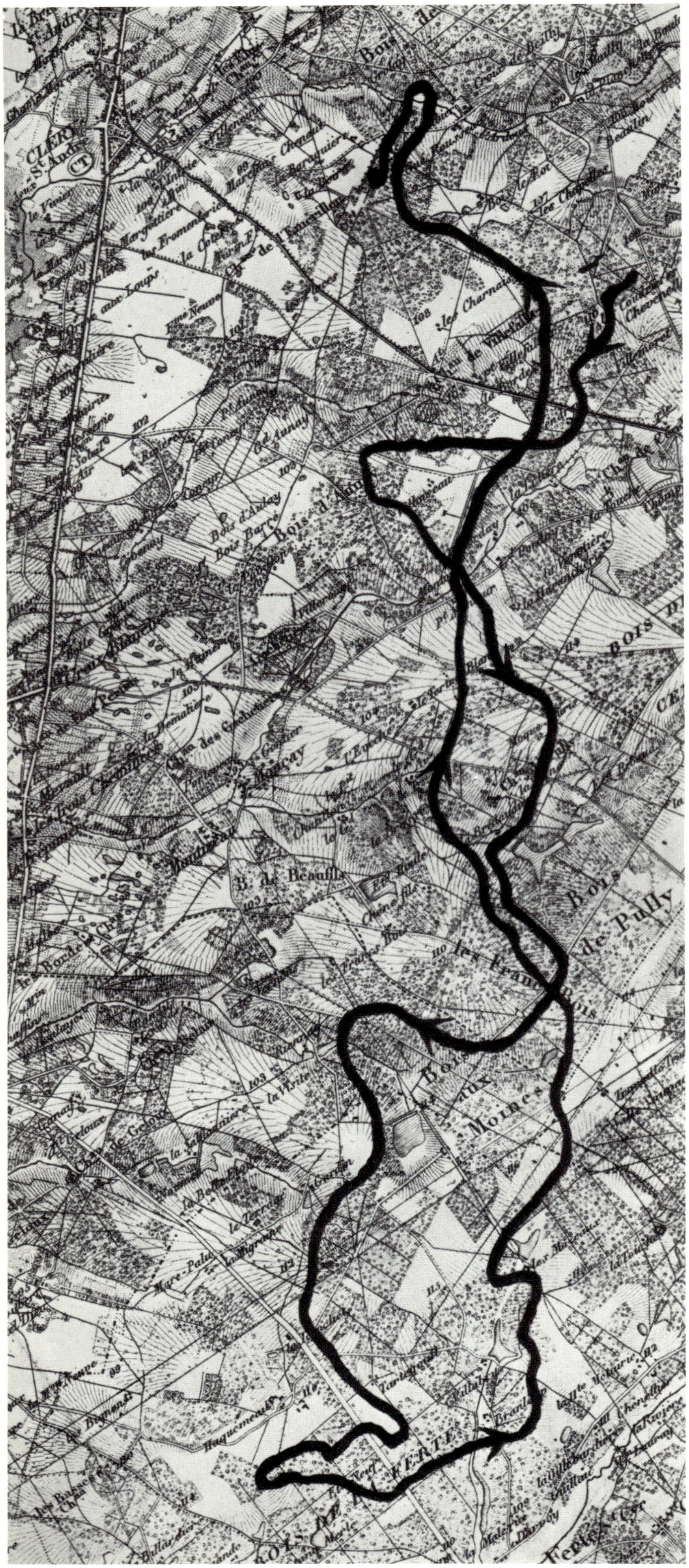

Parcours d'un laisser-courre en Sologne.

Cette rapide étude serait trop incomplète si j'omettais de mentionner le personnel des équipages, qui constitue depuis toujours l'une des bases de la vénerie.

Ces hommes de vénerie répondent à une vocation qui se transmet souvent de père en fils, ou d'oncle à neveu. Une famille comme celle des Chopelin a donné des générations de piqueux sans interruption pendant plus de cent vingt ans, et celle des Bigot, dont on trouvait déjà des représentants dans les équipages de 1820, en compte encore aujourd'hui plusieurs.

Mais à côté de ces gens de tradition, on trouve dans les équipages des hommes d'origines diverses, quelquefois fort inattendues, qui ont été attirés par la vénerie de façon parfois occasionnelle. La force de la tradition et l'exemple des anciens sont tels que ces nouveaux venus prennent très vite le plus authentique « ton de vénerie » et ne sont pas les moins attachés à leur métier.

Le rôle des hommes de vénerie est très important, d'autant plus important de nos jours que les maîtres d'équipage et leurs boutons sont le plus souvent retenus loin de leur chenil et de leur territoire de chasse. A ces hommes incombent à longueur d'année les soins quotidiens à donner aux chiens et aux chevaux, leur entraînement, la surveillance du territoire et, pour une grande part, les bonnes relations avec les riverains. A la chasse, leur expérience et leur science comptent pour beaucoup dans le succès d'un équipage. Ils contribuent largement au maintien des usages et des traditions de la vénerie et à l'initiation des veneurs débutants.

Ces hommes ont bien droit à notre reconnaissance. Mieux encore que le respect et l'estime mutuels, ce sont des sentiments d'amitié réciproque qui donnent le ton à leurs rapports avec les maîtres et veneurs, comme il est normal entre gens qui partagent les mêmes goûts, la même passion et les mêmes joies.

Dans ce tableau de la vénerie, avec les chiens, les hommes, les animaux de la forêt, le cheval se situe en bonne place.

Le cheval de chasse est le moyen de locomotion qui, de tout temps, a été considéré comme le plus pratique, le plus efficace et le plus agréable pour suivre, observer et servir les chiens.

Presque tous les grands animaux reviennent se faire prendre près de leur enceinte d'attaque.

Derrière les chiens.

Piqueux rameutant ses chiens.

Cependant, l'un des plus grands maîtres d'équipage du premier quart de ce siècle, M. Roger Laurent, infirme de naissance, ne put jamais monter à cheval et suivit toujours ses chiens en voiture (hippomobile évidemment).

Et que dire de nos confrères en vénerie qui chassent le lièvre à courre et pratiquent ce qu'il est convenu d'appeler la « petite vénerie » ? Petite sans doute par la taille de l'animal, l'effectif de la meute, l'étendue du territoire, les moyens mis en œuvre, la vénerie du lièvre est pourtant la clé de toute vénerie, car cet animal est bien le plus rusé et le plus difficile à chasser de tous les animaux courables. Or, dans les équipages de lièvre, nombreux en France, on sert les chiens non pas à cheval, mais à pied.

On peut donc être veneur sans être cavalier.

Il n'en reste pas moins qu'en grande vénerie l'acte de chasse lui-même demeure l'apanage de ceux qui sont à cheval. Sans être l'élément central de la chasse, le cheval est, après le chien, le plus précieux auxiliaire du veneur, et les plaisirs équestres comptent pour beaucoup dans l'attrait toujours très vif qu'exerce la chasse à courre.

De nos jours, la vénerie demeure par certains côtés le seul emploi utilitaire et, pourrait-on dire, normal, du cheval de selle, par opposition à l'emploi sportif et plus artificiel que constituent les courses ou le concours hippique. Non que ces sports équestres ne demandent une grande science dans la mise en condition et l'utilisation des chevaux, mais c'est l'affaire de spécialistes, chez l'homme comme chez le cheval. Tandis que le cheval de vénerie doit réunir les qualités de base de tout temps recherchées chez le cheval utilisé dans son rôle de moyen de transport.

A l'époque pas si lointaine où la cavalerie se déplaçait encore à cheval, il était reconnu que les veneurs procuraient aux régiments quelques-uns de leurs meilleurs éléments, non seulement par leur habitude de l'observation et leur sens du terrain, mais aussi par leur expérience dans l'entretien et l'utilisation des chevaux. De même les chevaux de chasse fournissaient une remonte immédiatement apte à faire campagne.

En effet, sous bien des rapports, le cheval de vénerie est l'héritier du cheval d'armes.

Que demandons-nous à nos chevaux de chasse ? Avant tout de nous transporter. Mais nous sommes à cet égard très exigeants : nous voulons des chevaux qui aient du train (pour ne pas être irrémédiablement « semés » lorsque la chasse perce en futaie ou en débucher) et qui aient assez de fond pour soutenir ce train sur un long parcours. Je pense, par exemple, à ce daguet attaqué au bois de Villemoret par un jour de mars déjà chaud, avec un fort vent de nord-est, qui descend jusque vers la Ferté-Saint-Cyr, prend beaucoup d'avance sur les chiens, ruse et traverse toutes les queues d'étangs, remonte face au vent au-delà de son enceinte d'attaque et se fait prendre à l'Émerillon, après un parcours de plus de cinquante kilomètres (ce qui représentait certainement beaucoup plus pour les chevaux). Je pense encore à ce cerf quatrième tête, attaqué au bois de Boucheteau et pris vers Millançay après quarante-cinq kilomètres de poursuite.

Aussi demandons-nous à nos chevaux d'être généreux afin qu'au bout de quelques heures nous n'ayons pas à porter dans les jambes un cheval qui s'abandonne à la fatigue.

Mais nous exigeons aussi qu'ils soient calmes, rien n'étant plus énervant à la chasse que le cheval qui bat à la main, se traverse, se dépense inutilement, vous gêne lorsque vous voulez sonner, ne tient pas en place à l'arrêt et vous empêche d'écouter. Car en forêt nos chiens sont le plus souvent hors de notre vue et c'est en écoutant leurs récris, parfois lointains, que nous pouvons suivre la chasse, déceler le balancer qui indique une difficulté, identifier par sa gorge tel chien de confiance qui vient de redresser un défaut ou maintient l'animal dans le change. Le bon cheval de chasse, dès que son maître l'arrête pour écouter, pointe les oreilles en direction de la chasse et ne bouge plus. Il doit être d'une adresse sans défaillance, marcher grand train dans les chemins de forêt défoncés, le long des profondes ornières laissées par les tracteurs de débardage, deviner le trou ou le fossé dissimulé sous la fougère ou la bruyère et, en cas de besoin, éviter la chute par une réaction énergique.

Le bon cheval de chasse doit être calme et patient.

On compte aujourd'hui en France 74 équipages de grande vénerie, soit 23 équipages de cerf, 4 équipages chassant cerf et sanglier, 13 vautraits (équipages chassant uniquement le sanglier), 34 équipages de chevreuil. Ces équipages utilisent un effectif qui peut être évalué au minimum à quinze cents chevaux, auxquels s'ajoute un nombre difficile à déterminer de chevaux de propriétaires et de loueurs qui participent occasionnellement aux chasses. La grande vénerie est pratiquée sur trente-deux départements où elle est locataire de l'État pour 320 000 ha environ. En outre elle découple sur quelque 400 000 ha de forêts privées.

Au point de vue géographique, la répartition des équipages est la suivante : Picardie et région parisienne, 10, Normandie 7, Bretagne 4, pays de la Loire 11, Centre et Nivernais 16, Bourgogne 2, Poitou-Charente-Limousin 7, Auvergne et Bourbonnais 6, Sud-Ouest 11.

Hors de France la vénerie « à la française » est pratiquée en Belgique où l'on compte deux équipages de chevreuil et un vautrait.

Cheval au repos.

Cerf mulet sautant un layon.

Nous exigeons de lui une parfaite soumission. Rien de plus exaspérant que de perdre un temps précieux devant un ruisseau avec un cheval non confirmé qui ne passe pas l'eau, tandis que la chasse file au loin. Un cheval de chasse doit passer partout, calmement mais sans hésiter, descendre dans un gué ou sauter de pied ferme un ruisseau encaissé, traverser avec précaution un passage marécageux, marcher de bon gré dans un champ d'ajoncs piquants, brousser sans précipitation dans un taillis serré, enjamber adroitement des troncs d'arbres enchevêtrés, grimper et descendre un gros talus... A la chasse, en règle générale, on ne saute pas : on franchit.

Nous devons pouvoir mettre pied à terre pour chercher pas à pas le « vol ce l'est » de l'animal, puis retrouver notre cheval sommairement attaché à un baliveau. Il doit rester impassible au montoir tandis que nous nous remettons en selle, plus ou moins handicapés par les lourdes bottes de vénerie, le ceinturon, la trompe... Un cheval de chasse ne doit avoir peur et ne s'étonner de rien, qu'il s'agisse du sanglier qui lui déboule entre les pieds, du cerf sautant l'allée au ras de ses oreilles, des voitures et des camions le long des routes. Nous voulons qu'il reste droit au galop lorsque nous fouaillons de volée pour arrêter une fausse chasse, et qu'il aille tranquillement au pas, sans esquisser la moindre défense, lorsqu'il marche devant cinquante chiens dont les couples viennent lui battre les jarrets.

Quittant son écurie tôt dans la matinée, il n'y rentrera souvent que tard dans la soirée, le ventre vide, ayant abattu trente, quarante, jusqu'à quatre-vingts kilomètres dans sa journée, en tout terrain, par tous les temps. Ceci une fois par semaine, et souvent deux pendant les sept mois que dure la saison de chasse. Voilà qui réclame un solide tempérament. Le cheval qui, au retour d'une chasse, ne se jette pas avidement sur sa mangeoire ne fera pas une longue carrière. Il faut à un cheval de chasse une santé et une rusticité à toute épreuve, et naturellement des membres sains, bien trempés, et des pieds irréprochables.

La monture capable de répondre à toutes ces exigences n'existe pas « toute faite », et rien ne remplacera l'expérience acquise au cours de plusieurs saisons. Mais il est certain qu'un cheval de selle présentant les aptitudes physiques nécessaires, s'il est bien mis, fera plus rapidement et mieux qu'un autre un cheval de chasse efficace et agréable. Équilibré, il sera adroit et confortable ; léger à la main et aux jambes, il sera maniable et épargnera à son cavalier bien des fatigues; soumis et en avant, il laissera au veneur toute la liberté de corps et d'esprit dont il a besoin.

C'est ici que se place une controverse, probablement aussi vieille que la vénerie, et qui s'exprime par le dicton : « Le cavalier tue le veneur. » Dans l'esprit de ceux qui le citent, il signifie que les préoccupations d'ordre équestre ne sont pas compatibles avec l'amour de la chasse.

Il est vrai que l'on peut aimer la chasse à courre pour cent raisons diverses, et c'est là sans doute l'un de ses attraits. Certains s'intéressent exclusivement au travail des chiens appliqués à déjouer les ruses de l'animal, considèrent le cheval strictement comme un moyen de locomotion, et à vrai dire ne montent à cheval que pour chasser. D'autres, au contraire, cavaliers d'abord, ne chassent que pour monter à cheval, sont avant tout préoccupés de leur monture, lui évitent les mauvais passages et les fatigues qu'ils jugent excessives. On rencontre aussi des sportifs qui saisissent cette occasion d'une journée de détente au grand air, des poètes, amoureux de la nature, des mélomanes même, dont le plaisir est de sonner et d'entendre de la trompe... A chacun ses goûts et sa vérité.

L'exercice de la vénerie englobe toutes ces joies, même si elles sont ressenties à des degrés divers, et les plus heureux des veneurs sont bien ceux qui les ressentent toutes. Le veneur complet doit être également cavalier et homme de cheval.

Si je puis me permettre, pour une comparaison, de m'avancer sur un terrain qui n'est pas le mien, je citerai le joueur de polo. Il est évident que chez celui-ci l'intérêt et l'attention sont concentrés sur la balle et la tactique de la partie. Mais le meilleur joueur, le plus doué pour les jeux de balle, s'il est mauvais cavalier, s'il monte un cheval sans moyens ou insuffisamment dressé, ne donnera jamais sa mesure. De même pour le veneur, le cheval est un auxi-

Le cerf est dit « mulet » quand il a perdu ses bois.

Un maître d'équipage.

liaire précieux que le bon cavalier saura utiliser avec le maximum d'efficacité et d'agrément, pour un plaisir de la chasse plus grand.

A la chasse comme ailleurs, le cheval sait fort bien comprendre ce qu'on attend de lui et ne tarde pas à y prendre goût.

Le piqueux du baron Gérard qui, avant la première guerre, chassait le lièvre en grand équipage, ne manquait jamais, après la prise, de prélever un morceau de lièvre et de l'offrir à son cheval qui l'avalait comme une friandise. Le cas est certes exceptionnel, mais sans aller jusqu'à faire curée, nos chevaux prennent certainement un vif plaisir à la chasse. Il faut voir comment, immobiles, oreilles pointées, ils écoutent de loin le récri des chiens. Nous avons presque tous possédé des chevaux capables, lorsque nous avions perdu la chasse, de nous ramener dans sa direction pourvu que nous posions les rênes sur l'encolure. Si la chasse languit, ou si vous l'avez perdue, vous aurez entre les jambes un cheval las et sans entrain, mais vous le verrez s'animer et repartir du bon pied dès qu'on entendra de nouveau les chiens.

Voici quelques saisons, en Touraine, le piqueux d'un équipage avait mis pied à terre en fin de chasse pour servir un cerf aux abois. L'animal, qui se déplaçait constamment, vint à passer près de l'endroit où l'homme avait laissé son cheval. Ce dernier n'hésita pas à prendre la chasse à son compte. L'on vit ainsi le cerf hallali sauter les layons, suivi du cheval qui précédait lui-même la meute ! On pourrait citer bien des exemples de ce sens de la chasse chez les chevaux.

Les chevaux d'invités qui, par un réflexe de peur, vous assomment parfois un chien d'un coup de pied sont la terreur des maîtres d'équipage. Mais les chevaux qui ont un tant soit peu chassé respectent vite les chiens. Il s'instaure entre eux une véritable amitié. Lorsqu'ils se sont égarés en cours de chasse, les chiens savent fort bien retrouver, entre tous, le cheval du piqueux. Quand on mène les chiens, ceux-ci doivent marcher sagement en meute derrière le cheval, sans chercher à le dépasser. On verra souvent un cheval de piqueux faire respecter cette consigne et, du bout des naseaux, obliger à rentrer dans le rang les indisciplinés.

N'a-t-on pas vu un jour, à Cheverny, après la curée, le cheval du piqueux, trouvant sans doute le temps bien long à son goût, prendre seul le chemin du retour, au pas, emmenant tous les chiens bien en meute derrière lui ?

Ces chevaux de chasse répondent-ils à un modèle défini ? A vrai dire, non. Tout dépend qui vous êtes, comment et où vous chassez. Le bon cheval de chasse est finalement celui que son propriétaire utilise pour chasser et qui lui donne satisfaction. On trouve donc des chevaux de chasse de toutes races et de tous modèles.

Le pur-sang, surtout s'il est d'un modèle suffisamment étoffé, du type que l'on appelait autrefois « pur-sang d'Auteuil », fera un excellent cheval de chasse. Cheval de selle né, confortable, il est souvent plus calme que tout autre et comprend vite ce qu'on attend de lui. Mais les tissus sont délicats, tous les coups portent et le pied n'est pas toujours irréprochable. Il s'accommodera difficilement des terrains lourds ou caillouteux, des ajoncs et des épines noires. Par contre, pour chasser dans les forêts sablonneuses d'Ile-de-France (Chantilly ou Fontainebleau), il conviendra parfaitement.

L'anglo-arabe est doué d'une générosité et d'une adresse proverbiales. Plus rustique que le pur-sang, il se fera mieux aux terrains ingrats et sera aussi agréable dans ses allures. Mais souvent très « chaud », il demande à être monté avec tact.

Le demi-sang, appelé de nos jours « selle français », correspond parfaitement au type du cheval de vénerie. Généralement bien équilibré, souvent bâti en force, suffisamment rustique, possédant un bon influx nerveux, agréable dans toutes ses allures, il est naturel que ce véritable cheval d'extérieur trouve son utilisation tout indiquée à la chasse.

Le trotteur passait autrefois pour un cheval de chasse détestable, équilibré sur les épaules, donc maladroit, lourd et fatigant à monter. Depuis quelques années le modèle s'est allégé ; les méthodes de dressage et d'entraînement ont probablement changé. On trouve aujourd'hui des trotteurs près du sang, faits en chevaux de selle,

Les oreilles pointées,
immobile,
le cheval écoute le récri des chiens.

Veneurs à l'écoute.

qui s'adaptent vite et bien à leur nouvelle fonction. Ils sont de plus en plus utilisés par les veneurs qui apprécient en eux une rusticité, une solidité et une endurance parfois extraordinaires.

L'élevage français semble exclusivement orienté vers le cheval de compétition, le seul qui soit rémunérateur. On n'élève pas de chevaux de chasse, et les veneurs doivent chercher le plus souvent leur remonte parmi les chevaux qui n'ont pas réussi dans leur spécialité ou qui sont parvenus en fin de carrière, qu'il s'agisse de chevaux de course, de concours hippique ou de concours complet.

Il n'est certes pas négligeable que les éleveurs et propriétaires de chevaux de sport trouvent ainsi dans la chasse à courre un débouché complémentaire. A son tour, celle-ci bénéficie de l'incontestable engouement actuel pour l'équitation.

La vénerie nous sollicite de mille manières diverses, dont ces lignes ne pourront donner qu'une idée bien incomplète. En particulier elle offre à tous ceux qui aiment monter à cheval la possibilité, dans le cadre idéal de la forêt, d'observer le travail du chien de meute, plus captivant à mesure qu'on le comprend mieux, et de pratiquer une équitation d'extérieur hardie, tirant parti de toutes les ressources naturelles du cheval.

Ph. V.

Poursuivi par la meute,
le cerf fuit à travers bois.

Dix-cors fuyant.

Les joies
de la compétition

CHAPITRE 3

Dès que l'homme eut dompté le cheval et constaté les immenses services qu'il pouvait en tirer, il sut aussi qu'il pouvait lui confier ses loisirs. Quoi de plus tentant que de mettre cette merveilleuse machine à galoper en compétition avec ses congénères? Quoi de plus sportif que de l'atteler en quadriges pour tirer de lourds chars en des courses effrénées? Quoi de plus naturel que d'utiliser son perçant et sa prestance dans le cliquetis des tournois ou les gentils jeux de la rose?

Depuis ces temps lointains, le sport équestre a évolué. Il s'est discipliné, se pliant à des règlements établis pour chaque catégorie, ce qui rend les résultats plus justes et plus faciles à comparer. Chaque cheval a des qualités propres ou inhérentes à ses origines, qui permettent de le diriger vers sa plus brillante exploitation. Les éleveurs sélectionnent en vue d'un but bien défini, mais les résultats de leur travail ne sont pas toujours ceux qu'ils escomptaient. Il faut alors aiguiller les chevaux vers des activités différentes de celles auxquelles ils étaient destinés : le galopeur, bâti pour fendre l'air, est normalement réservé pour la course de plat. Mais s'il n'est pas assez vite, ne se comporterait-il pas mieux sur les obstacles? Ce sera alors le steeple. Le trotteur tirera-t-il son sulky allègrement ou bien sera-t-il plus efficace sous la selle? En ce cas il faudra l'orienter vers les courses de trot. Et si l'un comme l'autre ne sont pas convaincants en course, peut-être seront-ils brillants en concours hippique, en concours complet ou en polo. Si enfin aucune de ces disciplines ne leur convient, il reste le manège, la promenade ou la chasse. Seules seront perdues les illusions de leur naisseur.

Nombreux sont les chevaux élevés pour les courses au galop ou au trot. Parmi eux il y en a toujours qui galopent ou qui trottent avec succès. Bien plus rares sont ceux qui, destinés à l'obstacle, y réussissent vraiment! Il faut l'avouer, le cheval n'est pas fait pour sauter et ses performances relatives sont loin d'égaler celles d'êtres beaucoup moins imposants comme les félins, les antilopes, les grenouilles ou les puces. Devant un obstacle, le cheval préfère d'instinct passer à côté.

Le crack de concours hippique est donc assez exceptionnel. Il suppose un dressage et un rodage dont les plus grandes qualités naturelles ne sauraient se passer. C'est l'homme qui le « fait », de là sa rareté, car le bon cavalier est encore plus rare que le bon cheval.

Heureusement toutes les épreuves ne sont pas si factices que le concours hippique et n'exigent pas de cavaliers aussi spécialisés. Le concours complet est beaucoup plus près, par son esprit, de la nature; le cheval s'y trouve dans son élément et son instinct suffit souvent à le sortir d'un mauvais pas : il n'aime pas tellement aller sur le nez! La qualité primordiale d'un cavalier de concours complet réside donc dans son allant. Il doit donner à son cheval la confiance nécessaire pour se livrer sans retenue. La moindre hésitation de la part du cavalier crée le doute pour sa monture.

Peut-on rêver plus beau sport que la compétition hippique? Le cavalier est-il un athlète dans son genre, le cheval un crack? Le succès n'en est pas assuré pour autant. Il ne s'obtient que grâce à la conjugaison de ces deux composantes. Cela implique non seulement une parfaite harmonie physique, mais encore une complicité faite de confiance et de foi réciproques. Aucun autre sport n'exige cette association indispensable du physique et du psychique.

David Broome, sur Ballan Silver Knight.

a / Le concours hippique

par le colonel Cavaillé,
chef des équipes de concours hippique internationales et olympiques.

Joies du concours hippique ? Oui, certes.
Joies du concours hippique ? Oui, mais...
Que de fierté procurent la première coupe, la première victoire internationale, la première médaille olympique! Mais que les mille petits ennuis, les déceptions, les accidents même puissent être des sources de joies, voilà qui semble pour le moins paradoxal et presque miraculeux. Pourtant cela est un fait : beaucoup d'amateurs, nombre de cavaliers se passionnent pour cette rude discipline qu'est le sport équestre.

Mais qu'est-ce que le concours hippique ? Cette appellation, consacrée chez nous et dans quelques autres pays, nous vient du temps des équipages. Il serait plus exact d'employer l'expression dont use la Fédération équestre internationale (F. E. I.) qui règne sur notre sport, et de parler d'épreuves individuelles d'obstacles. Le couple cavalier-cheval est en effet jugé sur un parcours imposé, parsemé d'un certain nombre d'obstacles qui, sans être trop fragiles, doivent tomber quand ils sont heurtés.

LES ÉPREUVES

Il faut distinguer plusieurs sortes, plusieurs classes de concours hippiques :
les réunions privées, données dans des clubs ou même chez des particuliers, et où souvenirs, flots de rubans, aimables félicitations, photographies de leurs exploits récompensent les gagnants. On trouve là le dernier bastion de l'amateurisme pur;

Le concours hippique
est la haute école
de l'équitation sportive.

L'obstacle vertical composé de barres superposées s'appelle « stationnata ». Il devient difficile à franchir quand il prend un peu de hauteur et quand il n'est pas appelé d'un élément placé en avant de son pied.

Le commandant Lefrant, sur M. de Littry (photos prises au « fish-eye »).

les concours hippiques réservés aux membres des sociétés hippiques urbaines et rurales (S.H.U. et S.H.R.). Ces épreuves sont relativement faciles et permettent aux jeunes cavaliers de débuter et de se confirmer dans le sport de leur choix;
les concours hippiques nationaux, très nombreux en France. Nos cavaliers peuvent y disputer des épreuves de tout genre et y récolter de belles coupes et de nombreux prix;
les concours hippiques internationaux (C.H.I.), qui doivent être autorisés par les fédérations nationales et internationales, ont généralement lieu dans de grandes métropoles ou de grandes stations balnéaires qui tiennent à donner un caractère international à leur concours en y invitant quelques cavaliers étrangers. Ces manifestations, accompagnées souvent d'agréables réceptions, donnent à nos meilleurs cavaliers l'occasion de tester leur valeur;
les concours internationaux officiels, enfin, patronnés par la F.E.I., et dont le nombre est limité. Chaque nation affiliée ne peut en organiser qu'un par an. Ces concours sont ouverts aux équipes représentant officiellement les nations invitées, équipes composées au maximum de six cavaliers et de dix chevaux. Ce sont des manifestations sportives et mondaines d'une haute tenue où s'affrontent à armes, sinon à valeur égale, les meilleurs spécialistes de chaque pays. Seuls de tels concours ont le privilège de présenter les équipes officielles précédées de leurs couleurs et au son de leur hymne national. Ils sont aussi les seuls autorisés à faire disputer une épreuve très spectaculaire et soumise à un règlement spécial : la coupe des Nations, épreuve réservée à des équipes de trois ou quatre cavaliers qui ont à effectuer deux fois le même parcours avec le même cheval.

A l'instar de bien d'autres fédérations sportives, la F.E.I. a autorisé la création de championnats. Ce fut aussitôt une véritable floraison : championnats des juniors, des cavaliers, des cavalières; championnats de France, d'Europe, du monde. Voilà bien une preuve de la vitalité de notre sport équestre. Il convient cependant de rester dans les limites raisonnables. A multiplier de telles épreuves on risquerait de voir se déprécier le titre et de faire de cavaliers ordinaires des champions.

Quelle que soit la classe des concours hippiques, les épreuves se composent essentiellement d'un parcours parsemé d'obstacles à franchir dans l'ordre et le sens indiqué. La longueur du parcours varie entre cinq cents et mille mètres. Les fautes aux obstacles, les chutes, les dérobées, les refus sont pénalisés par de mauvais points, de même les parcours trop lents. Est proclamé vainqueur celui qui a encouru le moins de pénalités. Sans entrer dans le détail, on peut diviser les épreuves en deux grandes catégories : les épreuves de vitesse, où à égalité de pénalisations le plus rapide est déclaré gagnant; les épreuves de précision, où les concurrents à égalité au premier tour doivent effectuer un ou plusieurs barrages, jusqu'à ce que se dégage le vainqueur. Suivant le genre d'épreuve, dix à vingt obstacles sont à franchir. Ces obstacles diffèrent dans leurs aspects, leurs couleurs, leurs dimensions, leurs formes, et l'art du chef de piste consiste, tout en respectant les normes, à établir un parcours bien adapté à la classe moyenne des concurrents. La difficulté d'un parcours réside davantage dans la répartition des obstacles et dans leur disposition que dans leurs dimensions. La tâche du chef de piste est ingrate car les concurrents, assez enclins à trouver des excuses à leurs fautes ou à celles de leurs chevaux, incriminent volontiers celui qui a « construit » le parcours.

LE CHOIX DU CHEVAL

Nous avons beaucoup de chevaux en France, qui sont excellents. Qu'il soit anglo-arabe du Midi ou du Limousin, cheval de selle du Charollais, des Dombes, de l'Ouest ou de la Normandie, il ne serait pas exact de dire qu'un cheval peut être, dès sa naissance, catalogué cheval de concours hippique. Il n'est évidemment pas question de mésestimer l'atavisme; les origines nobles sont fort justement recherchées; les produits de certains étalons de certaines juments font prime après les succès plus ou moins nombreux et brillants de leurs frères, de leurs sœurs ou de leurs cousins. Mais si l'origine est une base solide, elle est loin de suffire à tout. Le cheval ne naît pas cheval de concours, il le devient. Le pur-sang

Déformées par l'objectif,
les barres latérales semblent former un cercle.

De gauche à droite : mur surmonté d'une barre, dit « mur du Jura », oxer encadrant une haie (on appelle oxer deux éléments identiques placés parallèlement; il est « carré » si les deux éléments sont à la même hauteur : c'est alors l'obstacle le plus difficile) et barres de Spa.

Le capitaine suisse Weyer, sur Satan. *Le Brésilien Nelson Pessoa, sur Grand Geste.*

lui-même, destiné en principe aux courses, peut être mis en concours hippique. Il est toujours le roi des chevaux de selle, et bien heureux celui qui possède assez d'autorité, de tact, de savoir-faire pour adapter ce grand seigneur à ce qu'il y a de forcément artificiel dans les épreuves d'obstacles. Cela explique le nombre très restreint de chevaux de pur sang ayant réussi en concours hippique. Savoir découvrir un bon sujet, le dresser, lui apprendre à sauter, le muscler, le préparer pour les épreuves et l'exploiter au mieux est une chose difficile. Il n'est pas impossible de déceler de bonne heure les aptitudes à l'obstacle d'un poulain encore au pré, mais ce n'est que dans sa troisième année que l'on pourra tenter, sans dommages pour ses membres et pour son moral, de lui faire passer quelques petits obstacles et chercher ainsi à vérifier les impressions premières. Choisir le sujet que l'on espère devoir être un jour un jumper est malaisé. Il n'est plus possible, de nos jours, de procéder à une sélection sur le nombre, comme cela se pratiquait jadis dans nos régiments montés. Les origines, le modèle sont les bases essentielles d'une bonne acquisition. Les origines sont certifiées par les « papiers » délivrés par l'administration des Haras. Le modèle, lui, est pour beaucoup une affaire d'appréciation et varie d'ailleurs suivant les races des chevaux. Une épaule bien dirigée et musculeuse, un bon dessus à la fois souple et soutenu sont certainement les deux points les plus importants. Doit-on rechercher cette proéminence située sur le point culminant de la croupe et que l'on nomme « la bosse du saut » ? L'expérience montre que si beaucoup de bons sauteurs n'ont pas cette bosse, presque tous les chevaux qui la possèdent sautent. On rencontre, par contre, des chevaux mal établis, mal proportionnés, qui accusent des aptitudes exceptionnelles. De tels chevaux, parfois affreux, ont toujours beaucoup de sang qui, sans être toujours noble, leur donne la générosité et la rapidité des réflexes, qualités premières du cheval d'obstacles. Il est primordial de s'assurer de l'intégrité de la vue du cheval destiné à sauter. Enfin le vieil adage « Pas de pieds, pas de cheval » est encore plus vrai pour le sauteur que pour un autre, car ne sautera jamais bien celui qui craint de se recevoir.

Devant l'obstacle l'élan décisif...

Janou Lefebvre, sur Kenavo.

Le premier dressage se fera le cheval nu, en liberté totale ou tenu à la longe. Pour faciliter encore ces débuts, on peut aussi utiliser un « maître d'école » (c'est-à-dire un cheval d'âge, déjà dressé) que le jeune cheval suivra volontiers sur de petits troncs d'arbres, des tas de fagots, de petits fossés, de faibles pentes. Très vite on arrivera à lui faire franchir quelques haies artificielles et quelques barres de couleurs ayant déjà un petit air « concours hippique ».

Cette éducation première doit être menée avec soin car tout l'avenir du futur sauteur en dépend. Comme tous les animaux, comme les tout jeunes enfants mêmes, le cheval a un sens très développé de la justice; il apprécie les récompenses, gâteries et caresses, et admet, sans en garder rancune, les châtiments infligés sur-le-champ et sans brutalité excessive quand ils sanctionnent ses négligences ou ses fautes. Très sensible aux intonations de la voix humaine, il sait en outre fort bien discerner les réprimandes des encouragements.

Mis en liberté dans un manège ou lâché dans un « rond d'obstacles », le cheval se familiarise rapidement avec les différents types d'obstacles qu'il rencontrera plus tard en compétition. Dans leurs formes, leur hauteur, leur largeur, ces obstacles seront peu à peu modifiés, mais ils devront toujours rester assez faciles et nettement en dessous des possibilités actuelles du cheval. Souvent fixes, en tout cas toujours solides, ils seront alors respectés. De temps en temps néanmoins, pour éviter la routine et pour se rendre compte des progrès réalisés, il faut oser et ne pas hésiter à « envoyer » le cheval sur un obstacle un peu plus important ou sur une combinaison nouvelle.

Il est cependant essentiel de savoir limiter ses exigences et de savoir arrêter le travail sur un progrès, si léger soit-il. Le renvoi à l'écurie est encore la récompense la plus appréciée, et la constatation des progrès réalisés quotidiennement ferait croire à la vertu de la réflexion nocturne.

... mais la chute imprévue peut survenir.

La grosse banquette du Horse Show de Dublin.

La forme des banquettes est variée. Les dessins montrent, de gauche à droite, une banquette ordinaire, un tombeau, un piano, un talus, enfin un open ditch.

Kathy Kusner sautant (sans mors) 2,10 m à Aix-la-Chapelle.

Au bout de quelques mois d'un travail méthodique, le jeune cheval, monté chaque jour, habitué à la selle et au poids du cavalier, aura appris à obéir aux demandes de variations d'allure et de changements de direction. Il sera temps alors de lui faire franchir, monté, quelques obstacles isolés, puis de lui faire amorcer quelques éléments de parcours. Mis en muscles par le travail, il abordera les obstacles avec confiance et sera prêt à débuter dans des épreuves faciles, se faisant un peu plus, à chaque sortie, à son nouveau « métier ».

Ayant pris du sérieux avec l'âge, ayant fait ses muscles et acquis une certaine expérience, le cheval que l'on destine à faire une carrière de concours hippique doit maintenant apprendre à sauter. Mais ne sait-il pas déjà sauter puisqu'il est capable de participer à des épreuves, et peut-être même de les gagner? Il lui faut pourtant encore acquérir un style particulier qui lui permettra, avec le minimum de fatigue, de surmonter toutes les difficultés qu'il va rencontrer.

En augmentant progressivement et judicieusement ses exigences, le dresseur continuera le travail en liberté et à la longe. Sur des verticaux, sur des larges, sur des combinaisons (obstacles en double ou en triple placés entre six et douze mètres les uns des autres), le cheval, d'abord nu pour l'économie de ses membres, puis monté, subissant ainsi le poids et le ballant du cavalier, apprendra à basculer en l'air, à bien encadrer l'obstacle et à trousser ses membres pour ne pas le toucher, enfin à calculer ses foulées pour l'aborder au mieux. Il deviendra un bon cheval de concours hippique. Quelle joie alors pour celui qui l'a découvert, dressé et éduqué ! Un cheval de sang qui accepte son dressage sans révoltes, qui a deux bons yeux et quatre bons pieds peut toujours devenir, s'il est convenablement monté, un honorable cheval de concours hippique. Arrivera-t-il aux grandes compétitions internationales et olympiques? Deviendra-t-il un crack? Cela est autre chose et nul ne peut le prévoir car, même si ses qualités sont exceptionnelles, faudrait-il encore qu'il soit entre les mains, ou plutôt entre les jambes, d'un cavalier digne de lui.

Cavalier et cheval unis dans un même effort...

Pierre Jonquères d'Oriola, deux fois champion olympique.

Mme Goyoaga sautant la rivière d'Aix-la-Chapelle.

Le dresseur qui peut monter lui-même décuple largement ses joies. Mais il n'en a pas toujours les possibilités, et l'espoir d'obtenir de meilleurs résultats l'incite souvent à confier son cheval à un spécialiste plus habile ou simplement plus jeune que lui. Les joies du cavalier, elles, sont surtout faites d'émotions : émotion à l'entrée en piste, comparable au trac des acteurs, émotion à l'abord de chacun des obstacles du parcours (dont la durée cependant n'excède que rarement quatre-vingts secondes). Comme elles sont longues, ces secondes, pour celui qui, concentrant son attention, cherche, en faisant corps avec sa monture, à n'accrocher aucun obstacle!

Ce sont évidemment les grandes compétitions internationales et olympiques qui laissent les souvenirs les plus profonds. La camaraderie sportive, basée sur l'estime réciproque, n'est pas un vain mot pour les cavaliers : lors de l'invasion de notre pays, les Allemands autorisèrent le colonel de Laissardière, qui les avait si souvent battus en concours hippique, à traverser les lignes pour aller abriter en zone libre les quelques chevaux de sport alors groupés à Saumur; malgré les heures sombres des premiers mois de la guerre, l'amitié entre cavaliers français et italiens ne s'est jamais démentie et les relations sportives reprirent avant même la signature de la paix.

En concours hippique, la victoire est rarement facile ; elle n'est surtout jamais acquise d'avance. Il faut souvent vivre un véritable suspense avant que, le dernier concurrent passé, le résultat soit proclamé. Conserver son calme, ne pas souhaiter ouvertement le malheur du prochain, faire, en un mot, montre d'esprit sportif demande un effort méritoire. Mais la distribution des prix (qui se fait à cheval), le tour d'honneur sous les applaudissements du public sont pour les vainqueurs des instants inoubliables, et leur gorge se serre quand, à l'étranger surtout, ils saluent d'un geste large leur pavillon et leur hymne national.

Pour ma part, c'est à Toronto, au Canada, que j'ai ressenti ma plus forte émotion : à la deuxième manche de la coupe des Nations, seuls les Mexicains et nous pouvions prétendre à la victoire. Désigné

En une aérienne détente...

par le sort pour passer en dernier, j'étais au paddock, réchauffant mon cheval. Un de mes officiers, qui venait d'assister au parcours du dernier Mexicain, me met rapidement au courant. Le Mexicain vient de faire une faute (quatre points). La situation est claire : si je parviens à ne pas faire de faute, la France gagne ; si je fais une faute, c'est le barrage et ses aléas ; avec plus d'une faute, nous sommes battus.

Je prends le départ, confiant mais assez angoissé. Mon cheval Marquis III semble avoir compris ; il m'obéit parfaitement. Prudemment je « soigne » tous les obstacles de la première partie du parcours. J'arrive sur le triple, placé sur une diagonale, qui présente quelques difficultés. Marquis, se sentant peut-être insuffisamment soutenu, s'arrête pile au moment de prendre sa battue. J'avais tout prévu : la chute, la grosse faute, les petites fautes malheureuses, tout mais pas cela ! Marquis est la générosité et la franchise mêmes ; il ne se dérobe ou ne s'arrête jamais. Stupeur, vexation, colère, désespoir... En une fraction de seconde, les réflexes agissent ; je me replace en un clin d'œil à bonne distance et repars sur le parcours. Il faut terminer sans faute, et vite. Je n'ai encore que trois points de pénalisation et nous pouvons malgré tout gagner si le temps perdu dans le refus ne me fait pas dépasser la limite imposée. Je passe les derniers obstacles en bolide, dans le silence, et tout à coup un tonnerre d'applaudissements et une tempête de sifflets se déchaînent (contrairement à nos coutumes, siffler, outre-Atlantique, c'est manifester son admiration et son enthousiasme). Aux émotions du cavalier s'ajoutait la joie du chef d'équipe responsable, et ce souvenir ne me quittera jamais.

Puisque voici ouvert le coffre aux souvenirs, c'est à Helsinki, le dernier jour des jeux Olympiques, que j'ai connu une autre grande émotion : l'immense stade était archicomble car, après le Grand Prix de sauts d'obstacles, avait lieu la cérémonie de clôture. Après les deux manches de l'épreuve, quatre concurrents, dont un Français, pouvaient prétendre aux médailles. Quelle satisfaction de voir parmi les finalistes un jeune « habit rouge » à qui j'avais confié un cheval militaire. Le couple s'était montré excellent et tous les espoirs nous étaient permis. Nous restions cependant assez anxieux car nous savions que si Ali Baba avait un train suffisant, il n'était pas des plus rapides. Or notre représentant partait en tête du barrage. Notre seule chance de gagner était donc, tout en évitant les fautes et en ne sortant pas d'un train normal, de donner l'impression d'aller très vite. Les temps du barrage demeurant secrets, nos adversaires devraient galoper pour nous battre si nous étions sans faute; ils risqueraient ainsi d'en commettre. Pierre Jonquères d'Oriola, car le jeune habit rouge n'était autre que notre champion, joua fort adroitement le jeu. Le vaillant petit anglo-arabe, secoué par son cavalier sur le plat et dans les tournants, couchait les oreilles, fouaillait de la queue comme s'il comprenait ce que l'on attendait de lui. L'Allemand et le Chilien, les plus dangereux pour nous, durent forcer l'allure. Ils firent des fautes... et ce fut la victoire.

Une question nous vient naturellement à l'esprit maintenant : les chevaux éprouvent-ils des joies en concours ? Un bon cheval semble aimer son « métier » ; il n'a pas du tout la même attitude, la même physionomie après un succès qu'après un échec. Alors pourquoi ne pas se laisser aller à croire que ce merveilleux collaborateur ressent des joies comparables aux nôtres ?

Depuis quelques années la jeunesse vient au sport équestre. Rares cependant sont ceux qui peuvent monter en course ; la chasse à courre, le polo, le dressage continuent d'avoir de fervents adeptes, mais ces disciplines restent des domaines assez réservés. Le concours hippique, par contre, est plus accessible à la majorité des cavaliers. Aussi peut-on voir se multiplier les réunions tant en France qu'à l'étranger. Nous avons beaucoup d'excellents chevaux et bien assez de cavaliers, mais, chez nous, les spectateurs sont encore trop peu nombreux. Il faut attirer le grand public, et les sociétés organisatrices se doivent de continuer leurs efforts dans ce sens. Que les tribunes soient confortables, que les épreuves soient attrayantes, que le spectacle soit bon et le Français viendra au concours hippique pour en goûter toutes les joies.

P. C.

Toute la sensibilité et la finesse de la merveilleuse équitation latine...

Le large obstacle que constitue la nappe d'eau peut être nu, c'est-à-dire sans appel. S'il est précédé d'une haie, c'est une rivière, s'il est précédé de barres, c'est un brook.

Les frères d'Inzeo (Raimondo, en haut, et Piero) au concours international de Rome.

Sur les barres de bouleau.

b / Le concours complet d'équitation

par le général Chevallier,
commandant le Groupement des Sports équestres militaires.

« Le championnat du cheval d'armes [nom que l'on donnait en France, avant 1939, au concours complet d'équitation] est la plus belle épreuve qu'un cavalier puisse monter. Tout officier de cavalerie devrait y participer au moins une fois dans sa carrière. »

C'est à peu près en ces termes que notre écuyer instructeur commença la partie de son cours d'équitation consacrée aux différentes disciplines du sport équestre. Sous-lieutenants élèves à Saumur, les uns ne rêvaient alors que de steeples à Auteuil, de cross à Maisons-Laffitte, à Pau ou à Craon, les autres de coupe des Nations en C.H.I.O. (concours hippique international officiel). Aussi ces mots nous ont-ils surpris. Le championnat en question nous apparaissait, je l'avoue, comme un parent pauvre à côté des autres spécialités dont nous nous efforcions de copier les vedettes, avec le secret et ferme espoir d'en devenir une plus tard. Cette discipline ne compte pas de grands noms. Il est vrai qu'elle ne se court qu'une fois par an.

Toutefois ces paroles sortaient de la bouche d'un « dieu », maître incontesté. Elles m'ont fait réfléchir car elles venaient à point, vers la fin du cours, au moment où nous commencions à découvrir, au-delà des joies fortes de la vitesse et de l'obstacle, les joies pures que procure un cheval dressé livrant ses forces avec soumission et générosité, souplesse et équilibre. Mon propos est de vous faire ressentir ces émotions.

Mais comment exprimer des sensations dues aux réactions prévues et imprévues du cheval à ce qui lui est demandé ou proposé

Le concours complet
exige de l'homme et du cheval
une totale conjonction
de leurs qualités...

Le concours complet comprend trois épreuves distinctes qui se courent en trois journées, pendant lesquelles le concurrent monte le même cheval : 1 Une épreuve de dressage dont la nature de la reprise est déterminée par les fédérations internationale ou nationale. 2 Une épreuve de fond comprenant quatre phases qui se suivent sans interruption : les phases A et C (parcours sur routes et sentiers de 10 à 16 km au total, suivant l'importance des épreuves, à effectuer normalement au trot ou au petit galop); la phase B (parcours de steeple-chase de 3 000 à 4 200 m, avec des obstacles du type obstacle d'hippodrome), la phase D (parcours de cross en terrain varié sur une distance de 5 400 à 8 100 m, avec des obstacles ou combinaisons d'obstacles aussi naturels que possible). 3 Enfin une épreuve de saut d'obstacles.

alors que nous ne communiquons avec lui que par notre assiette [1], nos jambes et nos doigts? Il est difficile de l'expliquer, mais ceux qui ont pratiqué me comprendront.

Puissé-je au moins donner à quelques lecteurs le désir de les rechercher.

Quel est donc ce concours complet d'équitation, source de tant de joies?

Il constitue, si l'on se réfère au règlement de la Fédération équestre internationale, et comme son nom l'indique, « le concours combiné le plus complet, exigeant de la part du cavalier une expérience avancée dans toutes les disciplines équestres ainsi qu'une connaissance précise des moyens de son cheval et, de la part du cheval, un degré de formation multiple résultant d'un entraînement intelligent et rationnel ».

Avant d'aller plus loin et de vivre ensemble chacune des épreuves particulières du concours complet, je voudrais m'arrêter un peu sur le fait que l'équitation n'est pas un sport comme un autre : dans le ski, la natation, la course à pied, le saut, l'homme est seul avec ses atouts intellectuels, moraux, physiques, techniques devant la difficulté, et s'il la maîtrise sa joie est facile à imaginer. En équitation il n'est plus seul, et c'est là toute l'originalité de ce sport. Il forme avec son cheval un couple, un « tandem » dont les membres sont à la fois intimement liés et pourtant très différents. Seul en effet le cavalier connaît les problèmes posés et décide de la façon dont il va les résoudre avec les moyens de son cheval. Par contre celui-ci doit accorder à son cavalier une confiance aveugle et livrer ses forces avec la plus franche et la plus totale générosité, cela malgré les surprises et la fatigue.

1. « L'assiette est la qualité qui permet au cavalier de demeurer maître de son équilibre en toutes circonstances, quelles que soient les réactions du cheval. Elle est la base de la confiance et le gage d'une bonne main sans laquelle il n'y a ni conduite du cheval ni dressage possibles. Elle seule met le cavalier véritablement avec son cheval. » (Manuel d'équitation de la F.F.S.E.)

Soumis par un dressage, le cheval n'est pas transformé pour autant en une machine qui débite son travail. Il reste un être vivant, sujet à des réactions, bonnes ou mauvaises suivant son tempérament ou sa condition du moment, réactions imprévisibles parfois, comme la peur par exemple. Aussi le cavalier doit-il avoir les réflexes assez rapides pour les déceler et les contrôler avant qu'il ne soit trop tard. Il doit « sentir son cheval » : c'est le tact équestre. Impulsion, soumission, efforts musculaires chez l'un, intelligence de l'épreuve, tact équestre, effort de concentration chez l'autre, telles doivent être les qualités de chacun.

Pour mieux me faire comprendre, essayons quelques comparaisons risquées. Dans l'épreuve de dressage, si tout se passe au mieux et que le cheval exécute les figures imposées avec souplesse et équilibre (un cheval est en équilibre lorsqu'il est prêt à déplacer sa masse dans n'importe quelle direction, ou susceptible de travailler tantôt sur des bases longues, tantôt sur des bases courtes), dans un style coulé et puissant à la fois, le cavalier éprouvera alors une jouissance particulière, semblable peut-être à celle d'un violoniste qui sent son violon répondre à ce qu'il voulait rendre, si toutefois l'on peut reconnaître une certaine personnalité à un instrument. Cela suppose, évidemment, que le cheval soit arrivé à un degré suffisant de « mise en main » (disposition morale du cheval à obéir aux ordres) pour que le cavalier le sente entre ses jambes et ses mains comme il sentirait entre ses doigts une lame de ressort qu'il pourrait tendre ou détendre à volonté. Sensation merveilleuse, dont la nature et l'intensité varient à l'infini; car il n'y a pas deux chevaux identiques, et le même cheval, comme tout être vivant, ne se comporte pas toujours de façon semblable. Il est agréable, par exemple, de sentir son cheval se grandir plus ou moins pour se rassembler (attitude du cheval en équilibre, caractérisée par l'engagement des postérieurs sous la masse, l'abaissement des hanches, le relèvement de l'encolure qui permettent l'allègement de l'avant-main) dans les allures ralenties en devenant plus léger, ou se pousser en s'étendant dans sa ligne du dessus pour augmenter l'amplitude de ses foulées tout en restant maître de son équilibre dans les allon-

... une compréhension
et une confiance réciproques
portées au plus haut point.

La reprise de dressage du concours complet exige du cheval une grande maniabilité et un dressage assez poussé qui va jusqu'au contre-changement de pied en appuyant et au galop à faux. Mais la difficulté est surtout de maintenir le calme et la précision de ce cheval, amené au maximum d'impulsion et d'entraînement pour les autres épreuves.

En Suisse, un obstacle peu banal.

gements; ou bien encore de sentir sa colonne vertébrale s'inscrire en souplesse dans la courbe harmonieuse d'un tournant bien pris.

J'ai aussi parlé d'impulsion, notion très claire chez tout cavalier qui en a eu la sensation en montant un bon cheval. Comment la définir ? C'est en somme, chez le cheval, le désir ardent de se porter en avant en toutes circonstances et à la moindre demande, « au vent de la botte », de son cavalier. Base de toute équitation, elle doit être cultivée en permanence. C'est en agissant sur elle que le cavalier obtiendra plus ou moins d'élégance dans le travail du cheval. Elle doit pouvoir être emmagasinée, si l'on peut dire, pour être ensuite lâchée, puis reprise encore, comme on fait monter ou descendre la pression d'une machine. C'est en jouant à la fois avec la vitesse, l'équilibre et surtout l'impulsion que le cavalier pourra mettre son cheval dans les meilleures conditions pour aborder et franchir les obstacles d'un cross, négocier au mieux les virages serrés ou les passages difficiles en terrain varié et gagner ainsi les secondes ou les dixièmes de seconde qui lui permettront de vaincre. Pensez au conducteur d'une voiture de sport au moteur nerveux qui utiliserait avec art son accélérateur, sa boîte de vitesses et ses freins.

Comparaison mauvaise, comme elles le sont toutes, car encore une fois le bon cheval n'est pas une machine, mais un athlète. S'il a confiance il jouera le jeu et prendra lui-même des initiatives, à contrôler certes, mais souvent heureuses. Que de fois, avouons-le, nos chevaux, prenant délibérément le commandement, ont rattrapé des fautes que nous avions commises à l'abord des obstacles.

Jeu d'équipe passionnant, enivrant même dans le feu de l'action. Ces quelques idées aideront, je l'espère, à mieux comprendre les joies du concours complet dont les différentes épreuves : dressage, steeple-chase, cross-country, concours hippique offrent la possibilité de jouer sur un clavier étendu.

Ce jeu commence le premier jour par la reprise de dressage, épreuve qui comprend dix-neuf figures imposées à exécuter au pas, au trot ou au galop, de mémoire, dans un rectangle délimité sur le terrain. Le cavalier sera jugé sur sa position ainsi que sur la correction de l'emploi de ses aides [1]. Le cheval, lui, sera noté sur la régularité de ses allures, son impulsion, sa légèreté, sa soumission et sa précision, en un mot sur son style.

Il ne s'agit pas ici de faire exécuter au cheval des airs de haute école mais des mouvements simples susceptibles de prouver que le cheval est « calme, en avant, droit », suivant la formule lumineuse du général L'Hotte qui définit ainsi les buts à atteindre dans toute équitation.

Si j'ai pu laisser entrevoir l'importance du dressage (sans lequel il n'y a ni souplesse ni style), si j'ai parlé des satisfactions qui en découlent, je n'hésite pourtant pas à écrire que cette première épreuve est la hantise de beaucoup de concurrents. Pourquoi ? Sans doute parce que certains cavaliers qui n'y réussissent pas bien estiment que cette reprise est artificielle, mais plutôt, je crois, parce qu'elle n'est pas sanctionnée par l'application rigoureuse d'un barème de pénalités, comme le sont les fautes en concours hippique par exemple, mais par des notes de style, fonction de l'appréciation subjective des juges.

Pour pallier ce manque de rigueur, le règlement impose trois juges qui notent séparément. Les points attribués sont la moyenne des notes données par chacun d'eux.

Certains esprits, pourtant, n'en sont pas calmés pour autant. Il suffit de se mêler aux concurrents, près du tableau d'affichage des résultats, pour s'en rendre compte. Les commentaires y sont souvent peu aimables à l'adresse des juges ou de tel autre concurrent. Les cavaliers ont l'esprit facilement critique et excessif à ce sujet. C'est un trait de leur caractère, plus marqué chez les Français peut-être qui ont été de tout temps très « chatouilleux » sur leur art. Vous pouvez leur faire beaucoup de remarques, mais n'allez surtout pas prétendre qu'ils ont mal présenté leur cheval ou que celui-ci est moins bon que tel autre : cela pourrait aller jusqu'à la dispute.

1. Les aides naturelles sont l'assiette (par l'intermédiaire de laquelle s'exerce l'action du poids du corps), les jambes et les mains qui, au moyen des rênes, agissent sur le mors de bride ou de filet.

Garder son souffle en fin de montée

Ce n'est, au fond, que la réaction du véritable amour qu'ils portent à leurs chevaux. Or la passion rend quelque peu jaloux; il faut les comprendre.

Le cadre et l'ambiance dans lesquels se déroule l'épreuve sont aussi d'autres raisons qui la font craindre. S'il n'est demandé qu'un dressage simple et élémentaire, la difficulté est bien d'en faire la preuve sur un rectangle de soixante mètres sur vingt. Imaginez-le, tracé au milieu d'une pelouse ou d'une carrière. Les « boîtes » des juges ont été dressées face au grand axe, le long et à cinq mètres du petit côté. Autour, sur des gradins généralement, spectateurs et adversaires sont souvent plus enclins à attendre la faute et à critiquer qu'à applaudir ce qui est bien. Compte tenu du petit orgueil cavalier dont nous venons de parler, vous comprendrez facilement la nervosité de la plupart des concurrents. (L'émotion est moindre pour le concours hippique, pratiquement nulle dans l'épreuve de fond, car les candidats n'y sont pas confrontés directement avec le jury et les allures vives ne laissent pas le temps de penser à des détails.) A la tension du cavalier viennent s'ajouter enfin les réactions du cheval dans ce fameux rectangle. Dès qu'il y pénètre et voit les juges et les spectateurs, il prend lui aussi une mentalité de candidat à un examen car son instinct le rend très sensible aux états d'âme de celui qui le monte. L'homme a-t-il le trac? Le cheval perd aussitôt son calme. Il devient nerveux, instable et risque ainsi d'échapper au contrôle de son cavalier.

La première figure de cette reprise de dressage est redoutée : c'est l'entrée au galop sur le grand axe tracé sur le terrain et l'arrêt au point milieu pour saluer le jury. Le cheval doit galoper bien droit et s'arrêter d'aplomb en restant posé sur la main et attentif.

Si le cavalier est nerveux, le cheval l'est tout autant; si donc il ne s'arrête pas dans l'impulsion il devient terriblement instable. Pour un rien il bouge la tête et regarde les tribunes, ou bien ses hanches s'échappent d'un côté ou de l'autre. A une réaction du cavalier les hanches repartent en sens inverse et voilà un mouvement pendulaire déclenché que le président du jury, placé à l'extrémité de cette terrible ligne droite, sanctionnera.

Un autre exemple, personnel, veuillez m'en excuser, vous situera l'ambiance : parmi les chevaux que je préparais pour les jeux Olympiques de Londres, il y avait un très bel étalon anglo-arabe que l'administration des Haras m'avait confié en raison de ses aptitudes et dans le but, s'il réussissait, de servir de propagande à cette race de chevaux typiquement française. Très équilibré, il avait de belles allures et se présentait bien en dressage à cette époque. La dernière épreuve préolympique arriva. Je soignai particulièrement cette reprise. Dans le tournant qui précédait une diagonale sur laquelle nous devions être jugés au trot allongé, j'emmagasinai de l'impulsion pour permettre à Mars VIII d'accroître l'amplitude de ses foulées dès le début du mouvement. Au moment précis où je demandais cet allongement, j'aperçus sur les gradins une charmante petite fille qui courait vers nous en manifestant sa joie. Mars l'avait vue en même temps que moi et, tendu comme un ressort, « explosa » au galop! Je vois encore cette enfant aux ravissants cheveux blonds dans le soleil. Joli tableau, mais la note fut mauvaise!

Ce beau cheval, malheureusement arrêté avant les Jeux par une entorse d'un boulet, m'a donné bien des joies aussi à l'extérieur. Je n'oublierai pas ce matin de printemps en forêt de Fontainebleau : nous étions au pas, rênes longues, et nous rentrions après un bon travail lorsque je le sentis se grandir et, tout frémissant, se mettre à ma grande surprise au passage (le passage est un trot écouté et relevé, très soutenu et très cadencé, caractérisé par un engagement prononcé des hanches, une flexion plus accentuée des genoux et des jarrets ainsi que par la gracieuse élasticité du mouvement. L'encolure s'élève, élégamment courbée, la nuque au point culminant.) J'aperçus alors dans le soleil un magnifique coq faisan qui croisait notre chemin au « pas d'école ». C'était un faisan vénéré.

Mais ne nous laissons pas égarer par la poésie des matins de printemps et revenons sur notre rectangle de dressage, où les nerfs des concurrents sont soumis à si rude épreuve. La reprise doit être exécutée de mémoire et toute erreur de parcours est sanctionnée. Aussi les cavaliers ont-ils à se concentrer pour éviter des fautes stupides dans l'enchaînement des figures. Ils sont crispés par la

pour s'arracher au sol...

Stationnata en montée.

Sur les feuilles mortes de la forêt de Compiègne.

crainte du trou de mémoire alors qu'ils devraient être parfaitement relâchés pour obtenir de leur cheval le calme nécessaire à la précision des mouvements et à la souplesse des allures. Ces deux choses ne sont pas facilement conciliables. Aussi, pour franchir ce premier cap, les cavaliers de concours complet doivent-ils avoir des nerfs solides et de bonnes bases d'équitation.

Cette reprise n'est toutefois qu'une entrée en matière, comme l'indique le règlement qui a déterminé l'importance des épreuves les unes par rapport aux autres dans les rapports de 3, 12 et 2. Les barèmes de pénalisations, de bonifications de chacune d'entre elles, ainsi que les distances, les cotes et le nombre des obstacles ont été déterminés dans cette optique.

Abordons maintenant le gros « morceau », le rapport 12. Cette magnifique épreuve de fond est le principal attrait pour nos cavaliers, car là est le vrai sport. Il s'agit bien de l' « équitation vigoureuse et hardie » que prônaient les généraux inspecteurs de la cavalerie pour donner le goût du risque et de la maîtrise de soi aux cadres de l'arme.

Tout au long des vingt-huit kilomètres à parcourir aux allures vives, notre couple cavalier-cheval va se trouver aux prises avec la nature, le relief du terrain, les obstacles, les autres concurrents dont il devra supputer les performances puisqu'il ne les voit pas, enfin avec la montre. Pour dominer la situation il faut beaucoup d'atouts : un bon cheval, c'est évident et nous y reviendrons, une appréciation exacte de ses aptitudes, de son degré de préparation et de sa condition du moment, une évaluation précise des difficultés du parcours, de ses avantages et de ses inconvénients, de ses pièges parfois, le sens de l'abord des obstacles (qui permet d'aller jusqu'à la limite raisonnable du risque), la science du train. L'art est d'utiliser correctement ces atouts suivant les phases que nous allons essayer d'analyser pour en dégager l'intérêt.

La phase A, d'une longueur de quatre à six kilomètres, est un parcours sur routes et sentiers. Cette distance est à couvrir à la vitesse moyenne de deux cent quarante mètres à la minute, vitesse réglementaire du trot des troupes à cheval. Elle est relativement

Que réserve l'autre versant ?

lente mais permet d'être soutenue longtemps par un cheval entraîné et sur un terrain de profil facile. En concours complet, et là est la difficulté, le tracé emprunte aussi bien de vraies routes au revêtement dur, souvent glissant, plus ou moins adapté aux pieds des chevaux, que des chemins de toutes sortes allant du très bon au plus mauvais, du gazon moelleux au sol raviné et rocailleux, du terrain plat aux raidillons les plus abrupts.

Souvent le cheval ne pourra marcher qu'au pas. Pour rattraper le temps perdu, il faudra attendre un bon terrain et galoper plutôt que prendre un trot allongé qui le fatiguerait davantage.

Le trot n'est en effet, pour un cheval de selle, qu'une allure utilitaire sur longue distance. Pour cette raison il n'est pas accordé de bonification à celui qui aura effectué ce parcours dans un temps inférieur au temps accordé, mais par contre tout dépassement de temps est pénalisé sévèrement. Le rôle de cette phase est d'éprouver le cheval avant le steeple et le cross. Sa résistance et son adresse sont ainsi mises en valeur. Aussi, pour ménager sa monture, le cavalier doit-il prévoir un tableau de marche économique qui demande une longue expérience du terrain varié.

Cette première partie conduit notre couple au départ d'un steeple-chase (phase B) couru sur un hippodrome [1] ou sur une prairie aménagée. Là commencent les grandes joies du concours complet.

Chaussé court [2], on éprouve des sensations merveilleuses lorsque le cheval est bien « sur la main », l'encolure basse et allongée, le dos souple, oscillant sous soi comme un balancier. Peut-être faut-il, pour le comprendre, avoir galopé soi-même, avoir senti les postérieurs du cheval venir dessous et pousser avec puissance, avoir vu les antérieurs se poser au plus loin devant, rasant le « tapis » avec souplesse tandis que le vent siffle aux oreilles. Quelle magnifique machine à galoper qu'un cheval !

La distance et la vitesse exigée sont déterminées suivant l'importance et la difficulté que les organisateurs veulent donner à l'épreuve entière. On compte en général une moyenne de trois obstacles par mille mètres, soit neuf à douze ou treize obstacles du type classique des courses à obstacles : haie, oxer, open ditch, rivière, etc.

Les fautes sur les obstacles sont pénalisées sévèrement. Un dépassement de temps l'est aussi, mais à un degré moindre. Par contre, si le cheval accomplit son parcours dans un temps inférieur à celui qui est permis il lui sera attribué des points de bonification jusqu'à la vitesse maximale de six cent quatre-vingt-dix mètres à la minute. Il est donc essentiel pour le cavalier de sentir le train de son cheval, car une vitesse plus élevée n'apporterait rien et entamerait son potentiel, qu'il faut conserver pour le cross. Science difficile, mais que l'expérience des courses aide à acquérir.

Il faut aussi utiliser un autre atout, aussi important : le sens de l'équilibre du cheval pour sauter dans le train et avec le minimum de risques. Le cheval qui galope vite a tendance à se mettre « sur les épaules », c'est-à-dire en perte d'équilibre vers l'avant. Dominées par l'arrière-main, les épaules ne peuvent plus se soulever suffisamment pour bien sauter et les risques de fautes augmentent. Cela se sent au poids que les chevaux vous mettent sur la main. Il faut alors faire en sorte que le cheval puisse se rééquilibrer assez loin avant l'obstacle (afin qu'il soit dans les meilleures conditions pour sauter), mais ne lui permettre qu'un minimum de ralentissement afin de ne pas perdre de temps. Toutefois, comme le galop de six cents mètres à la minute n'est qu'un bon canter pour un cheval de sang bien entraîné, ces quatre mille mètres sur les obstacles se font en souplesse et procurent une agréable impression de plénitude.

Le poteau passé, on laisse mourir le galop. La phase C succède sans transition à ce parcours de steeple-chase. Elle consiste à parcourir au trot de six à dix kilomètres (suivant l'importance de

1. Un hippodrome est caractérisé par des pistes parfaitement tracées, bordées de lices continues ou de piquets. Les chevaux, se sentant guidés, ne sont plus distraits par le terrain mais concentrés sur leur galop et la vitesse. Les obstacles peuvent tous être sautés de volée.

2. En raccourcissant les étriers, le cavalier trouve mieux son équilibre. Il est ainsi plus lié à son cheval dans l'allure rapide du galop. En dressage, au contraire, il faut avoir les jambes descendues pour être bien assis sur la selle et avoir des actions de jambes précises.

L'épreuve de cross...

La partie fixe et solide des obstacles du steeple ne doit pas dépasser une hauteur de 1 m. Les haies sont limitées à 1,40 m. Les obstacles en largeur (rivières) ne peuvent dépasser 3,50 m à 4 m. Les obstacles en largeur et en hauteur ne peuvent excéder 1,80 m à 2 m en leur point le plus haut, et 2,80 m à 3 m à leur base.

Premier refus, dérobé, volte du cheval à l'obstacle : 20 points.
Deuxième refus, dérobé, volte du cheval au même obstacle : 40 points.
Troisième refus, dérobé, volte du cheval au même obstacle dans le cross et dans le steeple : élimination.
Chute du cheval ou du cavalier à l'obstacle : 60 points.
Deuxième chute du cheval et/ou du cavalier aux obstacles pendant le steeple : élimination.
Troisième chute du cheval et/ou du cavalier pendant le cross : élimination.
Renversement d'un fanion rouge ou blanc : 4 points.
Erreur de parcours non rectifiée : élimination.
Omission d'un obstacle ou d'un fanion rouge ou blanc : élimination.
Saut d'un obstacle déjà franchi : élimination.
Saut d'un obstacle non dans l'ordre indiqué : élimination.
Ces pénalités se cumulent.

A travers bois et champs.

l'épreuve) en terrain varié, comme dans la première phase, pour se rendre au départ du cross-country (phase D). Alors qu'à leur origine les concours complets se déroulaient d'une seule traite il est prévu depuis quelques années entre la phase C et la phase D un arrêt de dix minutes pendant lequel le cheval doit être examiné par un docteur-vétérinaire avant le départ du cross : l'épreuve de vérité.

« Équitation vigoureuse et hardie », ce sont bien les mots qui conviennent pour ce cross dont la distance peut varier de cinq mille quatre cents à huit mille cent mètres, à parcourir au galop de quatre cents à quatre cent cinquante mètres à la minute. En vitesse pure ce n'est pas rapide, mais tenir cette moyenne sur ces distances n'est pas facile car le tracé est sévère. Il s'agit de galoper non plus sur des pistes d'hippodrome mais à travers la campagne, les prairies et les bois, sur des terrains parsemés d'une trentaine d'obstacles naturels ou aussi naturels que possible. Pensez aux gravures de chasse au renard en Grande-Bretagne ou en Irlande. Comme en galopant derrière les chiens, on trouve devant soi des routes bordées de fossés, de haies ou de talus, des rivières qui coulent doucement ou des torrents bondissant au fond de ravins, des barrières de champs ou des murs de clôture, toutes sortes d'obstacles tels qu'ils se présentent dans la nature, au milieu d'une pente, à son sommet ou dans un fond, dans une prairie ou au détour d'un layon étroit dans un bois; obstacles simples ou composés de plusieurs éléments qui demandent autant d'efforts répétés. Mais alors qu'à la chasse on peut choisir l'endroit où les franchir, il faut dans ce cross les sauter entre les fanions plantés par les organisateurs, en fonction de la difficulté recherchée.

La sévérité des obstacles ne vient pas de leurs cotes, qu'on ne peut comparer à celles des obstacles des grands concours hippiques, mais de leur disposition sur le terrain. Un tronc d'arbre d'un mètre vingt est facile à sauter; placé au-dessus d'un trou profond de deux mètres et large de trois, il devient impressionnant. Sauter d'une prairie dans une pièce d'eau que le cheval n'a jamais vue, en franchissant une main courante d'un mètre vingt qui la borde, demande au cheval un degré de franchise tout à fait remarquable. Certains

... compte de multiples obstacles...

Il faut compter généralement quatre obstacles par mille mètres. La partie fixe et solide de tous les obstacles du cross ne peut dépasser une hauteur de 1,20 m, mesurée à partir du point où normalement un cheval prend sa battue. Les obstacles en largeur ne peuvent excéder 3,50 m de large, la rivière 4 m, les obstacles en hauteur et en largeur 1,80 m à 2 m de largeur à leur point le plus haut, et 2,80 m à 3 m à leur base. Une haie ne peut dépasser 1,40 m.

Passage de route.

obstacles combinés avec des talus, des banquettes, des contrebas ou des contrehauts également. Adresse, confiance et obéissance à son cavalier, résistance, classe de galop, telles sont les qualités du bon cheval d'extérieur. Pour l'homme : un sens très développé de l'équilibre du cheval à l'abord des obstacles et de ses possibilités au fur et à mesure que les kilomètres s'accumulent et que les difficultés se présentent. Il ne s'agit plus de s'installer dans un certain train, mais bien de jouer avec la vitesse, l'équilibre et l'impulsion en fonction des conditions du moment; en somme (comme c'est une course contre la montre) d'aller jusqu'à la limite possible du risque. Je n'ai pas parlé de la fatigue du cavalier en fin de parcours. Il faut pourtant en tenir compte car, les réflexes devenant moins rapides, les indications données au cheval risquent d'arriver trop tard et de provoquer des fautes. A n'en pas douter, un cavalier de concours complet de grande compétition doit être une solide nature.

Ceux qui ont monté à l'extérieur connaissent de semblables problèmes, les skieurs aussi sans doute, car il y a beaucoup d'analogie entre ces deux sports : la position en avant, le jeu des jambes pour tenir l'équilibre et l'évaluation de la vitesse permise pour aborder des bosses ou franchir des portes.

Essayons, si vous le permettez, de revivre avec vous quelques moments du cross de l'épreuve de fond du concours complet des jeux Olympiques de Londres, en 1948, que j'ai eu la chance de gagner. Je vous présenterai d'abord ma jument Aiglonne, une anglo-arabe de neuf ans, par Parbleu et Fauvette, par Caprice VIII. Dressée par le capitaine Jamme qui l'avait amenée au niveau international, elle avait encore besoin de quelques galops de mise en souffle lorsqu'elle me fut confiée. Elle galopait fort, sautait « comme un oiseau », s'équilibrait merveilleusement, en particulier sur la terre. J'avais toutefois un peu d'inquiétude car elle avait montré du caractère autrefois. A la veille des Jeux, je la savais au sommet de sa condition. J'étais alors décidé à prendre certains risques et à forcer l'allure aussi souvent que le terrain me le permettrait car mon objectif était de prendre le maximum de bonifications dans le cross.

... traîtreusement semés sur le parcours.

Ce n'est pas la hauteur qui rend difficiles à franchir les obstacles de concours complet, mais leur répartition sur le terrain et surtout leurs surprenantes combinaisons. Ces obstacles n'excèdent pas 1,20 m; pourtant ils sont souvent compliqués de trous, de contrehauts ou de contrebas, de sauts dans le vide, de passages de rivières : obstacles naturels, certes, mais que l'homme a singulièrement agencés. Pour peu qu'un orage intempestif grossisse les ruisseaux ou qu'une pluie persistante rende le sol glissant, les difficultés de l'épreuve s'accroissent.

Ruisseau à bords francs.

L'adjudant-chef Guyon, champion olympique à Mexico en 1968.

Pour y arriver, le moindre détail compte et la reconnaissance à pied du parcours prend une importance considérable. J'avais pu trouver le temps, après la reconnaissance officielle faite avec les organisateurs, de refaire seul deux fois le parcours, en entier.

Le terrain m'inquiétait ; irrégulier, souvent dur, avec parfois des petits cailloux roulants. Je craignais pour les jambes et les pieds d'Aiglonne. Je m'en étais ouvert à un Anglais de mes amis qui me rassura quelque peu. Il chassait régulièrement dans les environs et il n'avait jamais eu à déplorer d'accidents de tendons.

Trois obstacles plus particulièrement me semblaient poser de sérieux problèmes de franchise. Le premier d'entre eux était un torrent dont le lit sinueux était creusé à deux mètres en dessous du niveau du sol. Il courait sous bois entre des rives abruptes et très échancrées, espacées de trois mètres, et le thalweg était relativement encaissé. Cet obstacle, mal éclairé et peu engageant, était le deuxième du parcours et je redoutais un refus.

Pour mettre le maximum de chances de mon côté, j'emmagasinai l'impulsion sans augmenter la vitesse de façon à pouvoir disposer de toute la puissance de ma jument. Pour employer un langage d'automobiliste, je passai la vitesse inférieure en vue d'un dépassement plus nerveux. Aiglonne sauta sans sourciller. Cette attitude en début de parcours fut un élément important de notre victoire : j'avais pu ainsi jauger son moral et j'en ai profité par la suite pleinement.

Le deuxième obstacle qui me préoccupait était un passage de route. Le long des fossés bordant la chaussée, des haies donnaient plus d'importance à l'obstacle. L'une servait de clôture à un champ hersé sur un labour profond par lequel on abordait ce passage de route ; l'autre était accolée à une colline qui obligeait à se recevoir en contre-haut à hauteur de la haie, avant d'en grimper la pente raide. La difficulté n'aurait pas été grande si l'on avait pu franchir l'ensemble perpendiculairement à la route, mais le responsable du parcours avait placé les fanions de telle sorte que le fanion de gauche de la première haie se trouvait à l'aplomb de celui de droite de la seconde. Deux solutions se présentaient aux cavaliers : la première était de venir assez doucement pour pouvoir tourner à

Le perçant est la qualité première d'un cheval de concours complet.

Descente longue.

Chevauchée à travers les blés.

gauche sur la route dès la réception du saut de la haie et du fossé, suivre la route quelques mètres puis faire un à droite et, avec deux foulées d'élan, sauter le deuxième élément : fossé, haie et contre-haut. La seconde consistait à tout prendre en oblique. La tentation de dérober la première haie ou d'enfiler après la route au galop était alors très forte pour le cheval. Malgré cela je choisis cette dernière solution, qui permettrait en cas de réussite de gagner un temps précieux : je misais sur la docilité de ma jument. Dans un bon galop de chasse à l'abord, elle s'arracha facilement du terrain profond. Encore en l'air, je lui redonnai de l'impulsion et serrai un peu mes doigts sur la rêne droite pour lui enlever toute velléité de dérobade sur la route; deux foulées et elle s'envolait sur la colline. Nous avions dépassé le milieu du parcours et ses réserves étaient intactes. Je montai ensuite la pente tout juste au galop afin de ménager son souffle. Cet obstacle fut néfaste à beaucoup de concurrents.

Un peu plus loin il fallait galoper sur un plateau se terminant par une véritable falaise. Une lice en bois la bordait. Elle marquait une coupure telle que la vue portait à une dizaine de kilomètres, ce qui accentuait encore l'impression de profondeur. La pente était si raide que le cheval ne pouvait se rendre compte de l'endroit où il pourrait se recevoir qu'en prenant son appel. De loin on aurait vraiment cru avoir à sauter dans le vide.

J'avais profité de cet herbage au sol plat et souple pour galoper plus vite mais, craignant que ma jument ne soit impressionnée en abordant trop rapidement la falaise, je m'apprêtais à la reprendre. Nous étions à une cinquantaine de mètres de la falaise lorsque soudain elle se piqua en lâchant la main, les oreilles pointées en avant, et ralentit en se retenant : elle ressentait déjà l'angoisse du vide. Je ne la sentais plus; elle était « passée derrière moi ». J'avais l'impression de la porter. J'eus du mal à lui redonner de l'impulsion, mais à quelques mètres de la lice elle m'obéit et prit son appel en tremblant. Apercevant alors la pente, elle reprit la main et dévala « schuss » la centaine de mètres en s'amusant. Il fallait, en bas, tourner à droite. Bien en avant, comme en ski, je le lui fis comprendre d'assez loin. Elle aperçut les fanions et tourna au plus près.

Le saut de la barrière.

Choisir judicieusement son allure suivant le terrain...

Le temps accordé se calcule en divisant la distance choisie par la vitesse choisie. Un concurrent est pénalisé de 0,8 point par seconde au-dessus du temps accordé jusqu'au temps limite, qui est fixé au double du temps accordé. Il lui est attribué 0,8 point de bonification s'il accomplit son parcours dans un temps inférieur au temps accordé jusqu'à la vitesse maximale de 90 m à la minute en plus de la vitesse choisie. Le même système est appliqué dans la phase D (cross). Toutefois ce n'est plus 0,8 mais 0,4 point en plus ou en moins par seconde. Le maximum de bonifications peut aller en steeple de + 31 à + 44, et le maximum de pénalités de — 240 à — 336. En cross les bonifications peuvent aller de + 60,8 à + 90,8 et les pénalités de — 288 à — 432. Les limites entre lesquelles varient les maxima donnés ci-dessus sont fonction de la distance à parcourir et de la vitesse choisie.

Il y eut en haut beaucoup de refus. Revenu à cet endroit, après avoir terminé mon parcours, je vis un concurrent dont le cheval s'était arrêté brutalement, la tête sous la barre, passer par-dessus celle-ci et dévaler la pente une vingtaine de mètres. Un arbuste stoppa sa chute.

Cela m'est une occasion de rappeler que les essais à cheval sur le parcours sont interdits. Le cheval ne sait donc pas ce qu'il va trouver devant lui. Vous mesurez mieux maintenant la franchise qu'il lui faut posséder.

Il n'y avait plus ensuite de difficultés majeures et je pris quelques risques en attaquant certains obstacles de volée, risques évidemment calculés. Nous allions très vite dans les descentes pour rattraper le temps perdu lors des passages difficiles. J'avais, par exemple, en début d'épreuve, choisi de sauter au trot une barrière située à l'extrémité d'un layon étroit, après laquelle on tournait aussitôt à angle droit. Vers la fin du parcours, connaissant bien le train de la jument et ayant accompli mon cross comme je l'avais projeté, j'étais certain d'avoir réalisé un bon temps mais ne pouvais savoir, étant donné les nombreux changements de rythme, si j'avais atteint le maximum de bonifications espéré : il n'est pas question, en galopant, de lire un chronomètre. Et comme Aiglonne n'était plus très allante, je la sollicitai énergiquement, comme dans une fin de course, sans toutefois me servir de la cravache.

Le poteau d'arrivée passé, elle ne fut pas longue à se mettre au trot. Ma première joie fut de constater qu'elle ne boitait pas : ses jambes avaient tenu. J'éprouvai une seconde joie quand un bon ami accouru m'annonça que, d'après son « chrono », je devais avoir le maximum de bonifications et que j'étais le seul à avoir réalisé ce temps jusqu'à présent.

Philippe, mon palefrenier, nous attendait dans l'enceinte des balances. Il semblait tendu, anxieux. Cet excellent et dévoué soigneur s'emparait déjà d'Aiglonne. « Elle ne boite pas » furent ses premiers mots. Je lui confiai la jument. La pesée terminée, je revins près de lui. Il avait déjà levé les quatre pieds et constaté leur bon état. C'est alors seulement qu'il me demanda mes impressions sur le cross tout en se dirigeant vers le van qui devait les ramener aux écuries, distantes de quinze kilomètres de Sandhurst où nous étions logés.

Dans l'après-midi, j'allai voir comment Aiglonne récupérait. Je trouvai Philippe hochant la tête et faisant la grimace. Il me dit qu'elle avait goûté un peu de son frisé mais qu'elle n'avait pas voulu manger. Elle s'était couchée à peine arrivée et ne s'était pas encore relevée. En ouvrant le box, je pris peur : elle était allongée de tout son long, l'encolure et la tête sur la paille, comme morte. J'étais désespéré, me reprochant de l'avoir trop sollicitée et craignant de ne pouvoir prendre part au concours hippique du lendemain. Mon palefrenier lui avait plusieurs fois présenté de l'avoine dans le creux de sa main, mais elle n'avait pas bougé. Jamais encore je n'avais vu ma jument ainsi. Je rentrai à Sandhurst fort inquiet. Je revins après dîner. Aiglonne était encore couchée, mais la tête levée cette fois. Le palefrenier faisait lui aussi meilleure mine : elle avait accepté de manger dans sa main.

J'appris dans la soirée en consultant le tableau d'affichage que nous étions en tête du classement général et que mon avance sur le deuxième me permettait, même avec une faute au concours hippique, d'être médaille d'or. Je dormis mal cette nuit-là. Était-ce l'énervement de la journée, l'inquiétude causée par ma jument ou la crainte de passer à côté de cette médaille le lendemain ? Il y avait sans doute des trois.

Le lendemain matin, soucieux je repartis de bonne heure aux écuries voir Aiglonne et la promener pour faire disparaître les courbatures qu'elle ne manquerait pas de ressentir. Elle était dehors et le palefrenier la pansait avec amour. De loin il me cria que tout allait bien. J'étais soulagé. Après avoir examiné ma jument sur toutes les coutures, je la fis trotter pour constater qu'elle ne boitait pas et la fis promener en main une demi-heure. Elle marchait d'un bon pas. Je me décidai à la monter pour la « tâter » en vue de l'épreuve de l'après-midi. Après une centaine de mètres au pas, je la mis au trot. Elle entama franchement cette allure et, sur ma demande, allongea au trot en extension : elle avait obéi sans retard.

... pour aborder dans les meilleures

L'adjudant-chef Guyon, brillant vainqueur du concours complet olympique de Mexico, montait Pitou, hongre alezan « selle français » de neuf ans, fils de Plein d'Espoirs et de Lakmé (fille elle-même de Foudroyant II). Ce sont d'excellentes origines pour l'obstacle.

Le parcours de l'épreuve d'obstacles de concours complet doit avoir, suivant l'importance des épreuves, une longueur de 700 à 900 m, à parcourir à 400 m à la minute. Les obstacles doivent être massifs et imposants par leur forme et leur front. Ils sont au nombre de dix à douze. Leur hauteur ne pourra dépasser 1,20 m ; les obstacles en largeur ne pourront excéder 3 m à 3,50 m et ceux en largeur et en hauteur 2 m de large en leur point le plus haut et 2,70 m à 3 m à leur base.

J'étais fou de joie et réalisais combien elle avait été sage de rester couchée la veille. Cela lui avait permis de récupérer au mieux. Je la ramenai aussitôt à son box. L'expérience avait été concluante et nous pouvions aborder confiants l'ultime épreuve.

Le concours hippique du concours complet n'est pas difficile en soi. Il est destiné à prouver simplement que les chevaux, au lendemain d'une sévère épreuve d'endurance, ont gardé leur souplesse, leur énergie et une soumission indispensable pour continuer à assurer leur service de chevaux de selle si besoin était.

Le parcours est en général irrégulier, sinueux, coupé de changements de direction, en résumé conçu pour servir de test de maniabilité. Il doit s'effectuer à la vitesse de quatre cents mètres à la minute, ce qui est assez rapide pour un parcours de concours hippique.

Philippe avait amené Aiglonne sur le terrain de détente trois quarts d'heure avant le début de l'épreuve. Après l'avoir travaillée aux différentes allures pour « tâter l'accélérateur et le frein », comme disait volontiers notre chef d'équipe, je lui fis faire des assouplissements puis lui fis prendre quelques obstacles d'essai, entouré par mes camarades d'équipe et les supporters français. Tout semblait en ordre; elle était prête. Vint le moment où la piste nous fut ouverte pour la reconnaissance à pied du parcours. Il y avait bien quelques difficultés, par exemple le deuxième obstacle, une rivière de trois mètres cinquante de largeur, sans haie ni barre d'appel. Le soleil se réfléchissait dans l'eau, ce qui pouvait gêner les chevaux. Dès la réception il fallait tourner à droite pour aller sauter, une vingtaine de mètres plus loin, un oxer de barres rouges et blanches. Le tracé du parcours présentait aussi une originalité que l'on voit rarement : nous avions à franchir une barrière puis à la reprendre en sens inverse après avoir exécuté un demi-tour laissé à notre initiative. Cet aller et retour était un bon test de maniabilité. Enfin il y avait un « double » vers la fin du parcours.

Je ne partais pas dans les premiers et j'eus donc le temps d'observer quelques concurrents sur le parcours. Je pus ainsi me faire une idée plus exacte des difficultés. Puis j'allai échauffer ma jument. Avant d'entrer en piste, j'eus également la chance de voir le lieutenant américain Anderson, deuxième au classement général, commettre une faute. Cette pénalité augmentait mon avance de dix points et me laissait une marge de deux fautes pour conserver la première place. J'avais l'esprit plus libre.

Et ce fut mon tour. En traversant le terrain à cheval pour aller me présenter au jury, je revis mentalement tous les obstacles, dans l'ordre, le cœur un peu battant. La rivière à bords francs m'inquiétait car elle n'avait pas beaucoup de front. Je craignais qu'elle surprenne Aiglonne, à peine sur ses jambes. Au galop je retrouvai mon calme. Le premier obstacle franchi, j'augmentai l'impulsion pour aborder la rivière. La jument n'eut pas la moindre hésitation, sauta vite et se reçut loin, trop même car elle ne put tourner aussi serré qu'il eût fallu pour bien aborder l'obstacle suivant. Aussi arriva-t-elle mal sur cet oxer, comme un athlète qui n'aurait pas bien pris ses marques. Je dus intervenir pour ajuster les foulées, mais elle obéit mal. Était-ce la fatigue ou avait-elle senti une appréhension de ma part ? Je devinai l'incertitude l'envahir et la crus prête à s'arrêter. Ma réaction fut énergique : elle sauta presque de pied ferme, mais heureusement eut la détente nécessaire pour couvrir l'obstacle. Nous avions eu chaud! Le demi-tour après la barrière s'exécuta sans perte de temps. Nous abordâmes enfin les deux derniers obstacles qu'Aiglonne franchit sans pénalité. Elle était médaille d'or! Quel merveilleux moment après ces minutes d'intense concentration! Le palefrenier était aussi heureux que moi. Une grande part de la victoire lui revenait.

Mon propos était de vous décrire les joies que j'ai ressenties dans les concours complets d'équitation. Aux jeunes qui seraient tentés de les vivre à leur tour et qui chercheraient le cheval « ad hoc », je dirai qu'il est aussi difficile à trouver qu'un bon cheval de concours hippique ou de dressage. Ils pourraient croire en effet que puisque la vitesse imposée n'est pas trop sévère, il n'est pas besoin d'un cheval de derby, que les cotes des obstacles étant ce qu'elles sont il

conditions l'épreuve finale.

Barème des fautes aux obstacles :
Première désobéissance : 10 points.
Renversement d'un obstacle, pied dans la rivière ou dans le fossé, ou sur la latte qui les délimite : 10 points.
Deuxième désobéissance au cours de l'épreuve : 20 points.
Troisième désobéissance : élimination.
Chute du cheval ou du cavalier : 30 points.
Saut d'un obstacle non dans l'ordre indiqué : élimination.
Erreur de parcours non rectifiée : élimination.
Renversement d'un fanion rouge ou blanc : 2 points.

En 1948, l'auteur de cet article, le général Chevallier, alors capitaine, était médaille d'or de concours complet aux olympiades de Londres sur la jument Aiglonne (anglo-arabe par Parbleu a.-ar. Fauvette ½ sang a.-ar. fille de Caprice VIII, a.-ar.).

Triple barre.

Contrehaut et contrebas à Fontainebleau.

n'y a pas lieu de disposer d'un cheval de coupe des Nations, que le niveau de la reprise étant élémentaire il n'est pas nécessaire de posséder un cheval exceptionnellement doué en dressage.

Sur ce sujet les opinions ont varié. Avant 1939 on entendait souvent dire : « Il faut un cheval de course qui saute. » Après 1945 : « Il faut un cheval de concours qui galope. »

Mon expérience me permet de conseiller un cheval ayant assez de sang pour galoper en souplesse et obtenir le maximum de points au steeple sans puiser trop dans ses réserves; une aptitude naturelle à l'obstacle pour, après avoir acquis le métier nécessaire, réduire au maximum le risque de fautes, surtout lorsque la fatigue se fait sentir en fin d'épreuve; de bonnes allures mais surtout un bon pas, qualité essentielle pour la reprise de dressage; un équilibre physique et nerveux comme doit en posséder tout bon athlète; enfin de très bons pieds et la résistance que donne un certain âge (six à sept ans) pour supporter l'entraînement et se sortir de tous les terrains.

Où chercher cette perle rare ? Dans les chevaux de pur sang, qui sont les rois des chevaux. Ils sont hélas très difficiles à trouver dans les écuries de courses où ils sont tous essayés et souvent usés prématurément. On les découvrira plus facilement parmi les chevaux classés autrefois « demi-sang galopeur » et aujourd'hui « autres que de pur sang » (A.Q.P.S.) ou chez les anglo-arabes, pour qui j'ai un faible. Adroits et souples, mais joueurs et souvent instables, ils exigent un cavalier calme et très fixe.

Ce bel athlète trouvé, il faut lui donner un travail rationnel de tous les jours dans la mise en main et la décontraction, autant dans les galops d'entraînement ou en terrain varié que dans le rectangle de dressage. Ce travail est passionnant. Il procure de grandes joies dont l'énumération demanderait un autre chapitre.

Il est intéressant, avant de conclure, de rappeler que le concours complet est né en France en 1902, créé par le général Donnop, inspecteur de la cavalerie. Des épreuves d'extérieur organisées en Autriche lui en avaient donné l'idée. Cette épreuve fut baptisée « championnat du cheval d'armes ». Elle était réservée aux officiers. Notons que les qualités à rechercher chez un cheval d'armes étaient exactement celles que nous avons essayé de mettre en lumière à propos du cheval de concours complet. Ce championnat était organisé à Paris (en quatre jours au lieu de trois). Le steeple, séparé de l'épreuve de fond, avait lieu le deuxième jour sur l'hippodrome de Vincennes les premières années, ensuite à Auteuil. Le départ et l'arrivée de l'épreuve de fond avaient comme cadre le bois de Boulogne; le parcours allait jusqu'en forêt de Marly. Le concours hippique se déroulait au Grand-Palais.

Ce championnat eut lieu depuis chaque année, d'abord à Paris, puis à Vichy, enfin à Fontainebleau. Après 1945 il fut ouvert à tous les cavaliers civils et militaires et fut appelé « championnat du cheval de selle ». Il prit enfin le nom de « concours complet d'équitation » en 1952.

La Belgique avait été intéressée dès le début par cette épreuve. Elle fut la première à organiser, en 1905, un « championnat international du cheval d'armes », qui fut gagné par un Français, le capitaine Bausil.

C'est en 1912, aux jeux Olympiques de Stockholm, que furent créés les Jeux équestres pour les trois disciplines (dressage, concours complet, concours hippique). Notre délégation y fut brillante puisqu'elle obtint, par le capitaine Cariou, la médaille de bronze en concours complet et la médaille d'or en concours hippique.

En relisant le palmarès des concours complets aux jeux Olympiques, nous relevons encore pour les Français une médaille d'argent remportée par le capitaine Lefrant aux Jeux d'Helsinki en 1952, et une médaille de bronze par équipes aux Jeux de Rome en 1960. L'équipe était formée du capitaine Lefrant, de l'adjudant Le Goff et de M. Jehan Le Roy. A Mexico enfin, l'adjudant-chef Guyon, sur Pitou (par Plein d'Espoirs et Lakmé par Foudroyant II) gagna la médaille d'or en concours complet. C'est au centre équestre militaire de Fontainebleau, sous la direction de M. Le Goff, que les vainqueurs s'étaient entraînés.

L'augmentation du nombre des nations participantes, régulière depuis cette date, prouve que le concours complet est en plein essor. Alors qu'il avait surtout été pratiqué dans ses débuts, à l'instar

Monter oui... mais il faut redescendre !

de la France, par les pays du nord de l'Europe : Suède, Danemark, Hollande, Belgique, Allemagne, il jouit maintenant d'une vogue particulière en Angleterre et en Irlande. Les raisons en sont la qualité des chevaux d'outre-Manche et aussi le goût de leurs cavaliers pour les obstacles d'extérieur, goût qu'ils acquièrent tout jeunes à la chasse au renard et dans les « Poney-Clubs ».

Les parcours de Badminton et de Burghley, tracés dans les propriétés du duc de Beaufort et du marquis d'Exeter, sont des modèles du genre. En bons cavaliers d'extérieur, les organisateurs ont su éviter les terrains trop coupés, les petits chemins de forêt tortueux, les obstacles plus ou moins artificiels qui apparentent certaines épreuves à un gymkhana plus qu'à un cross-country, et ont trouvé dans la campagne anglaise l'équilibre entre les pistes à perte de vue en terrain facile et les difficultés de terrain, les obstacles à prendre de volée et les ensembles qui exigent des efforts répétés. Ces parcours remplissent bien leur rôle [1] qui est de mettre en évidence l'adresse et l'équilibre, la souplesse et la puissance, la franchise et la soumission, la classe de galop et la résistance, qualités nécessaires au grand cheval d'extérieur et avec lesquelles un cavalier peut jouer en artiste s'il a le sens du train, de l'utilisation du terrain et de l'abord de l'obstacle.

A celui-là je promets des joies pures.

B. C.

1. Il n'a été question dans tout le chapitre sur les concours complets que de grandes épreuves nationales ou internationales qui ne peuvent être que l'aboutissement d'un travail long et de connaissances approfondies en équitation. Pour permettre aux jeunes cavaliers d'y accéder plus facilement, et aux plus chevronnés d'y préparer progressivement leurs chevaux, la Fédération française des Sports équestres a créé des concours complets d'équitation régionaux répartis en six séries, de difficulté croissante. Seule la sixième série comprend les quatre phases prévues dans les concours nationaux ou internationaux.

Les équipes lauréates à Mexico.

Après l'effort, les honneurs que procure la victoire.

Comme à la revue.

La ruée du départ.

c / Les courses de galop

par le général Rethoré, C. R.

Parvenu au terme d'une longue carrière de cavalier, qui m'aura vu pratiquer toutes les disciplines que peut offrir l'équitation, je crois pouvoir affirmer que les joies les plus pures, et certainement les plus intenses, c'est dans le domaine des courses que je les ai ressenties.

Pour le cavalier, jockey ou gentleman-rider, c'est une certitude. Rien de plus passionnant que de bien monter un parcours, tant en plat qu'en obstacles. Rien de plus exaltant qu'une lutte victorieuse dans une arrivée serrée.

Mais cela aussi est vrai pour le propriétaire et pour l'entraîneur. Un succès en course est en effet le résultat de l'action combinée, et souvent de très longue haleine, d'une équipe composée de trois éléments :

le propriétaire qui, s'il a un haras particulier, oriente son élevage, exerce en tous les cas son choix dans les achats, désigne les sujets qu'il mettra à l'entraînement, exprime parfois à son entraîneur son avis sur le travail et les engagements et fournit les moyens financiers voulus ;

l'entraîneur qui, pour amener sur le turf un cheval *fit and well*, lutte journellement contre toutes les embûches qui le guettent : jambes fragiles, mauvais pieds, inappétence, intestins délicats, tares naissantes, caractère difficile, nervosité excessive, paresse, épidémies, troubles cardiaques ou respiratoires, accidents de tous ordres, et j'en passe ;

le jockey, qui n'a acquis le métier, l'expérience voulue pour monter convenablement qu'au prix d'une formation nécessitant de sa part beaucoup d'énergie, de volonté, de courage physique et moral, surtout au cours de l'apprentissage.

Bien partis,
mais le privilégié est à la corde.

Aussi, le jour du succès, est-il normal de ressentir à chaque échelon une joie profonde. En quelques minutes on est récompensé, moralement et matériellement, des efforts fournis, des sacrifices consentis, parfois au cours de longues périodes. Il est bien naturel que ces instants soient merveilleux.

Et pour ces trois éléments d'une trinité appelée à éprouver des joies intenses mais aussi de cruelles désillusions, quelle magnifique école de caractère!

LE CHOIX DU CHEVAL

Le choix du cheval est sans aucun doute le facteur de réussite le plus important. Il nécessite une grande connaissance des différentes origines, de très solides qualités d'homme de cheval, un remarquable coup d'œil pour déceler rapidement, s'il est nécessaire, défauts et qualités du sujet présenté.

Pour le yearling, le papier (c'est-à-dire son pedigree) est l'élément déterminant du choix. Mais le cheval le mieux né peut être aussi plus ou moins bien conformé.

Il est donc nécessaire, après avoir étudié le papier, d'examiner le sujet au point de vue du modèle, de déceler ainsi ses forces et ses faiblesses, de deviner ce que deviendra, adulte, ce poulain ou cette pouliche qui n'est encore qu'un enfant. Cela nécessite une expérience toute particulière.

Pour les chevaux qui ont couru, leurs performances ont au moins autant d'importance, sinon plus, que le papier.

Il y a de bons et de mauvais acheteurs. Le prince Ali Khan avait la réputation de se tromper rarement dans ses choix. C'était un remarquable homme de cheval, qui savait rapidement prendre une décision.

Mais il faut admettre que le facteur chance n'est pas négligeable, car on ne peut ni tout voir, ni tout savoir, ni tout prévoir. Il y a des propriétaires heureux qui gagnent d'importantes épreuves avec un cheval acheté yearling un prix modeste. D'autres, malheureux, ont payé une fortune un sujet de grande origine qui ne paraîtra jamais sur un champ de courses ou qui n'y montrera aucune qualité. C'est la loi de ce sport. Elle est parfois sévère.

Les grandes écuries de course sont presque toujours doublées de leur propre haras. Propriétaire et entraîneur particulier surveillent attentivement la croissance des yearlings. Ils peuvent, le moment venu, soit les essayer tous à l'entraînement, soit n'y envoyer que ceux qu'ils considèrent les meilleurs et présenter les autres aux grandes ventes de pur-sang de Deauville, Paris ou Newmarket. Mais quels regrets si un ou deux ans plus tard il se font battre dans un classique par un cheval qu'ils ont fait naître et élevé et qu'ils n'ont pas conservé! La prime à l'éleveur (dix pour cent du montant du prix) n'est alors qu'une bien modeste consolation.

Les propriétaires qui n'élèvent pas exercent leur choix dans les ventes publiques, aux enchères ou à l'amiable. Ils peuvent aussi, sur les champs de courses, acquérir les chevaux des prix dits « à réclamer ». Il y a des spécialistes très habiles dans ce genre de marché cependant à multiples inconnues.

Quant aux chevaux d'âge, les prix sont fonction du papier, des performances, du modèle, de l'état des membres, de l'âge et du sexe. Les gagnants du Derby français, anglais, irlandais ou américain prennent une valeur considérable comme reproducteurs.

Les dix millions de francs seront sans doute prochainement dépassés. Ce sont la plupart du temps des éleveurs groupés en syndicat qui peuvent offrir de pareilles sommes.

L'ENTRAINEMENT

L'entraînement du cheval de course n'est pas une science, mais un art. Il y a, bien sûr, de grands principes de base, mais leur application peut différer profondément suivant les sujets, les objectifs poursuivis, les terrains dont on dispose et aussi l'expérience et le tempérament de l'entraîneur.

Avant d'exiger d'un cheval des efforts sérieux en vue du développement harmonieux de tout son système musculaire, il faut qu'il soit en état et même haut d'état. Cette mise en état se fait au cours

S'ébrouant dans la fraîcheur matinale,
de longues théories de poulains vont prendre un galop.

Tous les ans ont lieu en août à Deauville et à Newmarket des ventes, fort suivies, de yearlings. Il est difficile d'apprécier les allures chez le yearling en dehors du pas. C'est heureusement l'allure qui conditionne les deux autres. Il est exceptionnel en effet qu'un cheval qui s'engage bien au pas, qui marche bien « carré » n'ait pas une foulée de galop souple et étendue. En ce qui concerne les prix d'achat des yearlings, citons seulement la fourchette 1967 à Deauville où les prix évoluèrent entre 2 000 F et 280 000 F (pour un poulain White Light, par Sicambre et White). A Newmarket, cette même année, l'enchère maximale fut de 1 500 000 F pour un poulain, Vaguely Noble, par Vienna et Noble Lassie. Les prix sont naturellement bien moins élevés quand sont mises en vente des juments qui ont « fait leur temps » ou qui n'ont pas concrétisé les espoirs placés en elles. Si, par contre, le vainqueur d'un grand classique est vendu comme étalon, les enchères peuvent monter très haut.

Entraînement : le premier lot.

Un bout vite.

Entraîner des chevaux en les obligeant à nager dans l'eau est une méthode qui présente de gros avantages : en dehors des bienfaits de l'hydrothérapie, qui tonifie les membres et rafraîchit les tissus, l'effort nécessaire pour vaincre la résistance de l'eau fait travailler tous les muscles du cheval et lui donne du souffle. La nage, surtout, a l'avantage de ménager les membres du cheval. Or chacun sait que le claquage est la hantise de l'entraîneur. Le claquage du tendon se produit lorsque, par un effort trop violent et trop poussé, le muscle s'intoxique, perd sa souplesse et se crispe.

de longues promenades : pas, trotting, petits canters. C'est là surtout le travail d'hiver.

La mise en condition, c'est la transformation en athlète d'un animal en parfaite santé. Elle s'effectue au cours de solides canters et de demi-trains de distance variable. La graisse accumulée au cours de la mise en état, le ventre disgracieux disparaissent progressivement. Les muscles, encolure, épaules, croupe commencent à faire saillie. Le poil devient soyeux. L'attitude même de l'animal change. Elle prend une certaine noblesse.

La mise en souffle, c'est le développement optimum de la capacité respiratoire du cheval afin de lui permettre de ne pas être asphyxié par les efforts particulièrement violents et prolongés qui lui sont demandés pendant le parcours, et surtout au cours de la lutte à l'arrivée.

Ce sont alors les galops sérieux, à deux ou plusieurs chevaux, afin de créer l'émulation, et les galops vites où, sur une courte distance, on laisse le cheval donner son maximum, en l'accompagnant même s'il y a lieu. Aussitôt après le galop, on contrôle soigneusement l'état d'essoufflement du cheval et on en déduit son degré de préparation.

L'entraîneur, en fin psychologue, doit savoir analyser les réactions du cheval pendant et après chaque travail sérieux. Inappétence, courbatures, manque de gaieté, chaleur insolite à un tendon ou à un pied sont des signaux d'alerte dont il faut tenir le plus grand compte dans le dosage du travail.

Par ailleurs, yearlings, deux ans, trois ans et chevaux d'âge subissent un entraînement différent. Chaque sujet est un cas spécial, qu'il faut traiter à part.

Tout entraîneur a ses méthodes, sinon ses manies, parfois ses « trucs ». Certains excellents soigneurs mettent un peu trop leurs chevaux dans du coton et finissent en course leur préparation en leur faisant disputer plusieurs épreuves où le jockey aura des ordres pour « être sage ».

D'autres, les grands surtout, qui ont des effectifs permettant à la maison un travail et des lignes suffisantes, gagnent du temps

On va parfois
un peu plus vite qu'on ne veut.

Le jour à peine levé, les chevaux s'en vont à la file indienne rejoindre les pistes d'entraînement. Entraînement qui doit naturellement être adapté à chaque sujet : le cheval est en effet chaud, généreux ou paresseux ; il a des jambes « en fer » ou des tendons délicats; il s'alimente bien ou mal; il réagit plus ou moins à l'effort. Le vieux cheval qui a « du métier » a souvent besoin de beaucoup moins de travail qu'un débutant. La préparation, enfin, n'est pas la même pour les chevaux qui courent sur de longues distances.

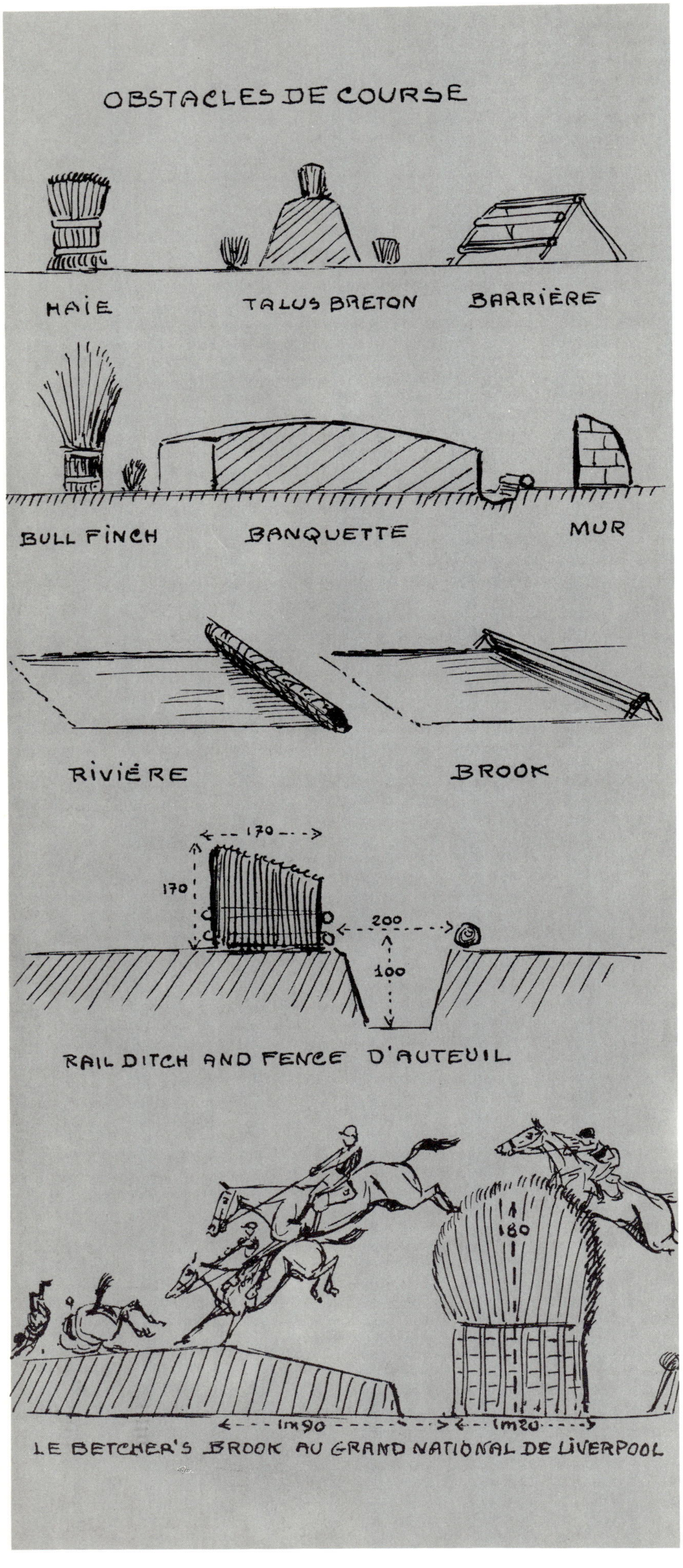

en essayant d'amener un cheval prêt pour une rentrée ou même une première sortie. C'est le cas de François Mathet. Le parieur ne s'y trompe pas : un « Mathet » est toujours présenté au mieux, et il court toujours pour gagner. Mais il est reconnu aussi que la compétition est indispensable à certains chevaux pour parfaire leur condition. C'est la raison pour laquelle, trois semaines en général avant une grande épreuve, les sociétés de courses (plat et obstacles) donnent aux propriétaires l'occasion de « finir » leurs chevaux dans une épreuve à peu près similaire mais moins richement dotée, plus facile, et souvent sur une distance un peu plus courte.

D'autres entraîneurs, à gros effectifs eux aussi, comptent sur la sélection naturelle. Ils soumettent les chevaux à un dur travail, les font galoper beaucoup... Ceux qui résistent gagnent leur course. Bien sûr le déchet est assez important.

D'autres, comme Pollet, sont réputés pour le dressage des yearlings et l'entraînement des deux ans. D'autres encore sont spécialistes du dressage à l'obstacle.

Les parieurs jouent volontiers un cheval débutant en haies ou en steeple s'il a fait preuve de qualité en plat et s'il est chez Maurice Adèle, chez Gaumondy, chez Bonaventure ou chez un des frères Pelat; ces noms sont ceux qui me viennent immédiatement à l'esprit, mais il y en a beaucoup d'autres.

Le bon entraîneur ne néglige aucun détail. On perd une grande épreuve pour une étrivière ou un contre-sanglon qui casse, une selle qui tourne, une flanelle mal mise, un mauvais départ...

J'ai assisté il y a quelques années à une leçon à la *starting-gate* donnée par Mathet à de jeunes chevaux sur une piste en forêt de Chantilly. C'était un véritable régal de tact, de psychologie, de métier. Et quel spectacle, ce même jour, que l'arrivée, dans un profond silence, d'un lot Mathet de vingt-cinq chevaux environ, tous les lads en tenue uniforme. La discipline engendre le calme et l'ordre si nécessaires à la qualité du travail et au moral des chevaux. Les succès innombrables remportés par Mathet en sont la preuve évidente.

La rivière, obstacle fatal à ceux qui partent de trop loin.

Les courses d'obstacles sont en général plus appréciées du grand public que les courses plates car les aléas en sont plus spectaculaires. Équilibre et perçant priment souvent sur la vitesse intrinsèque. Certains champs de courses ont une renommée mondiale : avoir monté le Grand National de Liverpool ou le Grand Steeple de Pardubice classe un cavalier. En France, Auteuil tient la vedette. L'on y trouve d'impressionnants obstacles que beaucoup de chevaux ne sauteraient pas de bon cœur s'ils n'étaient stimulés par la présence d'adversaires. Cet instinct leur est parfois fatal car il arrive que certains d'entre eux prennent leur appel pour franchir un obstacle important en même temps qu'un cheval qui court à leur hauteur, mais sans être eux-mêmes bien placés. Ainsi, leur appel étant pris de trop loin, ils ne peuvent franchir cet obstacle.

Le saut de la rivière.

Au paddock.

Certains entraîneurs sont considérés comme des magiciens pour « réparer » rapidement les chevaux « cassés ». Ils utilisent des *blisters* merveilleux dont ils gardent jalousement la formule. Mais c'est sûrement le repos prolongé qui, après feu ou friction, donne toujours le résultat le plus durable.

L'entraîneur (un ancien jockey souvent, ou né dans le métier) a une tâche écrasante. Le matin de bonne heure au travail avec plusieurs lots, il surveille à la fois les chevaux et la manière dont ils sont montés; rien ne doit lui échapper. L'après-midi, aux courses, il vérifie le poids porté, selle lui-même la plupart du temps, donne ses ordres au jockey, observe ensuite le parcours avec le plus grand soin, note à travers ses jumelles non seulement les performances de son cheval, mais aussi celles des concurrents.

Le soir, à la maison, il donne au premier garçon des instructions pour le travail du lendemain, passe parfois aux écuries tâter certains tendons qui inquiètent, jette un coup d'œil dans quelques mangeoires et s'occupe ensuite des engagements.

Si l'entraînement est un art, faire de bons engagements est une science. Dans les grandes écuries, il y a souvent un spécialiste qui fait à fond le papier et qui conseille propriétaire et entraîneur d'engager tel cheval plutôt que tel autre dans une épreuve donnée.

La distance et le poids porté sont les facteurs déterminants. Comme les coureurs à pied, les chevaux se rangent en catégories : *flyers* et *stayers*. Des sujets de grande classe n'ont jamais pu gagner au-delà de seize cents mètres. D'autres, au contraire, ne viennent qu'au-delà de cette distance. Quand on a déterminé celle qui convient le mieux à un cheval et qu'on l'a en quelque sorte spécialisé, il est ensuite difficile de le faire courir avec succès sur un parcours plus court ou plus long. Rares (et forcément très bons) sont les chevaux « toutes distances ». Quant au poids porté, il a une importance capitale. Il est extraordinaire de constater combien un faible écart de poids peut avoir d'influence sur le fonctionnement d'une masse de muscles de quatre cents kilos. On considère qu'une livre de plus ou de moins représente à l'arrivée une différence d'une longueur!

Le choix du champ de courses est également important. Il y a des sujets qui préfèrent Longchamp, corde à droite, à Saint-Cloud, corde à gauche. La ligne droite d'arrivée du Tremblay, en montée, avait autrefois ses spécialistes. Les deux mille mètres de ligne droite de Maisons conviennent aux chevaux particulièrement accrocheurs et courageux. La descente de Longchamp surprend parfois des chevaux de classe qui l'abordent pour la première fois.

Il y a les chevaux d'Auteuil, gros obstacles et longues lignes droites, et ceux d'Enghien, obstacles moins sévères et très sautants, tournants plus nombreux et plus accentués.

L'état du terrain a aussi une grande importance. Certains chevaux ne vont bien que « dans le lourd », d'autres préfèrent le léger. Les turfistes avertis en tiennent compte. C'est toutefois sur de bons terrains que s'obtiennent les résultats les plus réguliers, aussi le parfait entretien des pistes est-il un souci constant des sociétés.

A la fin de ma carrière je suis arrivé à la conclusion suivante : à égalité de classe et de qualité, le mérite du succès d'un cheval en course revient pour un tiers à l'entraînement dont nous venons d'évoquer dans leurs grandes lignes toutes les difficultés, pour un tiers au métier du cavalier qui, pendant le parcours et à l'arrivée, utilise plus ou moins bien toutes les possibilités de sa monture, pour un tiers enfin aux soins donnés à l'écurie : nourriture, ferrure, soins aux membres, etc.

Cette analyse, bien entendu trop schématique, des causes d'un succès a seulement pour but de situer à son niveau l'importance qu'il faut accorder à l'intendance.

LA COURSE

L'épreuve publique, dans laquelle le cavalier a un rôle capital, est la sanction de l'entraînement. Il est dans la carrière de jockey beaucoup d'appelés et peu d'élus. Le poids et la taille limitent au départ les vocations. Léger et petit de préférence, pour éviter un trop grand ballant, le candidat doit être robuste et souple, avoir du coffre, du souffle, du cran, une bonne vue, une bonne main,

La foule des grands jours : turfistes, joueurs, badauds...

Chaque course a son règlement. Le poids du jockey est imposé. Ce sont par des surcharges que se règlent les handicaps infligés aux chevaux déjà vainqueurs d'une épreuve. Le jockey devra donc passer à la balance avant et après la course. S'il ne fait pas le poids, des plaques de plomb seront assujetties au tapis de selle; les perdre en course entraîne la disqualification. Avant le boute-selle, il n'est pas rare de voir propriétaire, entraîneur et jockey se concerter sur la tactique à suivre. Le jockey d'un cheval n'étant pas toujours le même, celui-ci doit se fier aux avis de l'entraîneur.

des réflexes très rapides, une patience à toute épreuve. Il lui faut aussi acquérir progressivement une qualité supplémentaire sans laquelle toutes les autres seraient superflues : « avoir de la tête ».

Avoir de la tête en course, c'est conserver à tout moment du parcours une claire vision de la situation malgré la vitesse, les obstacles, la pluie, la motte de terre dans la figure, les bousculades et les incidents de tous ordres.

Le jockey qui a de la tête sait placer et maintenir en bon rang son cheval dans le peloton, utiliser au mieux le terrain. En regardant autour de lui il repère les chevaux déjà sollicités et ceux qui vont librement ou mieux que lui. Il se rend compte ainsi à tout instant des possibilités des uns et des autres par rapport à celles de son cheval. S'il y a lieu, il modifie sa tactique. Il démarre pour gagner où il faut et quand il faut.

En résumé, avoir de la tête permet en course de profiter des incidents et d'en être victime le plus rarement possible. C'est l'intelligence de la course.

Les gentlemen-riders d'obstacles qui, normalement, dans une arrivée sont un peu dominés par les professionnels, peuvent souvent, par contre, gagner leur course pendant le parcours en montrant plus de tête que de jeunes apprentis ou même que des jockeys qui leur sont opposés.

Les grandes écuries ont toutes leurs jockeys attitrés, liés par contrats. Dans les autres, l'art de l'entraîneur est de jumeler au mieux le caractère et le tempérament du cheval avec les qualités propres du jockey cavalier.

Le jockey monte aux ordres, mais il est bien évident que les « ténors » ont certaines latitudes pour les interpréter en fonction du déroulement de la course et des incidents possibles.

En plat et en obstacles, la course d'attente est la plus sage et la plus payante. Toutefois, certains chevaux gagnent parfois en menant de bout en bout. Ce sont souvent des sujets délicats qui, quoique ayant une certaine classe de galop, n'aiment ni la lutte, ni l'effort, ni la bousculade. Ils galopent donc librement lorsqu'ils sont en tête mais cèdent dès qu'ils sont attaqués.

Poincelet, le fin renard, qui connaît toutes les ficelles du métier, est un excellent spécialiste de la course d'attente en tête. Il mystifie bien souvent ses adversaires en menant le peloton dans un faux train qui laisse à son cheval les ressources voulues pour finir. A l'endroit qu'il juge opportun, il démarre « sec » et gagne sans être remonté. Il faut, pour ce genre de course, avoir une science du train absolument parfaite.

Deforge a l'art consommé de la course d'attente. Il aime placer la pointe de son cheval à proximité immédiate du poteau et donne ainsi souvent des sueurs froides aux parieurs qui l'ont appuyé et qui le voient pendant les trois quarts du parcours musarder en queue du peloton, souvent fort loin du premier.

Saint-Martin, la Cravache d'or, monte aussi bien devant, au milieu ou derrière le peloton. Il interprète à la perfection les ordres, toujours précis, de Mathet. Il a l'art de se placer au mieux dans le peloton et de trouver, le moment venu, le jour pour passer. Montant parfois pour d'autres entraîneurs, il fait souvent gagner des chevaux qui, sur le papier, n'avaient qu'une chance modeste. Certains parieurs n'hésitent pas à lui attribuer de véritables pouvoirs de sorcier. « Il parle aux chevaux », disent-ils. Je crois plutôt qu'il est un psychologue averti en ce qui concerne le caractère des chevaux et qu'il s'adapte immédiatement à tous les tempéraments. Son excellente main lui permet en outre de doser savamment les efforts pendant le parcours. Il fait corps avec sa monture. Sa finesse, sa patience, son sens du train, son esprit de décision, son intelligence de la course, son énergie enfin à l'arrivée sont ceux du meilleur de tous les temps. Quant au « bâton », il l'utilise à l'arrivée comme moyen de persuasion plutôt que comme une contrainte brutale. Et le cheval, bien sûr, apprécie fort cette manière de monter. Il se livre ainsi beaucoup plus volontiers. Cela n'empêche pas Saint-Martin d'infliger à l'occasion une correction si elle est méritée. Mathet - Saint-Martin, quel exceptionnel tandem!

Il y eut aussi en obstacles une merveilleuse association constituée par Daumas et la jument Hyères III qui, trois fois de suite, gagna le Grand Steeple.

Si la selle anglaise doit être un siège confortable permettant une assiette avancée, les jambes pendant naturellement, la selle de course n'est au contraire qu'un simple moyen de tenir solidement les étriers. Ceux-ci, toujours courts, nécessitent des avances très accusées et une simple lamelle de siège pour protéger les vertèbres du cheval aux rares moments où le jockey s'assied. Le poids de la selle de plat est insignifiant; la selle de steeple est un peu plus lourde.

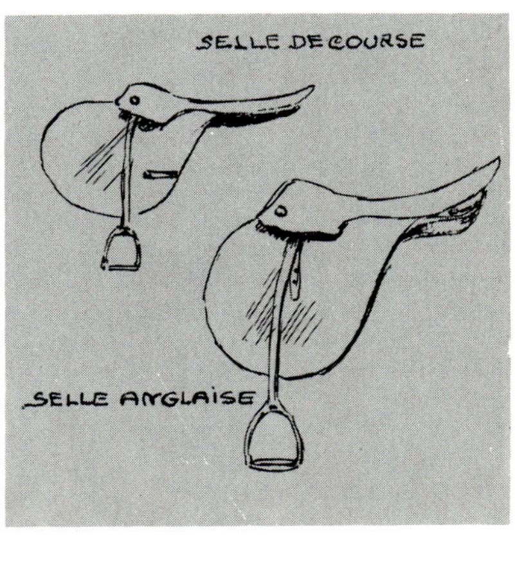

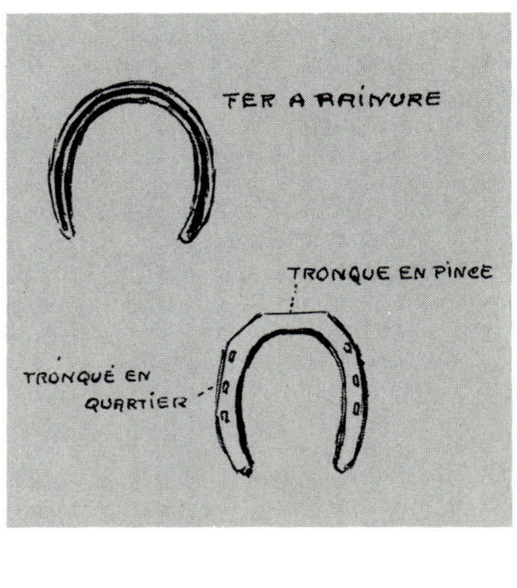

Le fer de course est très léger, souvent en aluminium. Les pistes étant en gazon, c'est moins un protecteur qu'un moyen antidérapant qui permet au pied de s'agripper au sol. Le fer à rainure est à la fois léger et plus adhérant. Souvent le fer postérieur est tronqué en pince pour éviter les atteintes.

L'arrachement des premières foulées. *Dernier effort.*

Hyères III sautait d'une façon parfaite et prenait souvent sur l'obstacle une ou plusieurs longueurs sur les autres concurrents. Malgré l'inconvénient certain qui résulte du fait de mener trop tôt, Daumas la laissait aller librement en tête, profitant de l'avantage acquis. Il la remettait ensuite en deuxième ou en troisième position pour la laisser souffler à l'occasion d'une longue ligne sans obstacles et évitait ainsi la funeste course en accordéon qui, en coupant trop fréquemment l'action du cheval, finit par saper son moral.

Cette entente parfaite, cette confiance réciproque du cavalier et de sa monture étaient à elles seules un spectacle.

SOCIÉTÉS DE COURSES ET GRANDES ÉPREUVES

La Société d'Encouragement (Longchamp-Chantilly-Deauville) est la société mère pour les courses plates. Elle régit le code des courses que les commissaires ont la charge de faire appliquer.

Dans la région parisienne, la Société sportive d'Encouragement fait courir à Saint-Cloud et à Maisons-Laffitte. La Société du sport de France, depuis la réquisition de son terrain du Tremblay, utilise, en attendant d'être à nouveau chez elle, les pistes d'autres sociétés.

La Société des steeple-chases de France, société mère pour l'obstacle, a l'hippodrome d'Auteuil, dont les parcours ont une belle réputation. La Société sportive d'Encouragement, avec le charmant champ de courses d'Enghien où piste et obstacles sont toujours en parfait état, a aussi à Maisons-Laffitte un remarquable parcours de cross particulièrement apprécié des connaisseurs.

Les hippodromes de Bordeaux, Marseille, Pau, Lyon, Cagnes, Compiègne, Fontainebleau, Vichy entre autres, donnent des réunions mixtes très suivies. Ailleurs, sur plus de trois cent cinquante hippodromes, se mesurent en plat et en obstacles des chevaux aux performances plus modestes. Certains entraîneurs de la région parisienne y font souvent une brève apparition pour « faire gagner leur avoine » à des chevaux qui n'ont pas suffisamment de classe pour figurer dans les classiques ou dans les handicaps.

Pour ceux qui n'ont pas la corde, combien de longueurs à rattraper !

Le peloton au tournant.

L'arc-en-ciel des casaques et des toques.

Les débuts en plat se font à deux ans. Les propriétaires sages ne font pas courir à cet âge les sujets tardifs ou importants dont le squelette n'est pas encore suffisamment soudé ou résistant. Ils évitent ainsi de gâcher irrémédiablement leur carrière par un effort prématuré.

Les très grands cracks en plat finissent tôt leur carrière, souvent à trois ans, au plus tard à quatre ans, pour devenir étalons.

En obstacles, les chevaux débutent en général à trois ans sur les haies. Ils abordent ensuite le steeple suivant leurs aptitudes au saut. Leur carrière se prolonge beaucoup plus, mais elle est souvent interrompue par de longues indisponibilités. On voit encore des chevaux de neuf à dix ans gagner des épreuves importantes quand le terrain convient à leurs jambes devenues fragiles.

Les ressources supplémentaires apportées par le tiercé aux sociétés de courses ont permis à celles-ci d'augmenter considérablement leurs allocations.

Il y a maintenant en obstacles, à Auteuil en particulier, « de l'argent à gagner ». Et certains propriétaires qui, il y a quelques années encore, affectaient le plus profond mépris pour le sport « illégitime », n'hésitent pas aujourd'hui à mettre sur les haies ou en steeple des sujets de qualité.

C'est à Longchamp et à Chantilly que se courent les épreuves de plat les plus réputées, et à Auteuil celles d'obstacles. Parmi les grands classiques, le Jockey-Club, le prix de Diane à Chantilly, le Grand Prix, l'Arc-de-triomphe (en plat) à Longchamp, le Grand Steeple (en obstacles) à Auteuil sont les épreuves les plus enviées par les grandes écuries [1].

1. Citons parmi ces belles épreuves : à Longchamp le Greffulhe, le Ganay, le Daru, le Noailles, les poules d'essai (pouliches et poulains), le Hocquart, le Lupin, le Cadran. A Auteuil, en obstacles, la Grande Course de haies du Printemps des quatre ans, la Grande Course de haies des trois ans, les prix Lutteur III, Ingré, Millionnaire, Saint-Sauveur, Wild Monarch, les Drags et la Grande Course de haies d'Auteuil. A Saint-Cloud, à Maisons-Laffitte, à Deauville, il y a aussi quantité de classiques très estimés des propriétaires.

En province, Craon, Pau, Le Pertre, Verrie-Saumur, Dieppe, Pompadour sont réputés pour leurs parcours de steeple ou de cross-country.

Ces parcours, qui déroutent parfois d'excellents jockeys d'obstacles habitués sur de grands hippodromes à des pistes bien tracées et bien délimitées, aux tournants bien étudiés, font par contre la joie de tous les gentlemen-riders, du moins de ceux qui vont sur les « bouts de bois ».

Les derbies anglais, irlandais et américains sont des épreuves particulièrement estimées. Le Grand National à Aintree (Écosse) est sans doute le steeple le plus sévère du monde. Il est fréquent que sur trente-cinq à quarante partants il n'y ait pas plus de cinq à six chevaux à l'arrivée. A Pardubice, en Tchécoslovaquie, où se court un cross-country de réputation mondiale, disputé par une majorité de gentlemen-riders, il n'est pas rare que le gagnant soit tombé et remonté [1].

C'est bien en course, comme cavalier, que le cheval vous procure les joies les plus intenses. Mais si vous avez dû abandonner la pratique de cette discipline pour une raison ou pour une autre, il vous reste encore bien des satisfactions à éprouver. Nous avons cité celles de l'entraîneur et du propriétaire. En voici d'autres : un homme de cheval, un turfiste averti, en voyant tourner au paddock un cheval dont la condition « éclate », éprouve autant de satisfaction qu'un artiste en face d'un chef-d'œuvre. Une arrivée serrée dans un grand classique, un parcours d'obstacles tracé avec élégance et précision soulèvent l'enthousiasme même chez ceux qui n'ont jamais pratiqué l'équitation.

Quant au joueur, celui qui parie au hasard et pour qui les courses, le tiercé ne sont qu'une loterie de plus, il ne nous intéresse pas.

1. En plat et en obstacles il existe des courses faites pour les chevaux qui ne sont pas des pur-sang. Ceux-ci peuvent bénéficier de décharges de poids et affronter ainsi des pur-sang. Ces derniers, en obstacles surtout, ont parfois subi des défaites, mais cela reste exceptionnel.

Le chatoiement des couleurs sur une palette très animée...

La tribune des entraîneurs.

Une arrivée mouvementée.

Mais arrêtons-nous à celui qui fait soigneusement le papier, qui suit un cheval sur le turf, qui le voit venir progressivement, qui sait interpréter ce que ses jumelles lui ont permis de voir. Un jour, il le croit prêt. Il l'appuie, il gagne. Ce joueur-là ressent alors grâce au cheval des joies incomparablement supérieures à celles du parieur aveugle.

C'est uniquement en faisant appel à mes souvenirs et à mes expériences personnelles que j'ai essayé en quelques pages de traiter dans le cadre des joies du cheval le sujet infiniment vaste et complexe des courses au galop.

Propriétaires et professionnels souriront peut-être à la lecture de quelques opinions que j'ai émises. Je pense avoir droit de leur part à une certaine indulgence, car si j'ai exposé leurs joies, j'ai surtout essayé de montrer combien, si difficilement acquises, elles étaient pleinement méritées.

J. R.

Commentaire de la course.

Cheval et jockey
ont tous deux bien mérité.

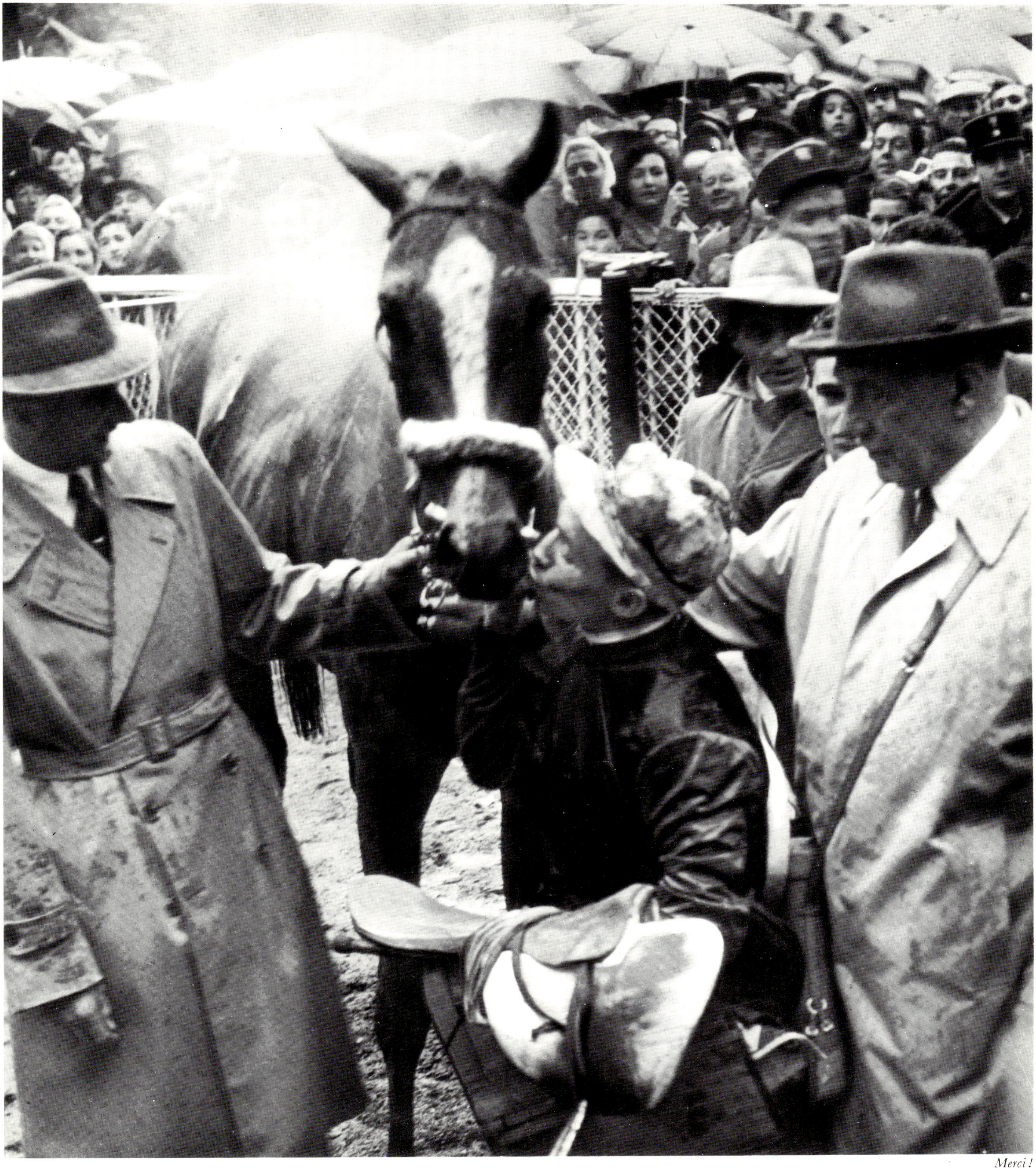

Merci !

Course de trot attelé.

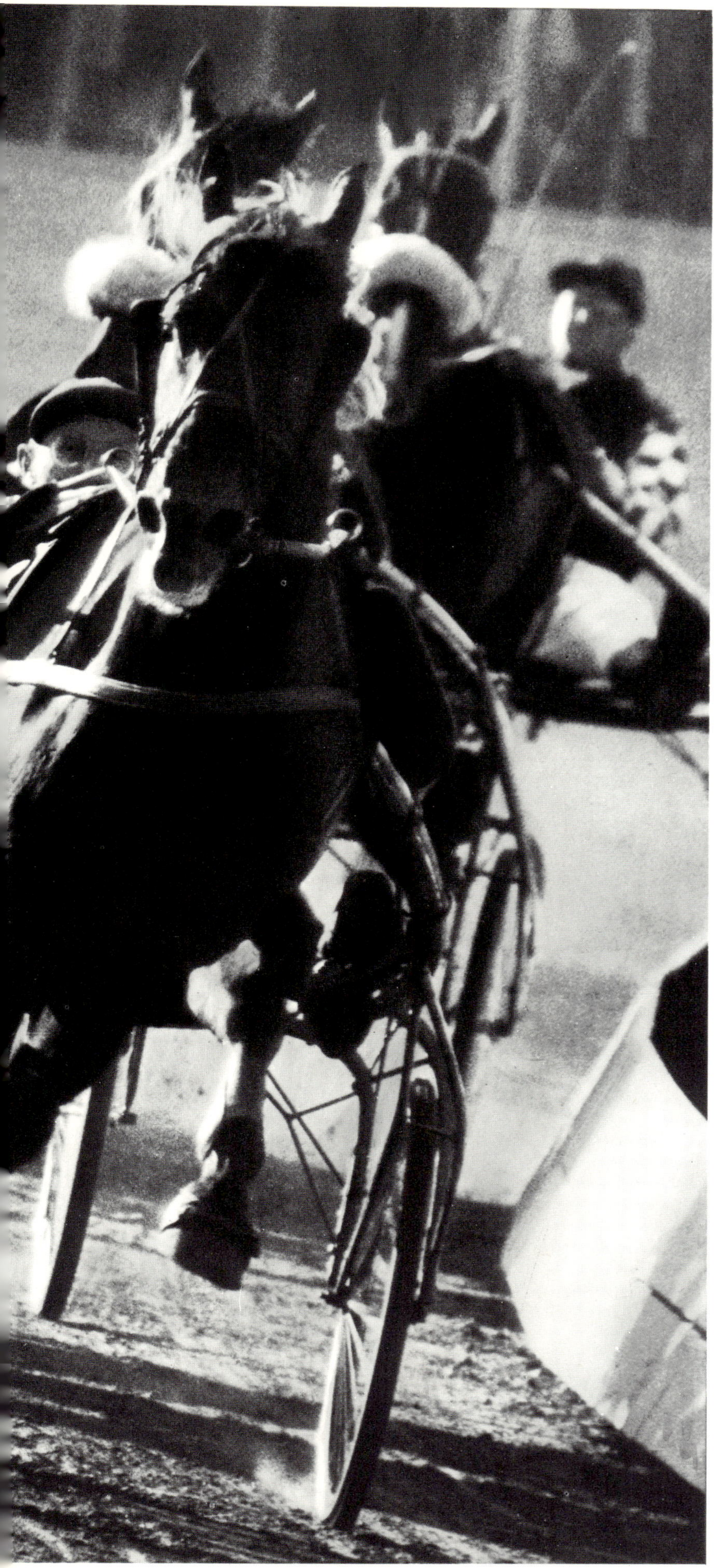

d / Les courses de trot

par Jonel Chyriacos.

Le nom de Jonel Chyriacos ne dit peut-être pas grand-chose à bon nombre de nos lecteurs. Pourtant cet entraîneur-driveur, mort il y a quelques mois, a fait figure de précurseur et de novateur. Né en Grèce en 1906, fils d'un banquier installé à Vienne, il commença à exercer son métier en Autriche en 1925. Cinq années plus tard, il venait s'installer en France où il allait accumuler les succès. Toujours loué par le public mais souvent en butte à l'incompréhension de ses confrères, il n'a cessé de perfectionner sa technique, multipliant pour cela ses voyages d'information aux États-Unis. Sa grande notoriété lui valut d'être le conseiller technique de l'Association internationale des propriétaires d'écuries de course (trot).

Peu avant sa disparition, Jonel Chyriacos nous avait remis, à notre demande, quelques pages que nous sommes heureux de publier.

Homme de cheval au sens passionnel du terme, j'aurai passé ma vie à faire trotter les demi-sang. D'autres préfèrent, et de beaucoup, faire galoper des pur-sang. Personne pourtant ne pourrait me persuader que leur choix est plus noble que le mien.

Dès ma prime jeunesse, j'ai été fasciné, émerveillé par les beautés du trotting, par la recherche de la perfection dans le mécanisme de cette discipline. Mon métier d'entraîneur m'a valu de très grandes joies; je ne mets pas au dernier rang de celles-ci le privilège que j'ai eu de gagner à la cause du trotting force héritiers des plus anciennes et des plus solides traditions du sport hippique. Pour ne pas citer toutes les personnalités de cette société d'élite, je nommerai, entre autres, M. Alec Weisweiller, le regretté M. Georges Courtois, les barons Élie et Edmond de Rothschild, le comte de Saint-Sauveur, le comte d'Ornano, le comte de Saint-Phalle, le vicomte de la Grandière et le prince Ali Khan. S'ils

Le trot de course
met en valeur
la merveilleuse mécanique animale.

La muserolle peut être garnie d'un gros bourrelet de peau de mouton placé devant les yeux du cheval et qui l'oblige à ne pas trop lever la tête pour mieux voir devant lui. Mais il a surtout pour but de cacher les flaques d'eau que certains ont tendance à sauter, de même que les ombres dans les courses disputées en nocturne. Aussi l'appelle-t-on à juste titre « para umbra ».

n'ont pas tous possédé des trotteurs, s'ils n'ont pas tous drivé dans les épreuves pour gentlemen-riders, aucun n'a dédaigné de venir se mêler quelques jours au public populaire de Vincennes.

Les uns et les autres, en tout cas, ont pris un plaisir manifeste, certains matins, à assister à l'entraînement de mes chevaux. J'ai vu la duchesse de Devonshire, lord Astor et le prince Ali Khan se mettre en blue-jeans pour prendre place sur des sulkies. Une autre fois, je fus le témoin d'un pari peu commun : un de mes invités s'était engagé à manger le trotteur qu'Ali Khan accepterait de driver à Vincennes. Le prince s'étant déclaré prêt à relever le défi, seule sa magnanimité naturelle épargna à l'imprudent parieur le désagrément d'un repas un peu trop copieux.

Qu'on ne s'y méprenne pas : les mondanités passent pour moi au second plan. J'ai travaillé d'arrache-pied, m'efforçant d'entrer toujours plus avant dans la « pensée » du cheval. Chronomètre en main, j'ai passé des milliers d'heures à étudier le comportement des trotteurs. Les plus infimes détails de leurs allures, je les ai observés, non seulement en course, lorsque je drivais moi-même, mais aussi à partir des tribunes des hippodromes du monde entier, ou du haut de la tour de contrôle de la piste spéciale d'entraînement de mon domaine de Pincevent.

Ces observations de chaque jour, mes longues études de films au ralenti (trois cents images à la seconde) m'ont permis de les approfondir.

Les allures naturelles du cheval, faut-il le rappeler au profane, sont le pas, le trot, l'amble (assez rare) et le galop. On peut les constater chez le poulain à l'herbage, alors qu'il n'a encore subi aucune influence de dressage. Poussés à leur maximum, le trot et l'amble ont évidemment tendance à aboutir au galop. D'où, pour le cheval, les difficultés d'équilibre, et pour l'entraîneur les difficultés de dressage. Par parenthèse, et pour donner une idée du risque de « cassure » du rythme, il est bon de préciser que la vitesse de pointe du trotteur atteint sept secondes sur cent mètres (environ cinquante kilomètres à l'heure) et celle du galopeur cinq secondes sur la même distance (à peu près soixante-dix kilomètres à l'heure).

Le peloton des trotteurs.

Et le léger sulky est arraché de terre...

Le sulky est une petite voiture extrêmement légère, sans caisse, montée sur roues à pneus. Elle comporte un simple siège pour le driver, des étriers fixés au bâti, des brancards de longueur variable permettant à la croupe du cheval d'être plus ou moins encadrée par les jambes du driver; souvent un tablier protège des projections arrachées du sol.

L'enrênement type du trotteur est une courroie fixée à la sellette et qui vient passer entre les deux oreilles en suivant la crinière. Sur le chanfrein elle s'ouvre en deux pour se fixer au mors. Maintenant la tête haute, elle empêche le cheval de passer au galop.

Les allures trépidantes du trotteur, souvent poussées hors nature, nécessitent de bons protecteurs aux membres : cloches de caoutchouc contre les atteintes, guêtres rembourrées et largement débordantes à la face interne des articulations.

A l'amble (allure caractérisée par un déplacement simultané des deux latéraux), la vitesse dépasse très légèrement celle du trot, où ce sont les membres diagonaux qui se déplacent en concomitance (voir dessins). Mais, dans les compétitions françaises, le trotteur qui passe du trot à l'amble est considéré comme fautif. On le « distance », c'est-à-dire qu'on le déclare hors course. En Amérique au contraire, l'amble a, si je puis dire, le pas sur le trot : quatre-vingts pour cent des courses de trotteurs sont disputées à l'amble. J'ai toujours regretté la mise à l'index de cette allure de ce côté-ci de l'Atlantique. D'autant plus que, dans le passé, l'introduction de sang américain a apporté ici une aptitude spéciale à ce qu'on appelle « la double allure » (amble et trot). Auparavant, on trouvait dans l'ascendance du trotteur français le sang russe de la race Orlov. Le croisement américain produisit un « métis ». Après quoi l'on distingua, un temps, entre les courses « Orlov » et les courses « métis ».

Au pays de Roquépine le trot peut être attelé ou monté. Dans le premier cas le jockey se tient sur le siège d'un sulky, dans le second il se met en selle. L'examen de nombreux films au ralenti m'a éclairé sur la nécessité de monter certains chevaux plutôt que de les atteler : ils ont besoin du poids de leur jockey pour assurer leur équilibre au moment où le diagonal touche le sol.

Problème difficile s'il en fut. Au trot allongé, en effet, le sabot postérieur vient rattraper le sabot antérieur et risque de le toucher. Il importe donc que le pied antérieur ait quitté le sol pour que le pied postérieur diagonalement opposé puisse s'y poser (trotteur français) ou que le postérieur se pose à l'extérieur de l'antérieur (trotteur américain). L'emploi de protecteurs pare-chocs, de « guêtres », est là pour rendre moins douloureux les contacts éventuels ; mais il est évident que l'idéal, pour les éviter, c'est l'obtention de l'équilibre. Cette réussite dépend essentiellement de l'habileté du dressage, qui doit être confié à des spécialistes d'âge et d'expérience. Car, selon les cas (chaque cheval ayant un caractère différent), les problèmes à résoudre sont très variés. Plus le dressage est individuel, meilleur est le résultat.

Les servitudes d'un entraînement rigoureux et méthodique...

Le trot est une allure diagonale, c'est-à-dire produite par le déplacement simultané d'un antérieur et du postérieur qui lui est diagonalement opposé (antérieur droit et postérieur gauche et inversement).

L'amble est au contraire une allure latérale où les membres du même côté se déplacent en même temps. Moins naturel que le trot mais tout de même utilisé en Amérique dans la plupart des courses, il évite bien des chocs d'un membre à l'autre et permet une vitesse un peu supérieure à celle du trot.

Deux instantanés d'une course.

Course en semi-nocturne.

Durant toute ma carrière, j'ai cherché à répondre à ces deux questions : « Pourquoi la faute ou l'irrégularité d'action? Comment la corriger? » Ce qui intrigue le profane, c'est le caractère un peu compliqué du harnachement et de l'enrênement. En fait, plus les accessoires nécessaires sont simples, mieux cela vaut.

Passé la période de « débourrage » des poulains (elle débute normalement à partir de juillet-août, lorsqu'ils atteignent au seizième ou au dix-huitième mois de leur âge), l'entraînement proprement dit commence en vue des compétitions [1]. Celles-ci se disputent généralement sur des distances allant de seize cents mètres à deux mille huit cents mètres, et exceptionnellement à trois mille deux cents mètres. Tel trotteur peut montrer plus de « tenue » (c'est-à-dire d'endurance) que de vitesse, ou inversement. Quand il allie les deux, c'est merveilleux.

Mes méthodes d'entraînement s'appuient sur un programme rigoureux : plusieurs sorties pour chaque cheval dans la même matinée, avec une alternance de deux jours consécutifs de promenade et d'une troisième journée consacrée à des exercices plus rapides (heats). Dans tous les cas mon premier soin a toujours été de surveiller le poids de chacun de mes pensionnaires, tout comme s'il s'agissait de celui d'un athlète. La mangeoire, voilà un excellent baromètre.

Une parfaite connaissance de la qualité du cheval est indispensable à tout entraîneur digne de ce nom. Grands maîtres en la matière, les Australiens m'ont à cet égard beaucoup appris. Véri-

1. Les grandes courses de trot sont *en France* le prix d'Amérique (attelé), le prix du Président de la République (monté), le prix de Cornulier (monté), le prix de Normandie, le prix de Vincennes, le critérium des Trois ans, le critérium des Quatre ans, le prix de France, le prix de Paris * *en Allemagne* le derby des Trotteurs pour trois ans, les Matadors, le prix des Meilleurs (à Munich), le critérium des Quatre ans (international), le Jubilee, le Grand Prix de Hambourg Farmsen, la Semaine internationale de Munich * *en Italie* le Grand Prix de la Loterie (à Naples), le prix de la Foire (à Milan), le derby des Trotteurs, le Grand Prix de Rome * *aux U.S.A.* les championnats du monde.

... pour donner au trotteur endurance et vitesse.

Ce « fer » en plastique, inventé par Jonel Chyriacos, très large en couverture, protège toute la sole, même en talon. Sans étampures, il est cloué directement à travers la matière plastique à l'aide des clous classiques. Excellent amortisseur, sa souplesse permet l'expansion du pied au contact du sol. Il combat la trop fréquente encastelure (rétrécissement des talons) provoquée par la rigidité du fer métallique.

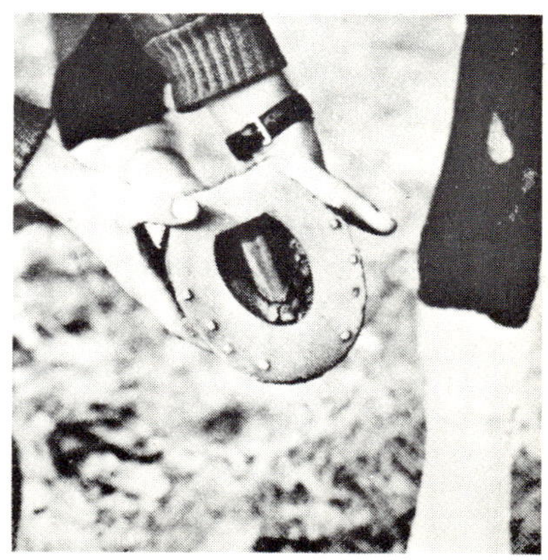

tables hommes-chronomètres, ils contrôlent les temps de passage tous les deux cents mètres. Et cela en tenant compte du fait que la distance s'allonge quand le cheval est éloigné de la corde. Problème encore compliqué, au trot attelé, par l'empattement du sulky.

L'augmentation de la qualité des performances en France a été attribuée, par certains, à une heureuse évolution de la race des trotteurs. Il n'en est rien. A mon arrivée dans ce pays, les chevaux étaient au moins aussi bons que ceux d'aujourd'hui. Les progrès tiennent d'une part à l'amélioration des pistes, d'autre part et surtout au fait que les jeunes drivers et entraîneurs ont profité de l'expérience des grands professionnels du monde entier. Aucun d'entre eux ne le nierait, leurs voyages leur ont beaucoup appris. Les frères Gougeon, Jean Riaud, Bernard Simonard, Roger Baudron, Roger Vercruysse, les frères Dreux et beaucoup d'autres ont pu améliorer leur façon de travailler et de courir.

Pour traduire en chiffres les progrès réalisés, il n'est que de faire une constatation : il y a quarante ans, des cracks comme Uranie couvraient les deux mille mètres à Vincennes à la vitesse d'une minute vingt-huit secondes au kilomètre. De nos jours, les mêmes réaliseraient une minute dix-sept secondes.

Au risque de paraître manquer de modestie, je me féliciterai, pour terminer, d'avoir contribué à l'amélioration des vitesses par une invention de mon cru : celle du « fer » en matière plastique. Il s'agit là de la plus récente révolution technique dans le domaine du trot. Adopté en France aussi bien qu'aux États-Unis, en Italie, en Allemagne et même en Australie, ce fer a une « couverture » (largeur) de trente-huit millimètres et pèse seulement cent vingt grammes. Grâce à lui, le pied du cheval joue librement. Finis, les risques d'encastelure ou de boiterie! En outre les atteintes (c'est-à-dire les chocs d'un sabot postérieur contre un sabot antérieur) sont maintenant sans douleur.

Dans un monde où beaucoup restent attachés au fétichisme, on admettra que ce fer à cheval est le plus sérieux des porte-bonheur!

J. C.

Enrênement du trotteur.

Un harnachement minutieusement étudié...

L'agencement de l'enrênement spécifique du trotteur a pour but de lui maintenir la tête haute, position qui empêche la faute (départ intempestif au galop). Relié à un filet léger qui agit sur la mâchoire supérieure, l'enrênement passe entre les deux oreilles et va s'arrimer à la sellette ou à la selle. Ici il en est décroché et pend sur le côté avec son anneau terminal.

Course de trot monté.

Arrêt pivotant.

e / Le polo

par le colonel Brau.

C'est très volontiers que j'ai accepté d'apporter ma modeste collaboration aux « Joies du cheval », avec l'espoir que le lecteur voudra bien trouver dans ces lignes un témoignage d'encouragement à un sport qui m'est particulièrement cher et auquel j'ai consacré les loisirs de quarante ans de ma vie. Je continue d'ailleurs d'y apporter une bonne part de mon activité et de mon expérience. Je voudrais trouver dans ma foi et dans mon enthousiasme les mots pour vous convaincre que le polo, tout en étant le jeu le plus passionnant, est un des sports les plus complets qui soient, car il développe chez le pratiquant, même modeste, en même temps que le goût du cheval et l'habileté équestre, l'énergie, l'esprit de discipline et le goût du risque qui trempent les cœurs et fortifient les corps : *Mens sana in corpore sano.*

Le polo est le roi des sports, car il doit être pratiqué avec la plus grande vitesse dont sont capables les chevaux; et la vitesse, en notre siècle, est indiscutablement l'aristocratie du sport.

Le polo développe le goût du cheval. Il a ceci en commun avec tous les autres sports équestres. Le cheval est attachant autant qu'il est possible de l'être, car aux joies de la course à travers champs, par-dessus des obstacles, ou le stick à la main à la poursuite d'une balle, il joint la satisfaction, l'orgueil pour son cavalier d'avoir maîtrisé et vaincu un animal de sang.

Il développe l'esprit de discipline : le polo est un sport d'équipe. Il exige donc avant tout une bonne entente entre les joueurs et, pour chacun d'entre eux, l'abnégation indispensable pour conduire une équipe à la victoire. Les individualités, si brillantes soient-elles, ne peuvent, sans discipline, que se juxtaposer et non se combiner.

Adresse, coup d'œil, force :
les trois impératifs du joueur de polo.

Deux coiffures sont utilisées au polo, toutes deux protégeant bien la tête et la nuque. L'une rappelle le casque colonial, l'autre, qui semble plus à la mode, a un profil de casquette (voir dessin). Les éperons, facultatifs, ne doivent pas avoir de molettes qui pourraient blesser l'adversaire ou sa monture.

Il développe le goût du risque : par sa rapidité le polo est un sport dangereux, car si des règles interdisent les « coupés » et la violence, sous certaines formes la bousculade énergique n'est pas exclue, elle est même de bonne guerre.

Dans un charmant article paru dans *l'Éperon*, Agnès Lamoureux a très bien su refléter l'atmosphère de nos terrains de polo; elle en fait apparaître une philosophie assez exacte et nous livre ses réflexions et ses étonnements : « Le polo est le sport de la jeunesse, de la camaraderie et de l'indépendance sociale. Il n'y a que dans ce jeu que vous auriez pu entendre un ancien vaquero, devenu champion de polo, tutoyer le roi d'Espagne, et un ex-garçon du « Savoy » de Londres, actuellement capitaine d'équipe, se permettre de dire à la reine mère d'Angleterre, sans provoquer un scandale : « Que Sa Majesté veuille bien demander à son gendre de se coucher plus tôt, car il n'est pas en forme en ce moment. »

Le polo se dispute entre deux équipes de quatre joueurs, comprenant un avant, deux demis (ou trois-quarts) et un arrière. Mais la grande vitesse à laquelle se pratique ce jeu nécessite des changements de position constants des joueurs. Chaque équipier doit donc être disponible à tout instant, à l'endroit où il se trouve. Il ne doit pas être obnubilé par l'idée de ne pas quitter son poste initial.

Le jeu consiste à faire passer la balle (elle est en bois, d'un diamètre de huit centimètres et demi, et pèse cent trente grammes) entre les poteaux du camp adverse, à n'importe quelle hauteur.

Ce sport s'apparente beaucoup au football, avec cette différence qu'il n'y a jamais de hors-jeu. Et toutes les règles, très peu nombreuses d'ailleurs, qui ont été édictées ont pour seul but d'éviter tout jeu dangereux et de diminuer dans la mesure du possible les risques d'accidents. Il est interdit de zigzaguer devant un adversaire et de le bousculer sous un angle trop ouvert. Il est défendu d'accrocher un maillet par-dessus, ou entre les jambes du cheval. Connaissant ces quelques règles, vous pouvez pénétrer sur un terrain de polo sans être un danger public. Mais pour un débutant, les respecter n'est pas toujours facile car, pris par l'ambiance, le joueur

A coups de maillet, envoyer la balle entre les poteaux...

Le harnachement du cheval de polo comprend la selle anglaise, la bride, ou le *pelham*, la martingale fixe obligatoire, bouclée à la muserolle, des guêtres ou flanelles pour protéger les membres des chevaux contre les balles, les coups de maillet et les atteintes. Les queues des chevaux doivent être tressées : ainsi ne risquent-elles pas d'être accrochées par le maillet au moment où le joueur va frapper la balle.

Coup droit en avant.

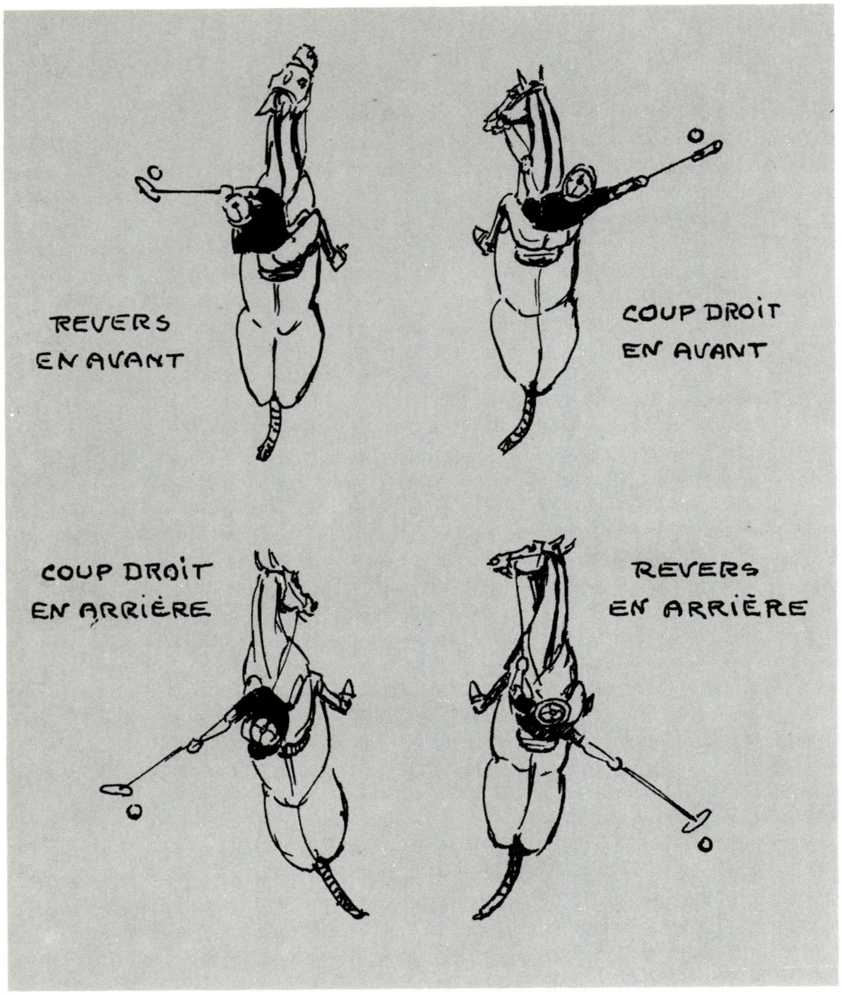

novice ne voit plus que cette petite balle ardemment poursuivie et n'entend pas les hurlements de l'adversaire lancé à cinquante kilomètres à l'heure sur une ligne qui lui appartient et qui, n'ayant pu au dernier moment retenir sa monture, percute homme et cheval par le travers et les envoie bouler dans l'herbe.

Le rôle de l'arbitre est délicat. Ses sanctions peuvent être sévères : du coup franc sur place jusqu'à l'expulsion pure et simple du joueur ou du poney dangereux. C'est pourquoi, dans les grands matches, trois arbitres sont nécessaires : deux à cheval sur le terrain et un « référé », ou super arbitre, sur la touche. Le rôle de ce dernier est de trancher lorsque les deux autres arbitres ne sont pas d'accord. Sa décision est sans appel.

La balle est mise en jeu au milieu du terrain par l'arbitre, les équipes sont rangées face à face, le dos au but qu'elles défendent.

La partie se joue en quatre, six ou même huit périodes de sept minutes et demie. Entre chaque période le jeu est interrompu pour permettre aux joueurs d'aller changer de chevaux. La partie recommence à l'endroit où elle a été arrêtée. Un coup de cloche avertit l'arbitre que le temps réglementaire est écoulé, mais celui-ci n'arrêtera le jeu que lorsque la balle aura touché les planches ou sera sortie du terrain. La dernière période, par contre, se terminera automatiquement au coup de cloche (à moins que les deux équipes ne soient à égalité). Dans ce cas il est joué une ou plusieurs périodes supplémentaires, jusqu'à ce qu'un but soit inscrit.

Contrairement à ce que l'on pourrait croire, aucune limitation n'est imposée à la taille des chevaux; le mot « poney » n'est plus qu'une survivance d'une époque révolue où le polo se jouait effectivement avec de tout petits chevaux.

Une partie intéressante doit opposer deux équipes aux possibilités à peu près semblables. Pour ce faire, l'organisateur d'un tournoi fixe les handicaps minimaux et maximaux des équipes, de façon à éviter la présence sur le terrain de formations aux forces trop inégales. Chaque joueur se voit affecter par sa fédération nationale un handicap personnel, et le handicap d'une équipe est la somme

... ou marquer un adversaire
en l'empêchant de jouer.

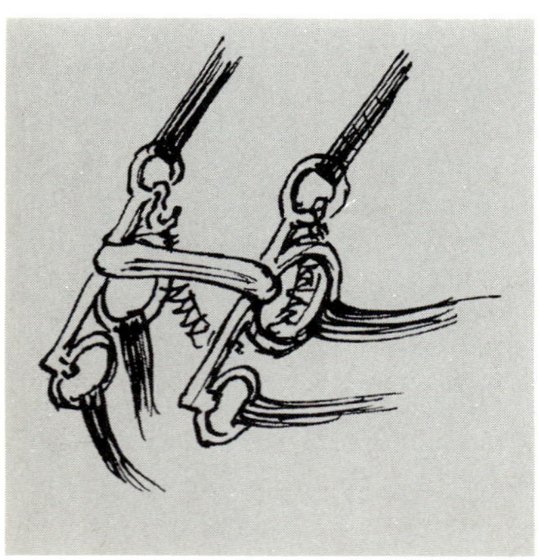

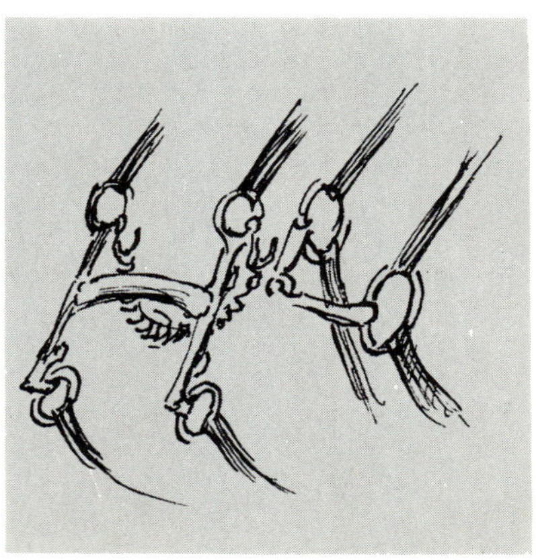

Pour le polo les embouchures les plus employées sont le modèle à un seul élément, dit *pelham* (à la fois mors de bride et mors de filet), et le modèle à bride ordinaire, comme celui qui est représenté ci-contre, avec filet simple et mors L'Hotte.

Le duc d'Édimbourg (à droite) aux prises avec un adversaire.

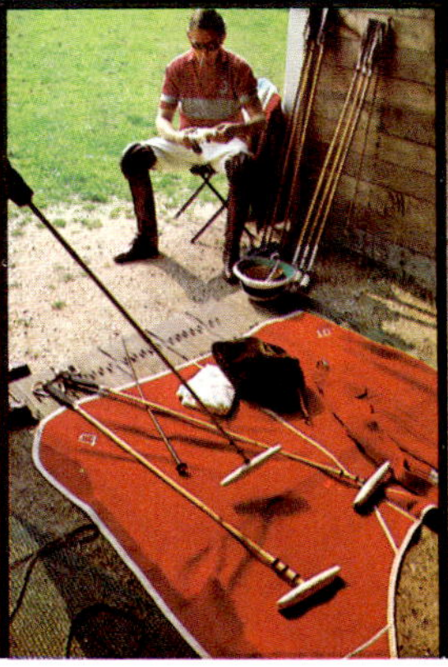

des handicaps des quatre joueurs. La majorité des coupes est jouée sur handicap, et une simple soustraction permet de fixer le rendement de buts que recevra l'équipe la plus faible. Dans chaque tournoi cependant, il existe presque toujours une coupe « open » qui se joue sans rendement de goals, comme la Coupe d'or de Deauville par exemple.

Le polo qui, en France, n'a que quelques adeptes, est élevé au rang de sport national en Amérique du Sud, surtout en Argentine. Il n'est pas là-bas l'apanage d'une minorité qui, grâce à ses moyens et à ses loisirs, peut le pratiquer. Il se joue aussi bien à la ville que dans les haciendas. Dans la seule ville de Buenos Aires, onze mille personnes sont inscrites dans les quatre clubs existants, dont chacun possède une dizaine de terrains. C'est ce problème des terrains de polo qui, chez nous, est le plus crucial quant à l'avenir et à la diffusion de ce sport. Paris et Cannes ont un unique terrain; Deauville, la Mecque du polo français, en possède deux. Cette pénurie rend chez nous précaire et difficile le recrutement des joueurs. Car un terrain de polo est chose fragile; chaque match joué, surtout par temps humide, l'abîme et le défonce un peu. On admet qu'il ne peut supporter dans la saison qu'un nombre assez restreint de parties, sous peine de devenir un véritable champ labouré, peu propice à un jeu de qualité. A partir du mois de mai, et ceci jusqu'à la première semaine de juillet, on joue trois fois par semaine à Bagatelle : les mercredis et samedis les éliminatoires des coupes dont les finales sont disputées le dimanche. Cela représente plus de deux cents périodes.

Le polo débute tous les ans à Cannes et cette courte saison, qui dure de mars à avril, est très appréciée par les joueurs. Elle leur permet de quitter les brumes de Londres, les pluies de Paris, pour venir galoper sur un excellent terrain, sous les rayons d'un soleil précoce.

Six équipes sont invitées chaque année par la municipalité et la société du casino de Cannes. Les Italiens viennent en voisins, et le polo est de qualité. Après Cannes, Paris. Jusqu'au 15 mai, les parties sont organisées par le capitaine des jeux, qui équilibre autant que faire se peut les équipes en présence. Ce sont surtout des *members-game*, qui permettent aux joueurs et aux chevaux de parfaire leur entraînement. Les grands maillets étrangers ne sont pas encore arrivés et les jeunes joueurs se risquent à de timides essais. A partir de cette date débute la grande saison du polo à Paris, et toutes les équipes constituées d'après les conditions du tournoi peuvent être engagées dans les différentes coupes par leur capitaine. Six équipes ont joué en 1967 à Paris. Les handicaps étaient fixés entre douze et quatorze goals. Grâce à l'heureuse initiative de Robert de Balkany, un nouveau terrain de polo a pu être créé dans la région parisienne, à Sainte-Mesme, près de Rambouillet. Il permettra, pendant le mois de mai, de jouer de nombreux matches et d'épargner le terrain de Bagatelle. Ce sera un avant-programme de la saison de Paris.

Pendant ce temps les jeunes joueurs, élèves de l'école de polo organisée par le Polo de Paris, feront leurs premières armes sur la pelouse de Bagatelle, gracieusement mise à notre disposition par la municipalité pendant les mois de mai et de juin.

Du 7 au 30 août enfin, Deauville présente sur ses magnifiques terrains les meilleurs joueurs du monde. Le tournoi est ouvert aux équipes de seize à vingt goals, et il appartient à chaque capitaine désireux de participer à ce meeting de constituer sa formation en conséquence. Ces équipes seront composées d'Argentins, de Mexicains, d'Indiens ou d'Anglais aux noms prestigieux, et dont les handicaps élevés font rêver nos jeunes joueurs. Les chevaux arrivent de partout : d'Angleterre, d'Italie, d'Espagne, d'Argentine, par avions ou par bateaux. Ils seront cent vingt ou cent trente pour remonter les joueurs invités, et pendant trois semaines on jouera tous les jours sur l'hippodrome de Deauville. De nombreuses coupes seront mises en compétition, dont la Coupe d'argent et la Coupe d'or, qui clôturera la saison le jour du Grand Prix.

Et les fanatiques du polo iront terminer la saison dans le Nord, à Bondues, près de Roubaix, où un jeune club les accueillera pendant deux week-ends. C'est Teddy Rasson qui avait créé, avant la guerre,

Joueurs et chevaux sont emportés par la même ardeur.

Le polo se pratique sur un terrain de 275 m de longueur et de 145 m de largeur, comportant un but à chaque extrémité. La distance séparant les deux poteaux de but est de 7,50 m. Le polo se joue avec des maillets en bambou et une balle en bois d'un diamètre de 8,5 cm et d'un poids de 130 g. Chaque équipe est composée de quatre joueurs montés sur des chevaux dont les queues sont tressées par mesure de protection. Le nº 1, qui se tient très en avant, a pour mission de neutraliser le nº 4 adverse, de recevoir les balles que lui envoient ses coéquipiers et d'essayer de marquer des buts. Le nº 2 déploie une grande activité ; il doit, dans l'offensive, servir et aider son nº 1 et, dans la défensive, se replier pour apporter à ses arrières une aide dont ils peuvent avoir besoin. Le nº 3 est le pivot de l'équipe; c'est le joueur qui a la plus grande responsabilité; il distribue le jeu vers ses avants et couvre son nº 4 dans les moments difficiles. Le nº 4, ou *back*, joue à l'arrière de l'équipe; il a un rôle surtout défensif, ce qui ne l'empêchera pourtant pas d'accompagner et d'appuyer toute attaque de son équipe vers les buts adverses. L'*indoor-polo*, ou *paddock-polo* (selon qu'il se joue à l'intérieur ou à l'extérieur), nécessite un terrain de moindres dimensions ; il peut avoir pour cadre un grand manège. Chaque équipe comprend trois joueurs. Ce jeu se pratique avec un petit ballon ou une balle en caoutchouc-mousse dont le diamètre est de 12 à 15 cm et le poids de 175 g. Deux arbitres à cheval sont sur le terrain et un super arbitre veille dans la « girafe » : le *referee*.

Une phase particulièrement animée.

un club de polo à Roubaix. Fidèles à son souvenir, les jeunes cavaliers du Nord, sous l'impulsion de H. Segard, ont fait renaître de ses cendres ce club éminemment sympathique. Bondues est maintenant une pépinière de jeunes joueurs.

L'aménagement d'un terrain de polo et l'organisation de tournois apportent aux stations qui peuvent accueillir ce sport un prestige nouveau. Nous ne pouvons que nous réjouir de cette floraison de clubs qui nous permettra d'admettre de nouveaux et jeunes joueurs, sûrs que nous serons de pouvoir leur offrir la possibilité de jouer plus souvent, et sur d'excellents terrains.

Presque tous les chevaux de polo d'Europe sont nés en Argentine. Ils ont été dressés, ils ont joué là-bas et n'ont été importés chez nous qu'après deux ou trois ans d'activité. Ce sont des chevaux solides, maniables, durs au travail et empreints d'une philosophie qui leur fait accepter sans réticences, sinon avec joie, un « métier » souvent pénible (car la légende créée par Kipling dans son charmant conte *le Chat maltais* est tout à fait du domaine de l'imagination) : non, le cheval ne « joue » pas lui aussi au polo et, qui plus est, je ne crois pas qu'il l'apprécie. D'ailleurs celui qui « jouerait » pour son propre compte et qui prendrait tout au long de la partie des initiatives ferait peut-être un aimable cheval de cirque mais sûrement un bien mauvais poney de polo, car les qualités qu'on lui demande avant tout sont la soumission et une obéissance absolue aux moindres indications de son cavalier.

Il peut paraître paradoxal que la France, qui possède un élevage de chevaux de sang, de pur-sang et d'anglo-arabes, soit obligée d'importer d'Argentine des poneys de polo. La raison en est cependant simple : le marché est tellement modeste que les cavaliers professionnels qui élèveraient et dresseraient des chevaux de polo ne retireraient, en fin de compte, aucun bénéfice de leur travail. Un cheval ne peut guère, en effet, entrer dans des parties rudes avant l'âge de cinq ou six ans au moins. De plus les chevaux essayés à l'entraînement n'ont pas forcément l'équilibre et le caractère qui pourraient en faire des champions. Le dresseur sera donc obligé

Dans ces rudes contacts
les pare-chocs sont utiles.

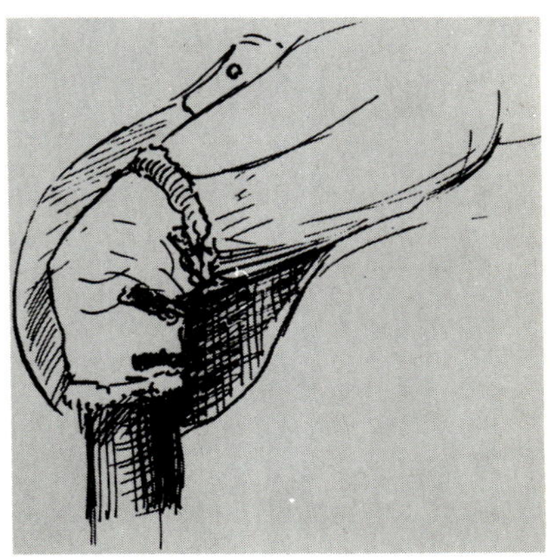

Les joueurs portent des bottes de cuir, toujours fauves ou marron. Ils peuvent avoir une longue cravache très souple qui sera tenue par la main de bride. Les culottes sont blanches, les maillots aux couleurs de l'équipe. Des genouillères rembourrées protègent les genoux des chocs dans les marquages assez sévères *ride-off*.

d'abandonner certains sujets après quelques mois de travail. Le cheval formé, prêt à jouer, reviendrait ainsi à son acquéreur à un prix exorbitant.

En Argentine, où les chevaux jouent au polo dans les ranches, leur prix de revient est modique et la sélection s'effectue facilement sur le grand nombre de chevaux testés. Par contre, le voyage coûtera presque aussi cher que le prix d'achat brut.

Entre les deux guerres, le polo, qui avait trouvé droit de cité dans nos régiments, a été pratiqué avec enthousiasme par beaucoup de jeunes officiers. Chaque régiment de cavalerie possédait au moins une équipe. Un championnat de France, après des éliminatoires régionales, réunissait chaque année à Vittel les équipes finalistes. Tous les joueurs étaient remontés par des chevaux, anglo-arabes pour la plupart, qui ont démontré dans la pratique de ce sport une résistance et une aptitude n'ayant rien à envier aux meilleurs chevaux argentins.

Je pourrais vous parler longtemps encore du polo, vous en décrire la technique, l'entraînement du joueur et du cheval; je pourrais vous dire par quel travail s'acquiert le style qui fait le grand joueur; je pourrais vous parler du joueur professionnel français, Jacquy Macaire, qui est peut-être le plus beau styliste du monde...

Ne pouvant entrer dans tous ces détails techniques, je veux cependant vous dire les exercices et les assouplissements qui transformeront assez rapidement un cheval de selle confirmé en un bon poney de polo, surtout s'il en a le tempérament et les qualités.

Le cheval ayant reçu un dressage normal, ayant accepté la selle, la bride et le poids du cavalier, ayant reçu et assimilé la leçon des rênes et des jambes, aimable dans sa bouche, maître de son équilibre au galop aussi bien sur les lignes droites que dans les changements de direction, il appartiendra à son dresseur de le préparer à son nouveau « métier » par des exercices appropriés.

Il apprendra à galoper les rênes longues, presque en liberté, sur des voltes de plus en plus serrées. Son cavalier l'habituera progressivement à toutes les transitions d'allures les plus rapides, presque brutales parfois, qui iront de l'arrêt ou du reculer jusqu'au galop allongé. L'obéissance sera aussitôt récompensée par une caresse, et ce travail sera effectué sur des rênes longues tenues dans la main gauche. Tous les changements de direction seront demandés par la rêne d'appui, avec une main haute et légère quoique ferme et exigeante. Chaque mouvement, surtout au début, sera immédiatement suivi d'un retour au calme, au pas sur des rênes longues.

L'accoutumance au maillet se fera en même temps, dès le commencement du dressage. Le cheval accepte très vite le maillet qui décrit autour de lui des moulinets plus ou moins rapides, à condition bien entendu que le cavalier apporte la plus grande attention, surtout les premiers temps, à ne jamais le heurter en un geste maladroit. Le cheval s'habituera alors facilement, tout comme il s'habituait jadis aux moulinets du sabre dans nos escadrons de cavalerie.

Quand le cheval sera un peu confirmé, le cavalier disposera sur le terrain d'exercice un certain nombre de balles de polo qu'il frappera, doucement d'abord, avec un cheval très calme, à droite et à gauche et en veillant bien à ce que la main de bride n'ait aucune action sur la bouche du cheval au moment où il frappe la balle. Point très important, car le cheval ne doit pas associer dans son esprit le coup de maillet à une saccade sur sa bouche.

Je n'ose espérer qu'après ce bref exposé, d'où j'ai essayé de bannir toute technicité, vous n'ayez de cesse que de trouver un maillet et d'enfourcher un cheval pour tenter d'éprouver les émotions et les joies promises. Mais je serais très heureux si, sans vous avoir donné le goût du polo, j'ai réussi à éveiller votre curiosité. Si vous consentez à venir vers nos terrains de polo en spectateurs intéressés, c'est à mes camarades, les joueurs actuels, qu'il appartient de faire de vous des adeptes et des afficionados. Et pour cela je leur accorde mon entière confiance !

J.-A. B.

Frapper la balle et la poursuivre...

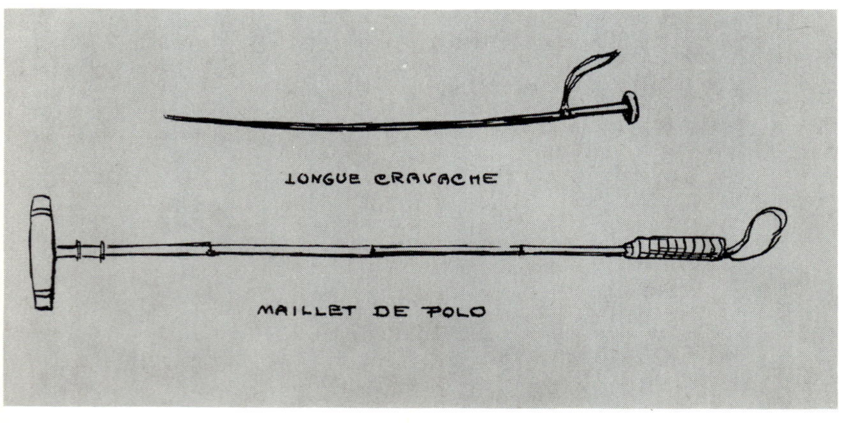

Les maillets sont en bambou et munis d'une tête en bois pouvant présenter différentes formes : cylindrique, cigare (voir dessin), jodhpur. Ils sont plus ou moins flexibles, selon le goût du joueur, et équipés d'une bélière en ganse, de types divers (sur le dessin, poignée cavanagh), que l'on glisse autour du poignet. La longueur du manche est d'environ 1,30 m. La balle est en bois et ne doit pas excéder 8,5 cm de diamètre; son poids varie de 121 à 135 g. Une balle en caoutchouc est utilisée pour l'entraînement ou l'*indoor-polo*.

Le dressage d'un cheval consiste à s'en rendre totalement maître. Il s'agit donc de parvenir à une domination et à un contrôle absolus de son corps et de sa volonté, sans altérer ses qualités naturelles physiques et morales, en les développant même si possible. En d'autres termes dresser un cheval c'est en obtenir l'obéissance parfaite.

Or la perfection en matière d'obéissance implique non seulement l'instantanéité et l'inconditionnalité, mais aussi, plus que le bon vouloir, la générosité la plus franche dans l'exécution de l'ordre reçu. Chacun sait que cette qualité d'obéissance est beaucoup plus fonction de celui qui commande que de celui qui obéit : sous un bon chef qui aura su gagner son accord total, le cheval fera le maximum de ce dont il est capable. Sous un chef médiocre ou mauvais, il se contentera d'exécuter l'ordre par routine ou avec résignation plus qu'avec zèle, celui-ci, ou son apparence, n'étant guère soutenu que par la crainte des sanctions. Dans ces conditions il restera en deçà de ses possibilités.

Le problème du dressage et de l'équitation se ramène donc essentiellement à un problème de commandement.

Or, il y a une joie du commandement : celle du chef ou du patron qui, ayant des subordonnés qu'il a su choisir, former et instruire tout en gagnant leur confiance et leur estime, a conscience d'en tirer le rendement maximum pour le plus grand profit de l'œuvre commune. Et cette joie du commandement, la plus belle parce que la plus pure, se trouve généralement et justement complétée par d'autres joies, sans doute moins nobles mais fort légitimes dans ces conditions : celles de la réussite, voire des honneurs.

Les joies du cavalier qui a choisi un cheval, qui a su le former et l'instruire (dressage) et qui en obtient ensuite le meilleur (équitation) sont exactement de même nature. Je suis parfaitement conscient, en exprimant ces quelques idées, de situer d'emblée la question à son plus haut niveau. En réalité, je n'ignore pas que bien des hommes n'ont guère de scrupules à se satisfaire des joies de la réussite matérielle et de l'orgueil. Mais ces hommes-là ne sont pas souvent parmi les plus grands, pas toujours parmi les plus estimables ni sans doute parmi les plus heureux au fond d'eux-mêmes.

Dans le monde équestre, je sais aussi que nombre de cavaliers n'éprouvent pas la moindre gêne à rechercher systématiquement ce qu'ils pensent être les meilleurs chevaux en vue de les « exploiter » le plus rapidement possible, préférant, quand le résultat est médiocre ou nul, dire qu'ils se sont trompés dans leur choix plutôt que d'admettre leur échec. Ils s'empressent alors de se débarrasser du « mauvais cheval » (qui parfois réussit brillamment entre d'autres mains) pour tenter leur chance avec un autre.

Parmi ces cavaliers, certains atteignent parfois à quelque notoriété, mais aucun ne compte parmi les plus grands et, méconnaissant ce que sont les joies pures du cheval, s'interdisent à jamais ce que j'appellerai le bonheur équestre.

Encore une fois je ne crois pas être un rêveur en situant à ce niveau les joies que le dressage bien conçu, et l'équitation qu'il permet de pratiquer, peut apporter. D'abord parce que, depuis des siècles, bien d'autres, qui étaient gens de qualité et de raison, les ont connues et exprimées. Ensuite et surtout parce que cela s'explique fort bien. C'est ce que je vais m'efforcer de démontrer.

Cheval aux piliers.

La haute école

par le commandant Saint-Fort-Paillard.

Il me faut en premier lieu préciser un point important : j'ai déjà mentionné les joies de l'équitation au même titre que les joies du dressage et en même temps. Contrairement peut-être à une certaine apparence, ce n'est pas là sortir du sujet ni même l'étendre. C'est inévitable, simplement pour la raison qu'en réalité dressage et équitation ne font qu'un et sont inséparables. Ce n'est qu'artificiellement que ces deux notions peuvent être distinguées dans la théorie, et seulement pour la commodité d'un exposé ou pour celle de l'instruction équestre. Sauf pour un cavalier tout à fait débutant (alors qu'il n'est encore question pour lui que d'apprendre à se maintenir en selle dans des conditions de solidité et de confort suffisantes grâce à la pratique des exercices purement gymnastiques appropriés), sauf donc dans ces tout premiers débuts tout acte d'équitation implique un acte de dressage, et réciproquement. Il est facile de le comprendre puisque la plus élémentaire demande faite par un cavalier à son cheval (simplement de partir du pas au trot ou de tourner par exemple) est susceptible, selon qu'elle est bien ou mal formulée, de confirmer, voire d'améliorer l'obéissance ultérieure de l'animal, donc en fait son dressage, ou au contraire de l'altérer.

Le dressage est en effet une création continue, non seulement parce qu'il est toujours perfectible, et par conséquent toujours inachevé, mais aussi parce que le degré atteint n'est jamais acquis définitivement et doit être soigneusement entretenu sous peine de régression.

Le cheval, faut-il le dire, n'est pas une mécanique qui fonctionne entre toutes les mains. Le cheval de selle est même l'un des animaux de la création parmi les plus sensibles, au sens propre

Pour le cheval
l'exercice aux piliers
est le travail à la barre
des danseurs.

Le travail aux piliers, fort utilisé autrefois, l'est encore à Saumur pour le dressage des sauteurs. On leur apprend là le piaffer, le terre à terre puis la courbette, la croupade et la cabriole. Le cheval, muni d'un fort caveçon, est attaché aux deux piliers par des longes un peu lâches qui lui laissent une certaine liberté. Il est sellé et monté par un élève et il est bien rare que celui-ci n'aille pas dans la sciure quand l'instructeur lui fait éprouver son assiette aux différents airs.

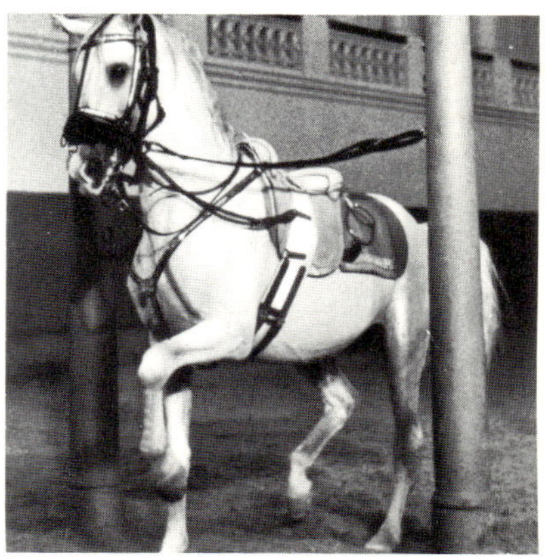

du mot, car ses sens sont d'une extrême finesse. Aussi, et cela quel que soit le dressage reçu antérieurement, il ne se comporte à un moment donné qu'en fonction de ce qu'il sent. Et, rapidement, son comportement deviendra l'exact reflet de la façon dont il aura été monté.

Combien d'exemples n'a-t-on pas vu et ne voit-on pas de cavaliers qui, mieux pourvus en argent qu'en talent, achètent un cheval de qualité, bien dressé, et constatent à leur grande stupeur, au bout de peu de temps, que qualité et dressage ont disparu ou sont en tout cas fortement amoindris. Se seraient-ils fait « rouler », comme cela arrive quotidiennement sur le marché des voitures d'occasion ? Peut-être. Mais dans la majorité des cas c'est par leur maladresse qu'ils ont gâché plus ou moins le dressage antérieur du cheval qui, ne pouvant faire que mal ce qui lui est mal demandé et ne le faisant désormais, selon son tempérament, que dans la colère, la nervosité ou le mauvais vouloir, ne montrera plus alors qu'une partie de sa valeur.

Fort heureusement cette triste histoire devient une belle histoire quand le contraire se produit. Le cas est moins fréquent sans doute, il n'est cependant pas rare. Il serait facile d'en trouver dans l'actualité du sport hippique, mais on comprendra que je m'abstienne de citer des exemples car, heureux ou malheureux, ils sont forcément désobligeants pour quelqu'un.

Pour comprendre les joies du dressage, donc de l'équitation, il est nécessaire de concevoir d'abord la nature même de l'équitation, ou tout au moins ce qu'elle peut être, ce qu'elle devrait donc être, mais qu'elle n'est pas toujours, hélas.

L'équitation est à la fois comparable aux autres sports par certains côtés, mais fondamentalement différente pour ce qui en constitue l'essence même.

Sport comme les autres, l'équitation l'est en tant qu'exercice physique. Elle peut être, par exemple, comparée au ski avec lequel elle présente des analogies assez frappantes : comme le ski, l'équitation est un sport de grand air, d'espace et d'évasion; comme lui elle peut apporter la griserie de la vitesse et du risque. Sur le plan

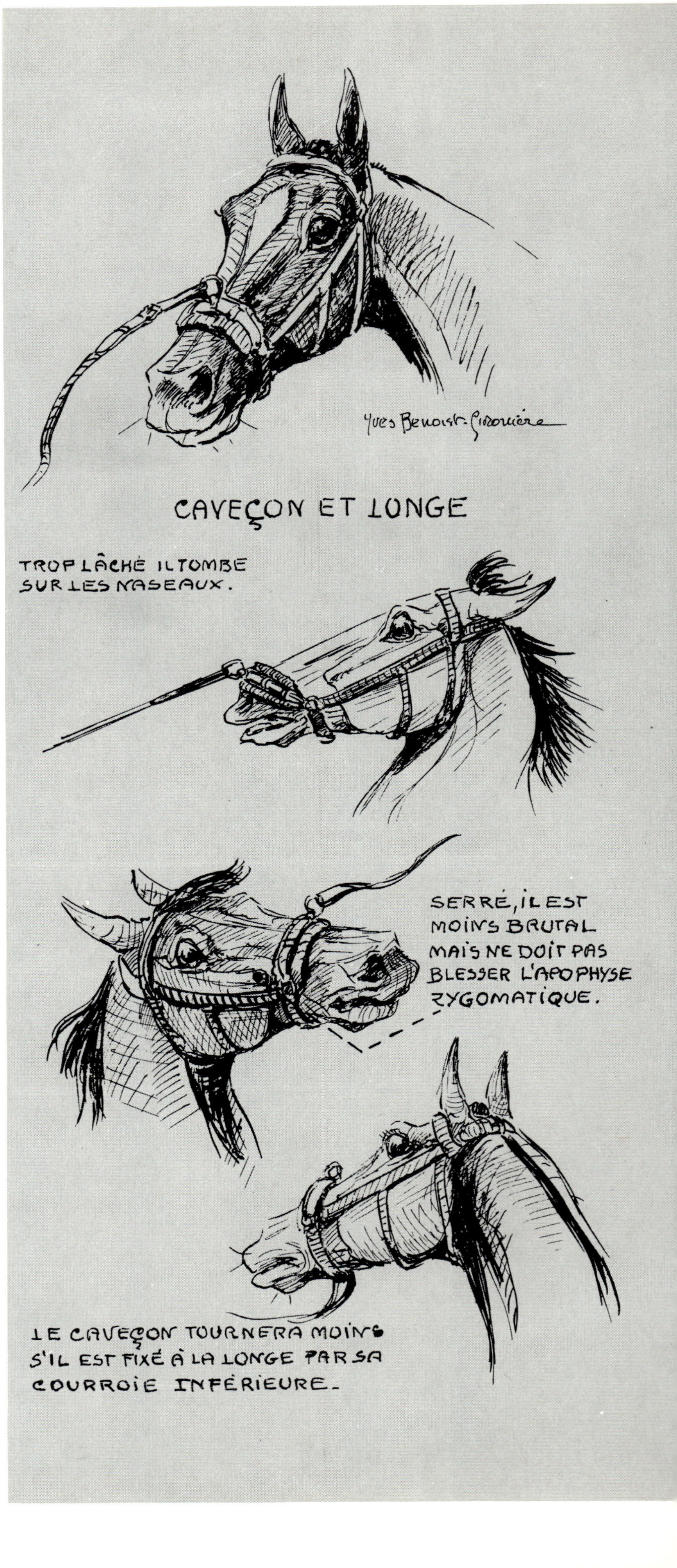

Le caveçon est une muserolle dont la partie supérieure est renforcée d'une armature de fer articulée munie d'un anneau auquel on attache la longe. Il doit être bouclé assez serré pour que son action soit plus précise et pour éviter qu'il ne retombe sur le nez ou tourne en faisant glisser ses montants dans les yeux du cheval. Il est aussi efficace, mais son effet est moins brutal, quand on attache la longe à la courroie inférieure de la muserolle.

technique également, il y a beaucoup de points communs entre l'assiette [1] d'un skieur dans une descente et celle d'un cavalier lancé au galop en équilibre sur ses étriers; beaucoup aussi entre les gestes d'un skieur qui passe une bosse et ceux d'un cavalier qui franchit un obstacle. Vue sous cet angle, l'équitation apporte déjà les joies et les profits physiques et moraux de bien d'autres sports, avec l'avantage cependant de ne pas avoir le caractère « usant » de certains puisqu'elle se pratique sur un rythme essentiellement naturel, et de pouvoir donc être pratiquée à n'importe quel âge, ou presque. Toute comparaison cesse ici : à la différence de toute autre discipline, l'équitation s'exerce non pas seul (comme l'athlétisme ou la natation), non pas avec l'aide d'un instrument (comme le ski ou le cyclisme), mais avec un autre être vivant, le cheval.

En réalité, l'équitation pourrait presque être considérée comme un sport d'équipe, l'équipe étant formée de deux êtres, l'homme et le cheval qui, sous l'autorité absolue du premier, mettent en commun leurs qualités et leurs moyens pour accomplir une performance.

Le vrai problème du dressage est précisément celui de la constitution de cette équipe, du développement de sa cohésion, de son entraînement progressif, de la réalisation de sa parfaite harmonie et de sa complète entente.

Le vrai problème de l'équitation, qui n'est que la mise en œuvre et l'exploitation du dressage, est celui de la mise en jeu, dans un emploi donné, de l'équipe ainsi formée et préparée.

Une telle conception énoncée et, je le souhaite, admise, il est possible d'examiner sommairement comment résoudre ces problèmes.

La première condition, celle qui prime tout, est d'établir les meilleurs rapports physiques possibles entre l'homme et le cheval.

1. La pratique du dressage exige un certain nombre de qualités techniques. La plus importante est l'assiette, qui permet au cavalier de rester toujours maître de son équilibre. Elle résulte de la recherche et du maintien de la position la plus favorable à cet équilibre hors de toute contraction musculaire. Elle est donc une question de souplesse et non pas de force.

demande tact et patience.

Le travail à la longe est pour un cavalier adroit le premier travail à entreprendre dans le dressage d'un cheval. Il contribue à donner les élémentaires notions d'obéissance et permet d'habituer sans risque l'animal au poids de la selle puis au poids du cavalier. Le cheval dressé sera ainsi détendu sans que l'on ait besoin de le monter ou lorsqu'une blessure du dos empêche de le seller. C'est le meilleur moyen pour dresser un cheval à l'obstacle et lui donner du style.

Brider un cheval blasé ne présente aucune difficulté : de lui-même il ouvre la bouche pour recevoir le mors. Il n'en est pas de même avec un jeune cheval ou avec un animal qui aurait eu à souffrir d'un cavalier maladroit. Il lève alors la tête, qu'on ne peut saisir. Dans ce cas il faut le caresser et lui prendre la tête par le chanfrein (et non par les oreilles) avec la main droite. La main gauche présente le mors, le pouce ouvre la bouche en s'introduisant au niveau de la commissure des lèvres.

C'est là un problème purement technique. Il consiste pour le cavalier, par la recherche d'une position [1] et d'un style, à acquérir les qualités d'assiette, de fixité et de liant qui, d'une part lui assurent la solidité et le confort en selle lui permettant « d'exercer son commandement » en toute liberté physique et morale, et d'autre part assurent au cheval, veuillez me passer l'expression, son « confort sous l'homme » en réduisant au minimum le dérangement que ce dernier apporte inévitablement à son équilibre et à ses mouvements.

Ces rapports aussi parfaits que possible établis entre les corps, ce qui relève de la seule « équitation » (le mot étant pris dans le sens limité et théorique que nous avons dit), il reste à en établir d'aussi étroits et d'aussi bons entre les cerveaux, et cela c'est le dressage.

Le terme de ces recherches, c'est la réalisation de l'idéal symbolisé par le légendaire centaure : l'homme et le cheval ne faisant plus qu'un seul corps, animé par une seule volonté.

Le moment est venu de dénoncer une fausse conception qui sévit malheureusement trop souvent. Beaucoup de gens pensent (ou en tout cas beaucoup de cavaliers se comportent comme s'ils pensaient) que l'obéissance du cheval s'obtient par des actions musculaires des bras et des jambes ayant des effets mécaniques sur le corps du cheval. Il n'en est rien : on ne fait pas tourner un cheval comme on fait tourner une voiture ; on ne le fait pas avancer comme on fait avancer une bicyclette ; on ne l'arrête pas comme on arrête un chien qui tire sur sa laisse.

Il est vrai que le cavalier ne dispose guère que de moyens physiques pour exprimer par ses aides ce qu'il veut obtenir. Ces moyens

1. Outre une bonne assiette, le cavalier doit acquérir deux autres qualités essentielles à la pratique du dressage : la « fixité », qui est l'absence de tout mouvement involontaire ou inutile, et l'« aisance », liberté de corps et d'esprit qui permet de décider et d'agir avec justesse, mesure et à-propos, en fonction des nécessités du moment.

ne doivent toutefois être mis en œuvre que pour faire percevoir au cheval certaines sensations, soit sur sa bouche par les rênes et le mors, soit sur son corps par les jambes et les éperons. Le dressage consiste précisément à faire connaître au cheval le sens conventionnel de ces sensations et à obtenir qu'il y obéisse. Notons d'ailleurs au passage qu'en équitation les notions de compréhension et d'obéissance ne font qu'une puisque la certitude d'être compris n'existe pour le cavalier que s'il est obéi.

J'ai écrit « le sens conventionnel » car, d'instinct, le cheval ne réagit pratiquement jamais à l'action des aides de la façon souhaitée. Prenons le cas le plus simple : aucun instinct n'incite le cheval à se porter en avant quand il sent une pression des jambes sur ses côtes. Pour établir la convention selon laquelle pression des jambes voudra dire « mouvement en avant », on associera d'abord cette sensation à celle d'un coup de cravache sur l'arrière-main qui, elle, provoquera la réaction instinctive souhaitée, réaction qui sera immédiatement récompensée. Très vite une simple menace de la cravache suffira. Bientôt même elle deviendra inutile. L'action des jambes est dès lors comprise et obéie. Peu à peu la répétition créera une habitude d'obéissance qui se transformera elle-même en réflexe d'obéissance, degré qu'il est nécessaire d'atteindre pour être assuré, autant qu'il est possible de l'être, de l'instantanéité et de l'inconditionnalité de l'exécution.

C'est tout l'ensemble des conventions ainsi établies que l'on appelle « le langage des aides », grâce auquel le cavalier peut exprimer ses ordres. La clarté, la précision et la richesse de ce langage conventionnel donnent l'exacte mesure de la qualité de dressage atteinte.

Il est bien évident que quelques mots simples comme « avance », « arrête », « tourne » peuvent à la rigueur suffire pour la pratique d'une équitation de simple promenade par exemple. Mais il est non moins évident que les cavaliers de cross-country, de jumping, de polo, et, à la limite supérieure, de haute école, auront besoin d'un vocabulaire d'autant plus étendu et nuancé qu'ils pratiquent leur spécialité à un niveau plus élevé.

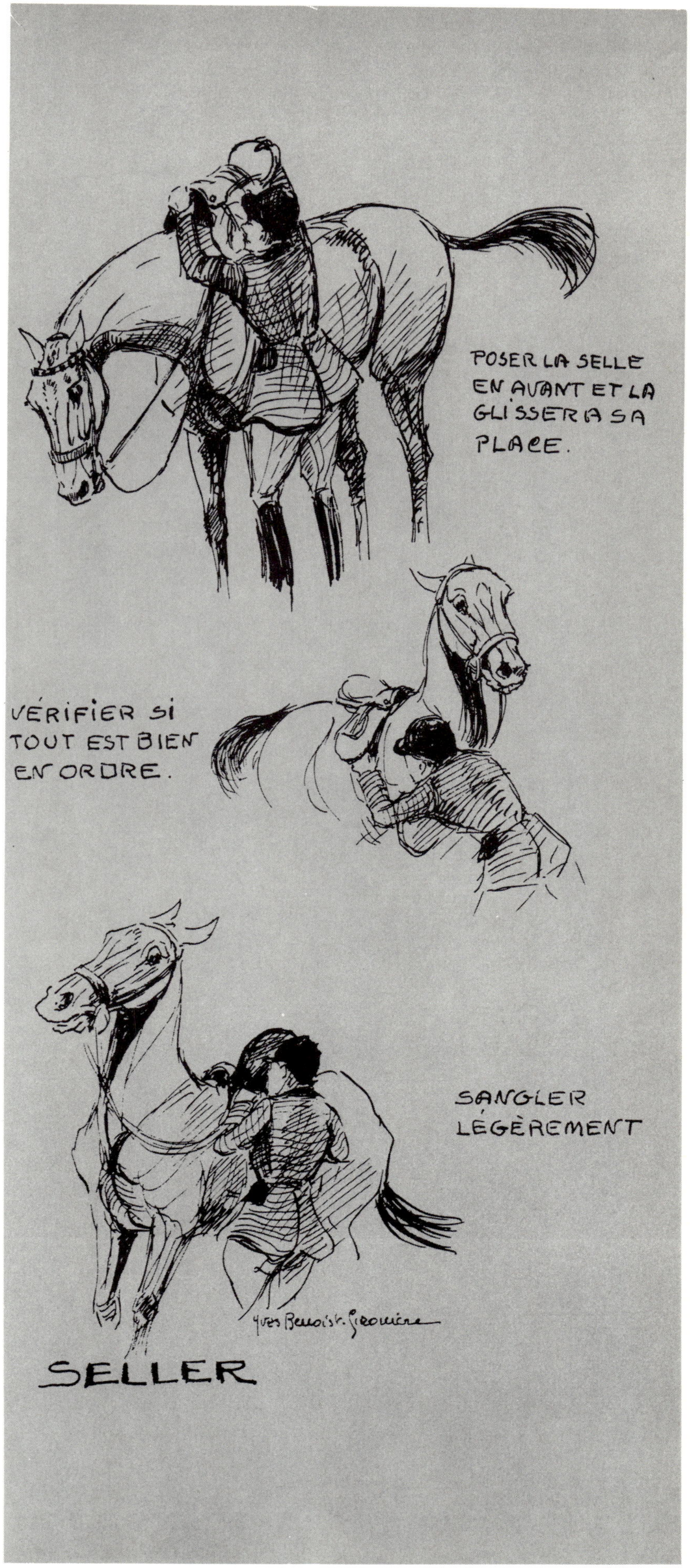

Avant de seller un cheval il faut s'assurer, en passant la main sur son dos, que rien ne risque de le blesser. Vérifier également la propreté du tapis de selle ou de la matelassure. La selle, étriers relevés et sangle repliée sur le siège, est placée sur le cheval assez en avant puis glissée à sa place en lissant le poil. Boucler ensuite la sangle sans la serrer; ne l'ajuster que lorsque le cavalier sera en selle (notons à ce sujet que beaucoup de chevaux n'acceptent pas d'être sanglés brutalement).

Voilà, à grands traits, ce qu'est le dressage. L'avoir exprimé, si imparfaitement et partiellement que ce soit, aura-t-il suffi à laisser deviner ce que peuvent en être les joies?

Bien entendu, dressage et équitation ne faisant qu'un, les joies de l'un et de l'autre sont intimement mélangées.

Nous n'insisterons pas sur les joies qui ne sont pas spécifiques à l'équitation : celles de la détente morale par l'exercice physique, celles de l'effort, de la difficulté vaincue, celles de l'appréhension, voire de la peur surmontée, celles de la compétition aussi et, éventuellement, de la victoire. L'atmosphère qui règne au retour à l'écurie après un bon parcours en tout terrain (une « excitation », comme on dit à Saumur) n'a rien à envier à celle que connaissent les skieurs après une belle descente ou les footballeurs après un match animé.

Les joies purement équestres viennent s'ajouter, se superposer à ces joies sportives classiques. C'est d'abord celle de sentir jouer sous soi la puissante musculature d'un cheval, de s'abandonner à ses mouvements et de s'y lier dans un même rythme pour atteindre au sentiment de parfaite unité physique. C'est ensuite et surtout celle de se sentir le maître de cette puissance animale, de pouvoir la refréner et la contenir, la libérer aussi, parfois la déchaîner.

Mais ce n'est qu'en montant un cheval que l'on a dressé et travaillé soi-même que l'on peut connaître le vrai bonheur équestre. Alors, au plaisir de monter un cheval « bien élevé » s'ajoute la joie de se sentir avec lui « sur la même longueur d'onde », de comprendre chacune de ses réactions, d'être soi-même compris et obéi immédiatement. A partir de là, c'est le bonheur, un peu orgueilleux peut-être, de se savoir « le maître à bord », « le capitaine d'équipe ». Enfin, si l'on a su devenir un assez bon cavalier, c'est la griserie de pouvoir, en mettant son intelligence et sa technique au service de la force et de l'instinct que l'on a su développer et façonner chez son cheval, lui demander le meilleur de lui-même en sachant qu'il le donnera.

Ces joies-là, ce sont celles que connaissent les grands champions. Certains d'entre eux les ont évoquées dans les pages de ce volume, mais chaque cavalier qui a quelque don, qui a surtout assez de modestie et de volonté pour travailler, peut les connaître à son niveau. Elles expliquent et justifient mieux que tout, selon le mot de Paul Morand, « la suite ininterrompue d'une passion qui n'est pas près de s'éteindre ».

JOIES DE LA HAUTE ÉCOLE

Le dressage, nous l'avons dit, est partie intégrante de l'équitation : même un cavalier qui ne prétend pas dresser doit au moins conserver à son cheval son dressage antérieur, en tout cas ne pas le ruiner, sous peine de voir sa monture devenir inutilisable. Ainsi, comme M. Jourdain faisait de la prose, tout cavalier « fait » du dressage.

Ce qui distingue la haute école de toute autre pratique équestre, c'est que, pour elle, le dressage devient un but en soi. Hors de tout objectif utilitaire, sportif ou autre, loin de toute idée de performance, la haute école ne vise, dans quelque mouvement ou évolution que ce soit, que la perfection de l'exécution, selon des critères techniques d'abord, mais esthétiques aussi. C'est la recherche du mouvement pour lui-même, pour sa qualité, sa pureté, sa beauté.

La marque de la haute école réside donc non pas dans l'exécution de mouvements plus ou moins difficiles, mais dans la manière dont ces mouvements sont exécutés.

En d'autres termes, la haute école prétend, comme l'a écrit le marquis de Newcastle, « parfaire la nature par la subtilité de l'art », et, selon le général Decarpentry, « l'art équestre s'apparente ainsi à l'art chorégraphique et la haute école à la danse classique ». La haute école est donc la branche artistique de l'équitation.

Le lecteur qui ne connaît de la haute école que ce qu'on peut voir sous ce nom dans les cirques est peut-être tenté de penser qu'il y a quelque exagération dans la définition, purement classique au demeurant, que je viens de donner. Pour dissiper ce doute, je ne puis mieux faire que de citer encore le général Decarpentry : « Alors que le seul but de l'écuyer académiste est la perfection de son art, la préoccupation constante de l'écuyer de cirque, tenu de remplir

L'école de Vienne, musée vivant d'un passé révolu...

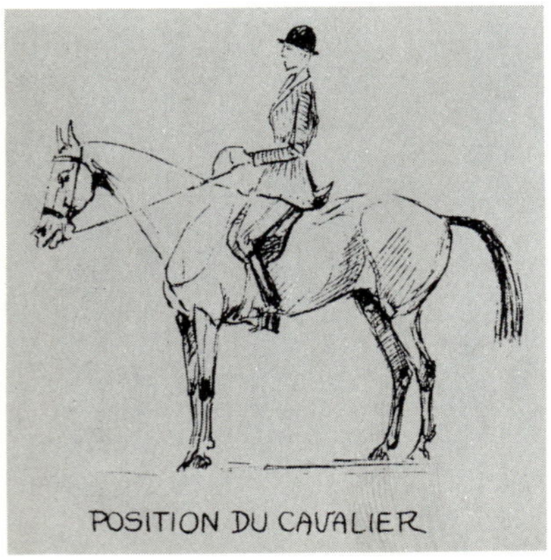

Pour conduire un cheval le cavalier dispose de moyens appelés « aides ». Les aides naturelles sont les mains, les jambes et le poids du corps. Les aides artificielles sont les éperons, la cravache et tous les accessoires qui font appel à la force. Les mains transmettent à la bouche du cheval, par l'intermédiaire des rênes, les désirs du cavalier; les jambes obligent le cheval à obéir. Douceur de la main et autorité des jambes font les bons cavaliers. En ligne droite les mains « ouvrent la porte » en s'avançant et les jambes obtiennent le départ ou l'allongement d'allure. Sur les changements de direction les mains indiquent la voie et les jambes forcent à suivre cette indication. Jamais d'effet de force dans les mains, sinon pour résister sans tirer en arrière. Tout effort de traction, si fréquent chez le commun des cavaliers, mène à la défense ou au refus d'obéissance. Les jambes entretiennent une « impulsion » permanente comme en voiture elles appuient inconsciemment sur l'accélérateur dès que le moteur faiblit.

Trot en extension (école de Vienne).

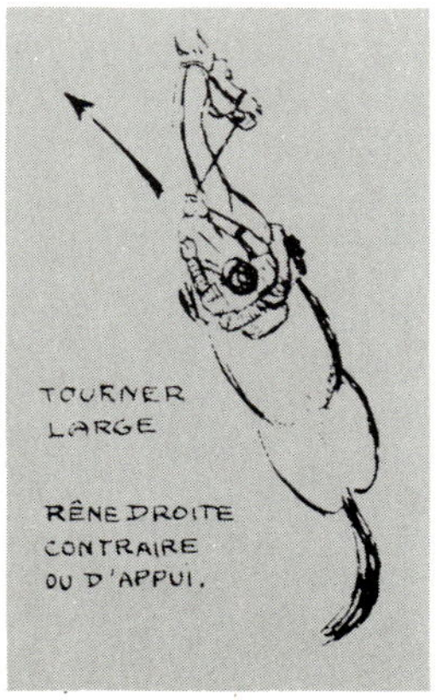

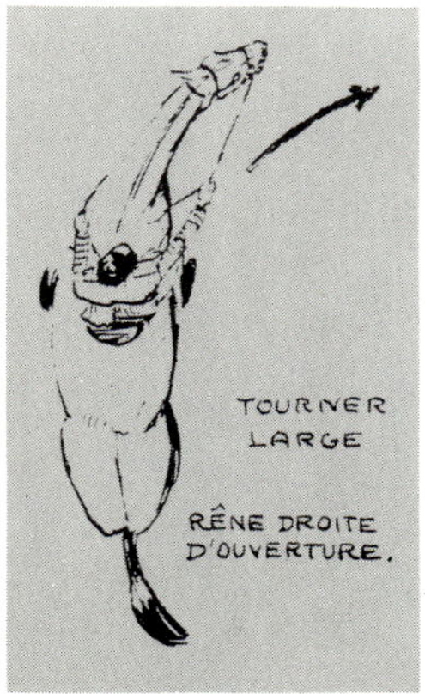

la caisse du directeur, est d'obtenir coûte que coûte les applaudissements de la foule, dont l'art est le moindre souci. Peu importe à l'écuyer de cirque que quelques rares amateurs, éclairés par leur culture équestre, soient affligés de la perversion de cet art dans ses présentations. Ils sont un nombre infime et ne paient que leur place, tandis que le profane est légion et fait gonfler la recette.

« C'est l'enthousiasme des « philistins » que l'écuyer de cirque est obligé de soulever par des tours de force, des acrobaties ou des airs de bravoure. C'est par l'éclat des gestes, même forcenés, et non par la perfection de leur style qu'il lui faut conquérir la foule. »

Et il est vrai que ces numéros qui, parfois brillants et spectaculaires, peuvent être fort estimables, évoquent l'acrobatie plus que la danse classique.

Revenons à l'art équestre. Le principe de base du dressage en haute école ne se distingue pas de celui du dressage dont nous avons déjà parlé comme condition préalable de quelque emploi du cheval que ce soit. Dans un cas comme dans l'autre il s'agit toujours de tendre vers l'obéissance parfaite.

Toutefois la recherche de la perfection devra être poussée beaucoup plus loin, jusqu'au point où l'exécution prend toutes les apparences de la spontanéité et du naturel, avec tout ce que cela implique de vibrante générosité et de grâce.

La comparaison avec la danse classique prend ici toute sa valeur : dans un ballet mille fois répété, le danseur maître de son art paraît improviser sur le thème du livret et de la musique, et, dans les bonds les plus prodigieux, dans les pas de la plus haute virtuosité, son exécution paraît toujours d'une aisance extrême, comme naturelle. On sait cependant que la technique sans faille requise pour un tel résultat n'a pu être acquise qu'au prix d'un formidable labeur. Quoi qu'il en soit, et mis à part des détails techniques que seuls quelques balletomanes avertis sont capables de déceler et d'apprécier, la marque de l'art chorégraphique est dans la beauté d'un corps qui s'exprime en laissant ignorer l'effort.

La marque de la haute école est exactement analogue. Dans une reprise dont les mouvements sont aussi minutieusement réglés

... est l'héritière
des traditions
de l'équitation classique.

On appelle « reprise » soit le travail d'un groupe de cavaliers exécutant les mêmes mouvements d'ensemble, soit le travail d'un seul cavalier exécutant les mouvements d'un programme fixé à l'avance. Les reprises des écuyers de Saumur ou de l'école de Vienne tiennent leur valeur de la parfaite homogénéité de l'ensemble. Les reprises individuelles sont jugées sur la parfaite exécution de chacun des mouvements du programme. Elles sont classées en différentes catégories, la plus savante étant la reprise olympique. Soumises à l'appréciation de juges de différentes nations (et par là même aux goûts parfois divergents), elles sont souvent l'objet de controverses assez vives lors de la proclamation des résultats. Il est évident que dans le domaine de l'art pur que l'on côtoie ici, tout le monde ne peut être du même avis.

Épaule en dedans (école de Vienne).

que ceux d'un ballet, le cheval bien dressé présenté par un cavalier de talent doit effectuer les évolutions les plus serrées et les airs les plus difficiles sans que le moindre effort puisse être décelé ni chez l'animal ni chez l'homme. Comme l'a écrit le général L'Hotte, « c'est alors que, pour le spectateur, le cheval semblera se mouvoir avec la légèreté de l'oiseau ». C'est d'ailleurs ce mot de « légèreté » qui a été retenu dans le langage équestre pour exprimer cette suprême aisance dans l'obéissance parfaite. Et, mis à part des détails techniques que seuls les connaisseurs sont capables de déceler et d'apprécier, la marque de la vraie haute école est dans cette impression de beauté et de puissance disciplinée d'un cheval qui évolue sur d'imperceptibles indications de son cavalier. Le spectateur doit pouvoir ignorer, ou oublier s'il le sait, le labeur quotidien poursuivi pendant des années pour acquérir la technique sans reproche qui, seule, permet d'approcher la perfection.

Cela dit, comment un cavalier qui se consacre à « l'art du dressage » doit-il entreprendre et mener son travail? Bien entendu le choix du sujet est très important. De même qu'un homme qui n'aurait pas la beauté plastique voulue et les aptitudes minimales indispensables ne peut prétendre devenir un « premier sujet », un cheval doit réunir un certain nombre de qualités pour que son cavalier puisse prétendre atteindre avec lui à de beaux résultats. Ces qualités sont d'ordre physique (conformation harmonieuse, élégance et agilité naturelle...) et d'ordre moral (générosité, souvent liée à la race et au degré de sang, caractère facile si possible...). Un tel animal est déjà, il ne faut pas l'oublier, une beauté en soi. Quiconque a eu l'occasion d'admirer un joli cheval de sang en liberté dans un pré le sait : beauté des attitudes, puissance et grâce des mouvements, noblesse de l'expression, tout cela est réuni dans cette créature proprement exceptionnelle.

Le but du cavalier sera donc d'abord de rendre au cheval monté la beauté des attitudes et l'harmonie des mouvements qu'il avait naturellement en liberté.

Ce but, si simple à énoncer, est pourtant fort difficile et délicat à atteindre puisque sa réalisation implique évidemment que le cava-

Dressage de la courbette (Saumur). Appuyer (Saumur).

Les sauts d'école à Saumur

Il est difficile de déterminer avec précision les limites qui existent entre la basse école et la haute école, car elles résident dans la perfection du mouvement plus que dans son élévation. On appelle communément « basse école » toutes les allures naturelles du cheval sur la ligne droite, la courbe ou la marche de côté, exécutées avec la plus parfaite régularité et la plus grande précision. La haute école concernerait plutôt la magnificence de ces mêmes allures amplifiées dans leur geste. Le pas devient « pas d'école », le trot devient « passage » et même « piaffer » quand il se produit sur place; le galop devient changement de pied « au temps »; les

lier n'apporte plus au cheval aucune gêne ou dérangement, non seulement par sa seule présence physique, ce qui est relativement aisé, mais aussi par sa présence morale, c'est-à-dire par sa volonté s'exprimant au moyen des aides. Et cela suppose, en plus d'un complet assouplissement et d'une totale adaptation physique, une parfaite compréhension des aides et une absolue acceptation des ordres qu'elles expriment.

Outre cela, le cavalier devra poursuivre par des exercices raisonnés et progressifs l'instruction proprement dite du cheval afin de développer encore, si possible, le rythme et l'harmonie des mouvements naturels, puis, par une stylisation toujours plus poussée, lui faire exécuter ce qu'il est convenu d'appeler les airs de haute école. Ces mouvements, eux, ne sont plus naturels, encore que directement dérivés des allures dont les caractéristiques essentielles doivent être très soigneusement conservées.

Les procédés à mettre en œuvre pour dresser un cheval en haute école sont exactement les mêmes que pour tout dressage. Mais s'il n'y a aucune différence de nature dans les moyens employés, il doit cependant y en avoir une, essentielle, dans la précision, la finesse, en un mot dans la qualité de cet emploi. Alors que l'usage sportif d'un cheval peut s'accommoder de certains défauts de dressage, de certains compromis qui ne nuisent pas gravement à l'accomplissement d'une performance donnée, il n'en est pas de même en haute école.

Voici un exemple simple : un point de doctrine unanimement admis est que le cheval dressé doit être « droit ». On entend par là que, en station comme en mouvement, ce cheval doit être parfaitement symétrique dans son attitude ou dans son comportement. Or aucun cheval n'est symétrique naturellement (pas plus d'ailleurs qu'aucun être humain).

Pour établir et contrôler cette rectitude ou cette symétrie, le cavalier devra obtenir une décontraction et une soumission aussi parfaites aux aides latérales droites que gauches, de façon à pouvoir prévenir toute imperfection ou la rectifier immédiatement si elle se produit.

Courbette (Saumur). *Croupade (Saumur).*

ou la défense devenue obéissance.

sauts d'école, ou airs relevés, sont aussi la stylisation des sauts naturels du cheval. A Saumur on n'en a conservé que trois : la courbette, issue du cabrer, la croupade, issue de la ruade, et la cabriole, combinaison des deux précédentes. La célèbre reprise des sauteurs du Cadre noir est la spectaculaire démonstration de ces airs. Difficiles à exécuter individuellement, ils le sont encore plus en parfait accord d'ensemble.

Pour un cheval de sport, disons de concours hippique, un défaut de symétrie ne présente d'inconvénient qu'à partir d'un certain stade. S'il est assez grave pour que le cavalier éprouve de grosses difficultés à faire tourner sa monture à droite, par exemple, cela pourra lui faire perdre de précieuses secondes dans un parcours, voire provoquer une faute sur l'obstacle à sauter ensuite. Mais si ce défaut est assez véniel pour que le cavalier, au prix d'actions un peu plus fortes à droite qu'à gauche, puisse réussir ses tournants sans trop de mal, cela n'aura pas d'importance et ne nuira pas aux performances possibles.

En revanche, pour un cheval de haute école, le moindre défaut de rectitude doit être décelé et corrigé dès le début, même s'il n'entrave en rien l'exécution correcte des mouvements simples demandés alors. Négliger de le faire compromet fortement l'avenir. En effet, un petit défaut à l'origine ne fera que s'aggraver avec le temps et doublement, au point de vue moral d'une part parce qu'il se transformera en habitude de résistance (et chacun sait que les vieilles habitudes sont tenaces), au point de vue physique d'autre part, parce qu'il conduira automatiquement à un développement dissymétrique de la musculature. Tous les défauts de travail des chevaux dont les appuyers sont meilleurs d'un côté que de l'autre, dont les changements de pied sont plus faciles et plus amples d'un côté que de l'autre, dont le passage et le piaffer sont irréguliers, n'ont pas d'autre origine (sauf cas de raison purement physiologique, de souffrance localisée dans une articulation par exemple). Ce dernier cas, notons-le au passage, relève du vétérinaire et non plus du dresseur. Il est d'ailleurs beaucoup plus rare que ne le croient ou feignent de le croire certains cavaliers qui ne résistent pas à la tentation d'attribuer à une cause imaginaire de cet ordre des défauts de travail dont ils sont seuls responsables.

Il est évidemment impossible dans le cadre de cette étude de pousser plus avant l'exposé des problèmes techniques posés par le dressage en haute école. Je souhaite seulement que ces quelques aperçus suffisent à faire comprendre dans quel esprit il doit être mené : il s'agit de se faire comprendre et obéir plus complètement encore que dans les autres disciplines équestres, et l'esprit sportif qui préside à ces dernières doit faire place à un esprit artistique puisqu'il ne s'agit plus de réaliser des performances mais d'atteindre à la qualité esthétique, à la beauté, disons-le, à l'œuvre d'art.

Serait-il trop osé d'avancer une comparaison ? Le sculpteur qui, dans son atelier, contemple un bloc de marbre encore vierge avec, dans la tête, l'œuvre qu'il va concevoir, est animé de ce même esprit de création artistique qui doit être celui du dresseur au moment d'entreprendre le dressage en haute école d'un jeune cheval.

L'un et l'autre, à partir d'une matière brute (au sens étymologique du mot, c'est-à-dire à l'état originel), rêvent de la façonner, de la polir, de créer de la beauté. La seule différence, majeure il est vrai, est que la matière brute du cavalier est vivante. Et cette différence en amène une autre qu'il est important de concevoir : si le sculpteur peut, à partir d'une même matière, créer des œuvres de conception et de style totalement différents, le cavalier, lui, doit tendre à la création d'une certaine beauté bien définie à partir de « matières » toujours différentes. En effet, et c'est l'une des raisons pour lesquelles un cavalier de dressage ne se lasse jamais de son art, il n'y a pas deux chevaux identiques. Chaque cheval, chaque dressage par conséquent, est un cas particulier, un problème unique.

Le premier souci du cavalier sera donc de « connaître » le sujet qu'il va dresser. Comme il s'agit pour lui de façonner autant un caractère qu'un corps, la connaissance psychologique de ce caractère est aussi importante que la connaissance de ses aptitudes ou de ses difficultés d'ordre physique, plus même, car la conquête du corps passe par celle du caractère. Il s'attachera donc, tout en encourageant ses traits favorables, à en corriger les défauts : à calmer le nerveux ou l'inquiet, à encourager le timide, à donner confiance au craintif, à stimuler le paresseux, à maîtriser le violent; dans les cas extrêmes, et d'ailleurs exceptionnels, à dominer le révolté ou à soumettre le rétif.

Aussi le dresseur doit-il développer sans cesse sa psychologie du cheval, que chaque expérience enrichira au profit du dressage en cours et des dressages ultérieurs. Bien entendu cette observation

A l'école de cavalerie de Saumur,
l'art de l'équitation a su évoluer
tout en maintenant
ses traditions séculaires.

Saumur et ses écuyers.

psychologique doit être de tous les instants car le caractère de son élève évolue constamment, non seulement avec le temps et l'âge, mais surtout avec et par « l'éducation » reçue. Comme pour les jeunes enfants dont le cerveau n'est pas encore mûr au raisonnement, ce sera surtout l'emploi judicieux des récompenses et des punitions qui permettra d'encourager les progrès et de réprimander les fautes.

N'est-ce pas l'occasion de rappeler ce principe connu selon lequel les animaux, les enfants, les foules et tous les êtres primitifs sont soumis à des lois psychologiques fort analogues ? Il y a donc là, pour le dresseur, un exercice de l'esprit indispensable à sa réussite équestre qui ne peut que lui être profitable dans la vie.

Le moment est venu de conclure. J'ai volontairement insisté sur l'aspect psychologique et artistique du dressage académique au détriment de son aspect technique dont l'examen, même sommaire, eût entraîné beaucoup trop loin.

Aurai-je réussi à faire sentir, à faire partager un peu ce que peuvent être les joies de la haute école ? Joies qui sont en fait celles de la conquête totale d'un être, corps et esprit, hors de tout moyen de contrainte, par les seules voies de l'intelligence et de la justice, et cela dans l'idéal le plus pur puisqu'il s'agit de réussir, ou de tenter de réussir, une œuvre d'art.

Choisir un jeune cheval qui vous plaît, découvrir peu à peu ses qualités et ses aptitudes ainsi que ses défauts ou ses mauvaises habitudes, lui imposer son autorité s'il le faut, mais dans le but de s'en faire comprendre, s'en faire obéir ainsi de mieux en mieux, observer ses progrès, traverser, comme cela se produit toujours, des périodes difficiles, connaître le découragement mais en triompher pour repartir vers de nouveaux progrès, poursuivre cela pendant plusieurs années à force d'application concentrée et de réflexion, de travail et de volonté, de patience et de ténacité... et puis réussir un jour, même si l'on reste encore loin d'une perfection que l'on sait d'ailleurs hors d'atteinte puisqu'elle s'éloigne toujours, à avoir un cheval plus beau physiquement qu'il n'était grâce à une musculature harmonieusement développée et à l'attitude qu'elle autorise, et surtout qui se livre généreusement et comme gaiement à vos

Stylisant les sauts naturels du cheval

Courbette (Vienne). *Longues rênes (Vienne).*

moindres désirs dans l'exécution des évolutions et des airs que la tradition classique a retenus comme les mieux capables d'illustrer et de magnifier sa beauté, telles sont les joies de la haute école.

Ce sont peut-être les plus longues à découvrir et les plus ardues à atteindre, mais je crois vraiment que ce sont les plus belles que l'équitation puisse offrir.

LES ACADÉMIES D'ÉQUITATION SAUMUR ET VIENNE

L'équitation, dont l'origine remonte à la nuit des temps, ne fut pratiquée pendant des siècles que selon des procédés très empiriques et le plus souvent brutaux, visant à la maîtrise du cheval par la force, en vue surtout d'un emploi à des fins guerrières.

Ce n'est qu'à l'époque de la Renaissance que des académies d'équitation, dont les premières furent créées en Italie, étudièrent, mirent au point et enseignèrent des principes d'art équestre plus rigoureux et des procédés de dressage et d'emploi plus savants. Les plus fameux écuyers italiens de ce temps furent Grisone, Fiaschi et Pignatelli. Ce dernier, en particulier, eut pour élèves des gentilshommes français et allemands qui diffusèrent sa méthode dans leurs pays respectifs. Les premiers grands maîtres de l'équitation française furent Salomon de La Broue et Antoine de Pluvinel.

Antoine de Pluvinel (1555-1620) a été le véritable initiateur de l'équitation académique qui, après lui, sera portée à un très haut degré de perfection par les écuyers du manège de Versailles, institué par Louis XIV en 1680. L'un des plus renommés de ces écuyers, M. de Vendeuil, fut le maître de François Robichon de La Guérinière (1687-1751), qui tient une place fort importante dans l'histoire de l'équitation et mérita le titre de « Père de l'équitation française ».

Après différentes interruptions dues essentiellement à la révolution de 1789 et à ses suites historiques, l'école de Versailles, dont le prestige et l'influence s'étaient étendus sur toute l'Europe, disparut définitivement en 1830. Mais une École royale de Cavalerie, créée

les spectaculaires sauts d'école de Vienne...

Cabriole (Vienne). *Travail de deux pistes (Vienne).*

Dans le manège de l'école de Vienne.

en 1825 à Saumur, en reprit les traditions, les faisant toutefois évoluer considérablement pour les adapter aux besoins particuliers de l'équitation militaire et aux progrès de l'art équestre.

Notre actuel Cadre noir, constitué par le corps des instructeurs d'équitation de l'École d'application de l'Arme blindée et de la Cavalerie, est, toujours à Saumur, l'héritier direct et le mainteneur de cette tradition vieille de près de trois siècles.

Les deux autres écoles d'équitation qui, fondées en Europe au XVIIIe siècle, atteignirent une réputation comparable à celle de Versailles furent celle de Vienne (qui existe toujours) et celle de Hanovre, disparue en 1939.

L'école espagnole de Vienne, qui doit cette dénomination à la race de ses chevaux issus d'étalons andalous, fut créée par l'empereur Charles VI en 1729, soit un demi-siècle après l'école de Versailles. Sa raison d'être, officiellement affirmée et scrupuleusement respectée, est de conserver la tradition académique de l'équitation du XVIIIe siècle. Elle s'enorgueillit d'ailleurs d'observer et de transmettre fidèlement la doctrine du maître François de La Guérinière, dont le traité y reste considéré comme « la Bible équestre ».

Ainsi apparaît clairement la différence essentielle qui existe entre Saumur et Vienne.

L'école espagnole de Vienne, attachée à une tradition antérieure aux apports considérables des grands écuyers français du XIXe siècle comme le comte d'Aure, François Baucher et le général L'Hotte, antérieure même à l'évolution de l'équitation militaire dans le sens de la rapidité et de la maniabilité, antérieure enfin à l'apparition des sports équestres, reste uniquement consacrée à l'ancienne haute école et particulièrement aux « airs relevés » ou « sauts d'école » qui sont le résultat de la stylisation des sauts naturels du cheval.

Au contraire le Cadre noir de Saumur fit constamment évoluer sa doctrine. Elle ne conserva de l'héritage de La Guérinière et de Versailles que ce qui pouvait être appliqué à l'équitation militaire d'abord, puis, plus tard, à l'équitation sportive et artistique moderne, assumant ainsi la mission de maintenir l'équitation classique française au premier plan du monde équestre contemporain.

Vienne, conservatoire qui suscite justement une grande admiration, est une remarquable survivance d'un passé prestigieux.

Saumur, ayant puisé aux traditions du même passé, a voulu et a su évoluer pour rester la première académie équestre du monde moderne.

A Vienne, la gamme des sauts d'école comprend la « pesade », où le cheval se met en équilibre sur ses postérieurs dans une attitude très assise, les membres inférieurs fléchis ne s'élevant que peu au-dessus du sol; la « levade », où le cheval se dresse plus haut sur ses postérieurs, son corps faisant un angle d'environ quarante-cinq degrés avec le sol; le « mézair », qui est une succession de levades entre lesquelles le cheval repose ses antérieurs au sol pour un court instant; la « courbette », où le cheval se dresse haut sur ses postérieurs et saute plusieurs fois de suite sans que ses antérieurs reprennent contact avec le sol; la « croupade », où le cheval saute, corps horizontal, et garde les postérieurs repliés sous le ventre; la « ballottade », analogue à la croupade, mais où le cheval, sans détacher de ruade, montre ses fers postérieurs vers l'arrière, et enfin la « capriole » (ou « cabriole »), combinaison des deux mouvements précédents, où le cheval s'enlève d'abord du devant et détache une ruade pendant qu'il est en l'air.

A Saumur les trois seuls airs conservés sont la « courbette », qui correspond au cabrer, la « croupade », qui correspond à la ruade, et la « cabriole », analogue à celle de Vienne, le style de ces trois sauts s'étant sensiblement éloigné de celui qui était de règle au XVIIIe siècle pour devenir beaucoup plus naturel.

Notons qu'à Vienne les différents sauts d'école sont présentés individuellement, soit à la main, soit monté, chaque cheval étant spécialisé dans l'exécution de l'un d'entre eux.

A Saumur, en revanche, tous les chevaux exécutent les trois seuls sauts conservés, qui sont présentés dans des mouvements d'ensemble.

J. S.-F.-P.

Le cheval exalté dans son temple...

Les joies du spectacle

CHAPITRE 5

Courageux au combat, ardent au travail, gracieux dans ses évolutions, le cheval a de tout temps attiré la foule au spectacle. Pourquoi les peuples ibériques, qui ont dans le sang la passion du taureau, n'auraient-ils pas utilisé dans l'arène la nerveuse monture qui les aidait à garder le troupeau ? Pourquoi les hardis cow-boys n'auraient-ils pas fait valoir en d'intrépides rodéos leurs journalières prouesses équestres ?

Animé du même souci de s'extérioriser, le dragon britannique Astley donna naissance au cirque avec des pantomimes militaires bien vite agrémentées de voltiges et d'acrobaties.

Telle est la joie du spectacle équestre, tel est l'enthousiasme soulevé dans la foule que les acteurs se prennent au jeu. Leurs démonstrations, de plus en plus osées, frôlent la catastrophe, tiennent le public en haleine et lui font vivre d'intenses émotions : taureau esquivé au dernier moment, folles chevauchées sur les broncos, acrobaties aériennes sur la selle à plateau...

Mais le spectacle n'est pas seulement un moyen de montrer son courage, son audace, son amour du risque. Il est aussi œuvre artistique : ces chevaux qui jouent si facilement avec le danger, qui évoluent aussi gracieusement sur la piste sont le reflet du doigté de leurs maîtres. Pour arriver à cette perfection de dressage, il faut des dons exceptionnels. Cela explique pourquoi les grands cavaliers *rejoneadors* (ou du cirque) sont si rares et laissent un nom dans l'histoire; cela explique encore cette pointe de jalousie que les cavaliers dits « classiques », ou supposés tels, ressentent envers ces dresseurs inégalables. Devant ces chevaux qui exécutent les airs les plus extravagants, ils chuchotent à leur voisin, avec une petite moue : « Ce n'est pas de l'équitation, c'est du cirque ! » Un peu de mépris perce, qui dissimule mal leur dépit de n'en pouvoir faire autant.

Il me semble pourtant que ces cavaliers, à la critique facile, seraient plus impartiaux s'ils avaient le véritable sens de l'art équestre. Ils sauraient alors mieux apprécier les difficultés vaincues. Le célèbre Baucher, à qui se réfère si souvent l'équitation française, ne se produisait-il pas dans un cirque ? Le grand public d'ailleurs ne s'y trompe pas. Il n'est que de comparer les assistances des chapiteaux, des arènes ou des ranchos à celles, plus modestes, qui fréquentent les concours classiques.

Pour ma part je n'oublierai jamais la merveilleuse maîtrise d'Angel Peralta sortant du grand hall de Genève après une exhibition fort applaudie. Contournant les obstacles semés sur le terrain, il gagna la sortie au galop en arrière, rênes abandonnées, mains en l'air. Qui de nos grands cavaliers pourrait en faire autant ?

Et l'étonnant travail de cirque des chevaux brillamment empanachés ? Ce n'est peut-être pas de l'équitation pure, mais quel tact, quelle connaissance approfondie de la gent équine il nécessite ! Là, pas de rênes, pas de jambes pour s'imposer au cheval : seulement le geste ou le claquement de langue. Cet empire sur les chevaux, combien il requiert de psychologie animale, de patience, d'expérience... Que de ravissement il procure à ceux qui en sont les témoins.

Prise d'un cheval au lasso.

a / Le rodéo

par Serge Holtz.

Partie intégrante des traditions mexicaines depuis plusieurs siècles et, plus récemment, de celles des États-Unis, l'histoire du rodéo est en réalité d'origine espagnole. Elle n'aurait pu en effet exister sans les conquistadores de Cortés qui, envahissant le Mexique en 1519, importèrent dans ce pays un animal totalement disparu depuis les temps préhistoriques : le cheval.

Les montures des seize cavaliers de Cortés venaient de Galicie. Certaines s'échappèrent durant les combats du Nouveau-Mexique qui virent la défaite des Espagnols, et donnèrent naissance aux fameuses races de chevaux « affranchis » appelés *mestenos* au Mexique, *mustangs* aux États-Unis, *wildies* au Canada et *criollos* en Amérique du Sud.

Quelques spécimens vivent d'ailleurs toujours à l'état sauvage, en particulier dans le Nevada, dans le Wyoming (où ils sont protégés par le ministère de l'Intérieur américain) et au Canada, dans l'Alberta.

Des différents croisements opérés avec les mustangs sont issues des races bien définies telles que l'*appaloosa*, d'origine indienne, le *pinto* ou « cheval pie », le *palomino*, le *morgan*, le cheval arabe et, des croisements plus récents, le célèbre *quarter-horse* si prisé par les cow-boys des U.S.A.

Il est probable que les Indiens du Mexique s'adaptèrent rapidement au cheval puisque Cervantès écrivait dans son *Don Quichotte*, un siècle à peine après l'invasion du Mexique : « bon cavalier comme un Cordoman ou un Mexicain ». Dès le milieu du XVe siècle on retrouve la trace des premières *charreria* ou *jaripeos* mexicaines, démonstrations effectuées au départ par quelques groupes d'éleveurs. Elles prirent ensuite l'allure de véritables compétitions

Premier affrontement avec l'homme.

Avant Cortés, le cheval était inconnu en Amérique. Les quelques montures de la petite troupe d'envahisseurs espagnols qui débarqua au Mexique en 1519 sont à l'origine de l'immense élevage américain. Mais, depuis le XVIe siècle, le sang de bien d'autres races est venu se mêler à celui des chevaux des conquistadores.

Charro exécutant des floreas.

qui avaient lieu dans les *ranchos* (arènes de bois plantées dans les terrains d'élevage). Leur caractère devint alors vraiment officiel. Déjà, vers les années 1650, elles obéissent à des règles très strictes.

Aujourd'hui la Fédération nationale de *charros* ne groupe pas moins de trois cent quatre-vingts associations, au Mexique et à travers le monde.

A ces *charreria*, jeux d'adresse inouïe et parfois même terrifiants défis à la mort, les *charros* se préparent pendant des années, presque depuis leur enfance. Des cours, destinés aux jeunes garçons et filles, ont été créés et se tiennent dans les arènes situées autour de Mexico, particulièrement dans les collines de Chapultepec (le bois de Boulogne de Mexico), et dans tout le Mexique.

Les *charros* s'entraînent dans de petits clubs remarquablement organisés, qui à chaque jour réservent une discipline nouvelle impliquant un type de bétail différent, d'où la nécessité de préparer chaque fois le bétail adéquat.

J'ai eu l'occasion de pratiquer dans certains de ces clubs, au rancho de la Viga, au rancho de Pedregal, au rancho de la Villa (Insurgentes Norte), et j'ai été émerveillé par l'exceptionnelle qualité de dressage des chevaux utilisés pour ce travail.

J'ai eu également la chance de pouvoir participer aux séances d'entraînement des *charros*, cette fois en pleine campagne, près de Toluca. En fait il s'agit de parties de campagne : famille, voisins et amis sont invités; les exhibitions sont entrecoupées de collations arrosées de boissons généralement très corsées.

Un air d'une grande pureté (nous sommes à plus de deux mille mètres d'altitude), des paysages d'une beauté féerique achèvent de donner à ces journées un caractère inoubliable.

Féerique également, le spectacle d'une *charreria* : les cavaliers portent d'étourdissants costumes de vives couleurs tissés de fils d'or et d'argent, sur lesquels sont cousues des plaques d'argent à motifs symboliques qui étincellent au soleil; leurs bottines s'ornent de somptueux éperons argentés. D'argent encore sont les motifs décoratifs de la selle et la boucle de leur ceinture. L'étui de leur pistolet à crosse d'ivoire ou d'argent ciselé est entièrement travaillé,

Le lasso :
un sport, un art, une discipline.

Charriada : capturer au lasso.

de même que la « machette », sorte de sabre qui repose sur la selle. N'oublions pas le fameux sombrero appelé au Mexique « chapeau-scorpion » *(alacrenado)*.

Les robes des femmes rivalisent d'élégance et de raffinement avec le costume *charro*. Toutes montent en amazone, parfois en croupe derrière le cavalier, qui peu à peu les emprisonne dans les spirales de son lasso.

La richesse de son costume est le souci constant et l'orgueil du *charro*. Moulant très étroitement le corps, il confère une allure presque guindée, hautaine, et interdit de toute façon le moindre laisser-aller. Il est difficile (je m'en suis rendu compte par expérience) de travailler avec un tel costume, qui rappelle l'habit de lumière du matador espagnol. Ce costume est sans doute à l'origine des frayeurs des Indiens du Mexique qui prirent les premiers cavaliers espagnols pour des centaures.

Les chevaux des *charros* sont eux-mêmes dressés « à l'étriqué ». Tout est fait pour la parade, tout concourt à satisfaire l'amour et la soif de gloire. Mais le peuple mexicain n'est pas seulement fier, il est aussi très gai, expansif, chaleureux. Les *charreria* sont une merveilleuse occasion d'exprimer sa joie et son amour de la vie. Entre chaque compétition, des danses folkloriques, rythmées par des orchestres mariachis, entretiennent l'enthousiasme de la foule.

Nombreuses sont les *charreada* (figures du rodéo mexicain qui font appel au lasso), véritable sport national à l'instar du football en Europe ou au Brésil. Plus qu'une technique, le maniement du lasso au Mexique est un art. Autour de l'animal à capturer, la corde s'enroule de plus en plus étroitement, telles les ondulations charmeuses et perfides du serpent, et finit par fasciner la bête. C'est un Mexicain, Vicente Oropezo, qui fit aux États-Unis, vers 1880, la première démonstration de lasso.

Hors le monde des chevaux sauvages, ou *jinetio de novillo*, et la *coleada* (démonstration au cours de laquelle le cavalier doit précipiter un taureau au sol en l'attrapant par la queue), les *charreada* les plus connues sont les prises par *mangana* (prise de chevaux sauvages par les pattes antérieures ou postérieures), le *floreo de rieta* (disciplines variées consistant, comme leur nom l'indique, à dessiner au lasso des fleurs d'une complexité inouïe et d'une étonnante beauté), le *tiron de la muerte* (exhibition périlleuse au cours de laquelle le cavalier chargé de capturer un taureau ou un cheval sauvage a lié l'extrémité du lasso à sa jambe ou parfois même à son cou). Citons enfin le célèbre *paso de la muerte* (le saut de la mort) où le cavalier saute du dos d'un cheval dressé sur celui d'un cheval sauvage. Les Mexicains nous ont appris ce numéro lors de leur venue en France et la Camargue l'a adopté dans son folklore.

Bien entendu un certain nombre de points sont accordés au *charro*, selon la difficulté de l'entreprise, et les moindres erreurs sévèrement sanctionnées. La réglementation des *charreria*, fixée par la Fédération nationale de *charros*, fait l'objet d'un traité officiel d'une extrême précision.

J'ai eu le plaisir de rencontrer son président, le docteur José Islas Salazar, qui m'a réservé le plus charmant des accueils et m'a fait visiter ses magnifiques écuries. J'ai admiré non seulement ses chevaux, mais sa très belle collection de selles. La plus extraordinaire est pourtant celle d'Antonio Gil, qui préside l'association de *charros* de Pedrégal. Elle est unique au monde et voisine avec une collection d'éperons et de mors tout aussi exceptionnelle.

J'ai eu également la joie et l'honneur de m'entraîner avec l'un des plus grands champions de *florear*, le docteur Ignacio Juan Rodriguez, qui m'a fait découvrir les finesses du lasso, transmises dans sa famille de père en fils. Depuis toujours les Rodriguez participent aux principaux *campeonatos* du Mexique, et nombreux sont les leurs qui se sont illustrés au cours de ces championnats.

Le rodéo mexicain, dont l'influence s'est étendue partout dans le monde, est évidemment à l'origine du rodéo américain. Comme au Mexique, le rodéo a débuté aux États-Unis par de petites compétitions locales organisées entre éleveurs, qui avaient lieu dans des prés. Bientôt apparurent autour de ces prés des magasins où les cow-boys pouvaient acheter le matériel nécessaire à leur entraînement. C'était le signe précurseur d'une future organisation commerciale, témoignage de ce sens du *business* typiquement américain.

Patrie et tradition :
telle est la devise de la Fédération nationale
de Charros du Mexique.

La Fédération nationale de Charros du Mexique groupe l'ensemble des associations locales. Elle organise et sanctionne les *jaripeos* (compétitions) entre les diverses associations pour maintenir les traditions de la *charreria*. Chaque association possède son rancho, spécialement conçu pour l'entraînement des différentes disciplines de ce sport national. Généralement les rencontres ont lieu dans une arène ronde sur laquelle vient aboutir une piste-couloir qui permet la pratique du *lienzo de colear*. En fin de semaine, au cours de fiestas organisées par les associations, l'exercice du sport difficile et rigide des *charros* s'accompagne de danses et de chants populaires.

Coleada : saisir le taureau par la queue pour le renverser.

Cow-boy au travail dans le corral.

Les plus anciens rodéos connus (*Frondier Days* et *Stamped*) sont de 1847 et de 1869. C'est celui de Santa Fe tout d'abord, au Nouveau-Mexique, puis celui de Deer Trail, au Colorado. Mais c'est en 1882 que se déroula à North Platte, dans le Nebraska, le premier rodéo où fut exigé des spectateurs un droit d'entrée et où furent distribués aux vainqueurs des prix en nature ou en espèces. Il fut suivi en 1883 par celui de Pecos, au Texas, et, deux années plus tard, par le grand rodéo de Prescott, en Arizona. Cette contribution financière des spectateurs permit à des villes de plus en plus nombreuses d'organiser à leur tour des rodéos, qui gardaient néanmoins un caractère purement local. Il fallut attendre 1936 pour que soit créée la « Cowboys Turtle Association » à laquelle devait succéder la « Rodeo Cowboys Association » (R.C.A.) actuelle.

C'est le commentaire d'un dirigeant qui est à l'origine de ce surnom inattendu de « tortue » *(turtle)* : « Nous sommes peut-être aussi lents que des tortues, mais nous ferons du rodéo l'un des plus grands sports de toute l'Amérique. » Cette déclaration à la fois mesurée et prophétique se trouve aujourd'hui vérifiée puisque le rodéo déplace aux États-Unis chaque année près de vingt millions de spectateurs, que plus de cinq mille cow-boys participent régulièrement aux manifestations organisées non seulement dans l'Ouest, mais sur la presque totalité du territoire et au Canada, et qu'enfin en Australie la saison du rodéo est de loin la plus longue des saisons sportives : du 2 ou 3 janvier jusqu'à fin novembre, sans interruption. Elle s'achève par une finale nationale qui oppose les quinze grands vainqueurs aux plus illustres champions internationaux.

Les dimensions prestigieuses de leur pays, sa fabuleuse ascension ont donné aux Américains le goût du faste et de la grandeur.

C'est à Buffalo Bill que revient l'initiative de ces spectacles d'une extraordinaire ampleur : son « Wild West Show » de 1886, premier rodéo groupant les vedettes de l'époque, restera à jamais inscrit dans les annales du rodéo et dans la mémoire de tous les *ropers*. Car l'on peut effectivement parler de spectacle : par milliers aujourd'hui les spectateurs affluent autour de l'immense arène,

Pour vaincre le cheval, l'homme et son lasso...

Instrument idéal dans le travail, le lasso est devenu si important dans la vie courante qu'il a pris une des premières places dans les compétitions sportives au Mexique et aux U.S.A. Différents procédés sont employés pour sa fabrication : cuir, cuir cru, *rowhide*, laine de bison, crin de cheval, chanvre, manille, coton tressé ou tordu, et maguey (fibre d'agave qui pousse au Mexique. Les meilleures cordes de maguey provenaient autrefois de Tocatzuaro.) Actuellement le nylon tend à se généraliser.

(ci-contre, Serge Holtz).

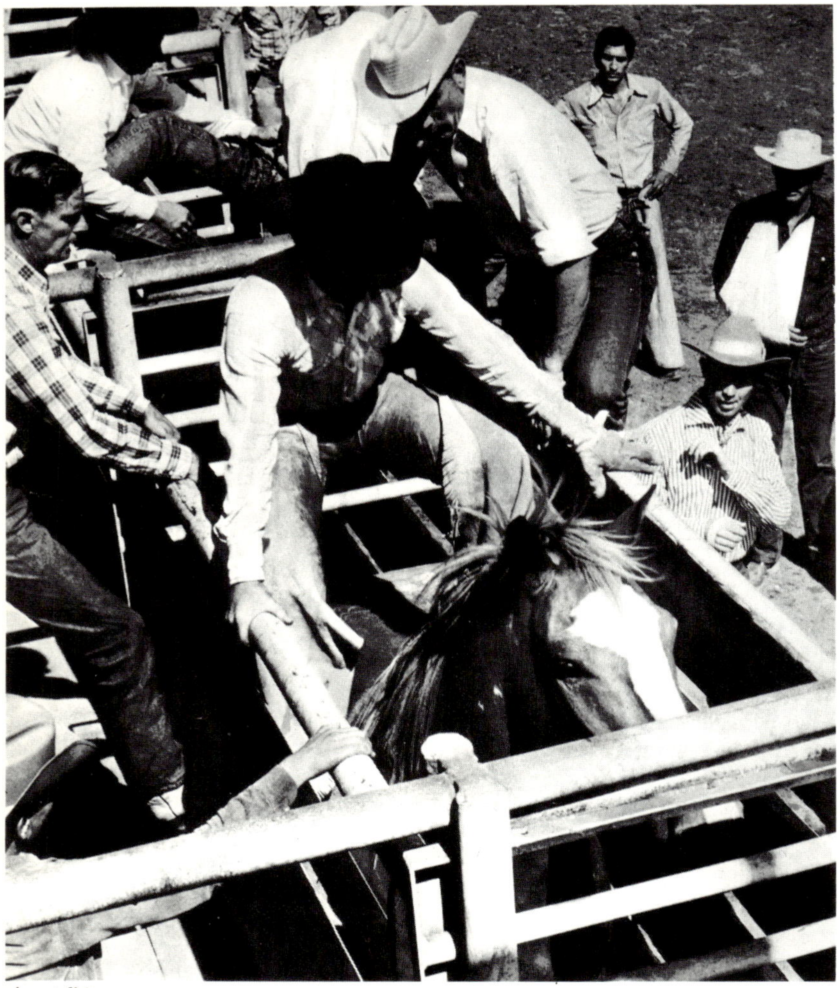

Avant l'épreuve.

dans de somptueuses voitures climatisées, dotées de réfrigérateurs, de radios et de couchettes. Rien n'est plus surprenant et sympathique que de voir sortir de ces voitures et de ces caravanes des millionnaires, des familles entières de fermiers décontractés et souriants, vêtus de bottes et de chemises à carreaux. Public fervent et débonnaire mais, ne nous y trompons pas, redoutable connaisseur et critique impitoyable. A toute heure du jour et de la nuit, des stands volants débitent Coca-Cola, bière, ice-creams, hot-dogs et hamburgers. Les haut-parleurs qui bientôt annonceront l'ouverture du rodéo diffusent les airs à la mode. Et voilà que la musique s'arrête... Des cavaliers parcourent l'arène au galop. Une clameur s'élève des gradins. Après la présentation des juges venus à cheval sur la piste saluer la foule commence le défilé des concurrents. Les cow-boys, porteurs d'oriflammes au blason de leur ville, exécutent un prestigieux quadrille monté. Ils portent le fameux feutre *stetson* en poil de castor, des chemises écarlates et, protégeant le pantalon de couleur, d'une coupe impeccable, les *chaps*, espèce de tablier de cuir magnifiquement décoré. A leurs bottes à haut talon sont fixés de gros éperons incrustés d'argent, et leur selle, elle aussi recouverte de plaques d'argent décorées, vaut parfois une fortune.

Dans les rodéos, la forme et le poids de cette selle (treize kilos et demi) sont strictement définis par la réglementation de la « Rodeo Cowboys Association ». L'observation de ces critères est rendue obligatoire depuis 1920.

Majestueux, élégants, la taille prise dans une large ceinture à boucle d'argent, les cavaliers sont prêts à affronter la première épreuve, le *bronc riding*, avec ou sans selle. (Le *bronc riding* est la monte des broncos, ces chevaux sauvages si redoutables qu'ils ont été surnommés « faiseurs de veuves ».) C'est l'une des disciplines qui situe le mieux la valeur d'un cavalier. Car il existe en Amérique deux catégories de rodéo : celle où l'on juge de la qualité des cavaliers d'une part, celle où la critique s'exerce sur la qualité des chevaux d'autre part. Pour illustrer ce dernier propos, je citerai l'exemple de ce rodéo de Pueblo auquel je fus invité : la sélection porta sur mille chevaux et dura huit jours !

Offrir en spectacle les dangers de la vie quotidienne...

La *Rodeo Cow Boys Association* organise chaque année des compétitions, appelées rodéos, auxquelles participent cinq mille concurrents devant plus de vingt millions de spectateurs. Les rodéos se disputent presque toute l'année (de janvier à septembre). Le championnat du monde a lieu en décembre. La *Rodeo Cow Boys Association* encourage également l'amélioration des races de chevaux et du bétail et récompense l'application de nouvelles techniques, tant dans la conception du matériel que dans les procédés d'élevage.

Monte de chevaux sauvages.

J'ai également été invité à participer, au pied levé si j'ose dire, au quadrille marquant l'ouverture du rodéo à Flagstaff (Arizona) et à faire une démonstration de lasso. Inutile de préciser que les premières minutes furent angoissantes. J'espère toutefois ne pas avoir porté trop atteinte au prestige des cavaliers français.

Après l'épreuve du *bronc riding* vient celle du *steer wrestling* (lutte contre un taureau) au cours de laquelle le cavalier doit, au moment propice, sauter de son cheval sur la tête de l'animal, le stopper dans sa course en portant le talon de ses bottes juste devant lui et le coucher sur le dos. Il existe encore l'épreuve du *bull riding* (monte des taureaux sauvages), celle du *team roping*, où deux cavaliers s'efforcent, le premier en attrapant la tête du taureau et le second les pattes postérieures, de faire tomber la bête le plus rapidement possible. Le *barrel race* est couru par des cow-girls contre la montre. Il s'agit de démontrer adresse et rapidité autour de trois obstacles.

Nous retrouvons ensuite les grandes démonstrations de lasso à cheval des *charreada* mexicaines : le *calf roping*, le *steer roping*, le *team roping*, le *trick* et le *fancy roping*, démonstrations où les Américains sont passés maîtres. Ce sont les défis exaltants de deux forces sans autres armes que leur technique et leurs muscles, leur propre courage et leur propre volonté un instant opposés, car si l'homme peut être blessé, parfois même mortellement, il lui est strictement interdit d'infliger une blessure au taureau.

Depuis Buffalo Bill, bien des noms réputés se sont inscrits au palmarès mondial du lasso : Tom Horn, Sam Garrett, Be Ho Gray, Montana, Jack Roy, Johnny Rufus, Chuck Haas, Monti Montana, el Coyotte, Johnny Blocher (qui avait une façon particulière de prendre les pattes des chevaux) et le grand Wild Rogers qui imposa un style nouveau et compte parmi les plus célèbres spécialistes de ce sport exceptionnel; enfin Charlie Maggini (1929) avec sa fameuse prise « en 8 ». Citons également Jim Eskew et Gene McLoughin, vainqueurs avec le docteur Ignacio Juan Rodriguez du dernier championnat du monde du *trick and fancy roping* qui s'est déroulé en 1966 au National Cowboy Hall and Fame and Western Heritage Center d'Oklahoma City.

La monte « western » s'est étendue au Canada (dont le grand rodéo annuel se tient à Calgary), en Amérique du Sud, en Australie, en Grande-Bretagne. Elle commence à gagner les Philippines, et même le Japon. N'oublions pas la France qui, grâce à Joé Hamman, fondateur de la Blue Star Association, participe à l'histoire du lasso depuis 1908. Sous l'impulsion du peintre Paul Coze, créateur du club français du lasso, grand spécialiste des questions indiennes, notre pays compte parmi les nations dignes d'être citées dans une anthologie du rodéo. C'est d'ailleurs à Paul Coze que je me permettrai d'emprunter le mot de la fin : « ... gardien de bœufs, dompteur de chevaux sauvages, le cow-boy apporte dans notre XXe siècle un reflet vivant du passé. Sous son large feutre, mousquetaire moderne il vit de la lutte pour la vie. Courageux, jovial, méprisant la douleur physique [...] il affirme son indépendance. Il est libre jusqu'à l'insouciance [...] mais il est vivant et sain. »

C'est dans ce profond désir d'espace et de liberté, dans cette volonté obstinée d'un constant dépassement de soi et d'une parfaite maîtrise de ses sens, dans ce goût du risque intelligemment mesuré et enfin dans ce profond amour du cheval et de la nature que se trouve en définitive la grande leçon du rodéo.

S. H.

Plus dangereux pour le dompteur que pour le dompté...

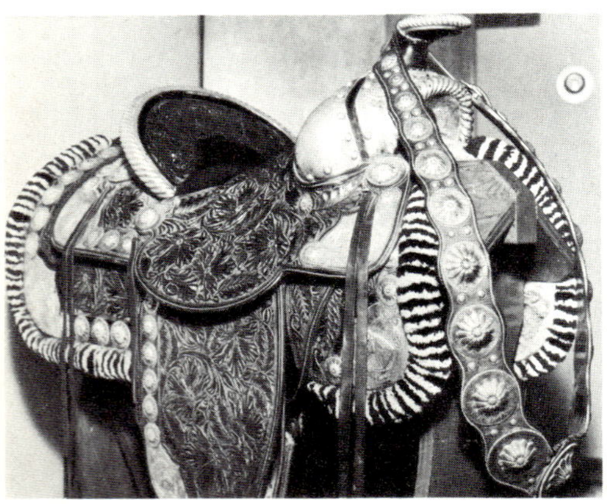

La selle cow-boy de parade est en cuir décoré de motifs repoussés à la main, enrichis de plaques d'argent. Elle se complète d'une martingale et d'une bride, également recouvertes en argent. Un bourrelet de laine bicolore *(corona)* entoure complètement les quartiers de la selle. Le pommeau, en bec de canard, sert à attacher l'extrémité de la corde dans le travail du lasso. La selle de cow-boy est une modification de la selle mexicaine, inspirée elle-même de la selle mauresque.

Le *Steer Wresling* n'a jamais été un aspect du travail dans le ranch mais une compétition dans les rodéos. Il se pratique à deux cavaliers : l'un dirige le taureau pour l'obliger à courir en ligne droite tandis que l'autre, qui est le personnage central de l'épreuve, doit sauter de son cheval pour saisir les cornes de l'animal, l'arrêter dans sa course et le renverser. S'il manque son coup, il sera traîné par la bête sans pouvoir l'arrêter.

Les trois phases du Steer Wresling.

La cavalerie du cirque Bouglione.

b / Le cirque

texte et photographies de Paul de Cordon.

« Le cirque est un spectacle oculaire », disait Théophile Gautier. « Son attrait consiste dans l'absence de la parole, le hennissement vaut mieux. » Il fut créé vers le milieu du XVIIIe siècle par un écuyer nommé Astley, ancien dragon de l'armée britannique, qui eut l'idée de mêler aux pantomimes militaires, fort prisées à l'époque, des danseuses de corde, des acrobates, de la voltige et des présentations de chevaux en liberté.

Pendant tout le XIXe siècle il demeura un spectacle essentiellement équestre. C'est le cheval qui imposa à la piste sa forme ronde et son diamètre constant de treize mètres. Il correspond à la plus grande chambrière qu'il soit possible de manier sans gêne et, surtout, donne au dos du cheval l'inclinaison la plus favorable au maintien de l'équilibre des écuyers debout. La voltige y tenait une place très importante. Elle devint bientôt l'acrobatie : les sauteurs à terre, obéissant à cette loi du cirque qui commande de faire toujours plus fort, se transformèrent en écuyers pour tourner leurs sauts périlleux sur le dos des chevaux. Au début ils utilisèrent leurs selles habituelles, puis ce furent des selles spéciales, en bois. Enfin James Morton inventa le panneau, sorte de plate-forme matelassée et recouverte de soieries. Pour corser encore la difficulté et rendre leur travail plus spectaculaire, les acrobates sautèrent aussi sur des chevaux nus, au dos saupoudré de résine (d'où le nom de *resinback* donné plus tard à ces chevaux par les Américains). Ensuite les écuyers imaginèrent des exercices nouveaux. Laurent Franconi se spécialisa dans les colonnes et les élévations; Andrew Ducros créa « la Poste », qu'André Rancy nommera « le Postillon de Longjumeau » : le cavalier, debout sur la croupe de deux chevaux, dirige une dizaine de chevaux au galop.

Le corps de ballet du cirque...

Le premier saut périlleux tourné sur le dos d'un cheval fut le fait de Jacques Gautié, vers 1825. Robert Stickney en exécuta un double aux environs de 1872. Performance extraordinaire que personne ne put renouveler. A Saint-Pétersbourg, David Richard se tua en franchissant un obstacle, debout sur un cheval nu; cet exercice prit le nom de « voltige à la Richard ». Le saut périlleux d'un cheval sur l'autre fut créé par l'Américain Davenport, et Alexandre Kremser sauta le premier sur un cheval au galop avec arrivée debout. Vers 1875, William Bell n'eut plus qu'à faire la synthèse de tous ces « trucs » pour créer un numéro de voltige acrobatique, le « Jockey d'Epsom », qu'il exécutait revêtu d'une casaque de course. On nomme encore « jockeys » les artistes qui pratiquent cet exercice.

Au début du siècle les écuyers formèrent des troupes, nommées « familles équestres » car elles étaient composées de toute une famille et complétée par des élèves. La plus célèbre fut celle des quatre Lecusson; l'un d'eux était travesti en dame, les autres costumés en copurchic. Sautant debout par deux, trois ou quatre sur un cheval au galop, tournant le saut périlleux d'un cheval sur l'autre, mêlant le travail sérieux au comique, ils créèrent un genre qui est encore celui des troupes d'aujourd'hui.

Quant aux véritables acrobates à cheval, ils sont très rares. Les plus réputés, les Frediani (des écuyers italiens), ont accompli des performances restées légendaires. Venant de leur petit chapiteau familial, le cirque Toscan, ils débutèrent en 1903 au Nouveau-Cirque du Faubourg-Saint-Honoré. L'aîné, Willy, était porteur. Son frère Aristodemo, plus connu sous le nom de Beby, second porteur. Le voltigeur était un élève : Petit René. Personne ne put réussir, après eux, leur fameuse « colonne à trois » sur un cheval au galop, ni l'exercice suivant qu'Alfred Court, le trouvant « formidable », décrit ainsi : « Willy était debout sur son panneau, son cheval tournant au petit galop. Beby se plaça face à l'entrée des artistes, à un mètre cinquante environ du bord de piste, le voltigeur lui faisant face. Lorsque le cheval arriva à un mètre cinquante de Beby, ce dernier jeta au voltigeur un saut périlleux d'un pied,

... où souplesse et légèreté

Acrobates à cheval. *La ballerine à cheval.*

si haut dans les airs qu'il arriva sur la tête de Willy au moment précis où le cheval passait. Avec son voltigeur qu'il venait de rattraper debout sur la tête, sans l'aide des mains, Willy continua son tour de piste jusqu'à ce qu'il eut rejoint l'endroit où se trouvait toujours Beby. Partant de la tête de Willy, en un autre saut périlleux arrière, Petit René vint retomber sur les épaules de Beby qui, dans la piste, avait suivi pendant quelques pas le galop du cheval. »

Je n'ai malheureusement jamais vu les Frediani, grands amis de Pierre Loti, mais j'ai bien connu Beby qui, les os brisés, ne pouvant plus monter à cheval, devint auguste et fut le partenaire du célèbre clown Antonet. Après la guerre, il fit encore les beaux soirs de Medrano.

Les femmes ne pouvant « faire aussi fort » que les hommes dans l'exercice de cette rude discipline, les anciens banquistes avaient pris l'habitude d'habiller en fille un de leurs fils. La jolie miss Ella, qui étonna par ses performances extraordinaires tous les professionnels de l'époque, était un jeune homme.

Quelques femmes, cependant, se sont fait un nom dans la spécialité. J'ai vu au cirque d'Hiver, ces dernières années, la belle Italienne Cipriana Portner tourner le saut périlleux de cheval à cheval, exploit qu'accomplit encore aujourd'hui Juanita Caroli.

Mais c'est dans le « pas de deux » ou dans la « ballerine à cheval » que la grâce et la fragilité féminines trouvent le mieux à s'exprimer. Degas et Toulouse-Lautrec nous ont laissé l'image de la « Sylphide » franchissant la baguette, les banderolles ou crevant des ballons de papier.

L'apprentissage de l'écuyer debout est long et très dur. Il faut d'abord apprendre à sauter à terre avant de tourner un saut sur le dos d'un cheval, et trois bases lui sont nécessaires s'il veut avoir du style : la danse classique, qui apprend à se présenter, à marcher et à saluer; la pratique du fil de fer, qui donne l'équilibre; et, pour acquérir de l'expression, l'art du mime. Alors seulement il pourra commencer à se recevoir légèrement, en demi-pointe, sur la croupe du cheval. L'écuyer debout prend son cheval où il le trouve; il s'intéresse à son modèle et à ses aptitudes plus qu'à ses

Le saut debout. *La cavalerie en liberté.*

s'allient au danger...

La sortie de Paulina Schumann.

origines. Il lui demande d'avoir bon caractère, du sang sous la masse, de l'influx nerveux et un bon équilibre. Il le choisit avec la croupe large et bien musclée, de préférence gris car la résine se voit moins sur les robes de cette couleur. Le cheval doit être calme, obéir parfaitement à la voix et se porter en avant sous la chambrière, sans se jeter sur les épaules. Il faut cinq ou six chevaux pour remonter une troupe équestre. C'est une grosse charge pour l'écuyer. Cette discipline est la plus dangereuse du cirque. « On parle toujours du travail aérien, me disait un jour Amar, mais l'acrobatie à cheval cause beaucoup plus d'accidents graves. » La vie de Jean Houcke, qui fut un « jockey » réputé, est marquée de repères douloureux : Budapest, c'est la fracture du genoux droit ; Hambourg celle de la jambe gauche ; Liège, l'index, et Gratz, le bras droit. Il a aujourd'hui quatre-vingt-dix ans. Ses deux frères se sont tués en piste.

S'il reste encore quelques grandes troupes équestres, comme les Caroli, les Hansels, les Sobolewski et les Zapachny, il faut bien reconnaître que les représentants de cette belle discipline qui fut pendant tout le XIXe siècle, selon le mot de Joseph Halperson, « l'épine dorsale du cirque », se font de plus en plus rares.

L'équitation de cirque, nommée communément « haute école », n'est pas toujours de l'équitation supérieure. Le qualificatif d'« acrobatique », ou d'« excentrique », lui conviendrait mieux. Il y a cependant des hommes très habiles, au cirque, et parfois même de véritables écuyers, mais le cirque a ses lois propres. C'est avant tout un spectacle et l'équitation doit donc y être spectaculaire. Le général L'Hotte, qui fut un disciple de Baucher, écrit dans ses *Questions équestres* : « Les mouvements sortant des allures naturelles doivent être réprimés, tandis qu'il est habile dans les cirques de les faire naître... »

C'est pourquoi les écuyers de cirque ayant quelque talent cherchèrent toujours à présenter leur reprise de façon originale ou insolite. Au XIXe siècle Gautié exécutait son numéro sur une table et Corradini se tua en faisant le sien sur une plate-forme aérienne.

Puissance et grâce,
grâce et puissance...

Les « jeux romains ».

Adèle Drouin montait sans selle et sans bride, comme le fait encore actuellement Freddy Knie. Paulina Schumann attelle son cheval à un sulky, ou, reprenant l'exercice créé par la baronne de Rhaden, sort de piste renversée sur la croupe d'un étalon en courbette. Parfois l'écuyer exécute son numéro aux côtés d'une danseuse, comme le firent au cirque Medrano Henry et Tilly Rancy. Aujourd'hui Roberto de Vasconcellos, ancien *caballero en plaza* portugais, Albert Schumann et Freddy Knie sont tous les trois d'excellents écuyers. Rodolphe Grüss, disparu prématurément, était plein de promesses.

Quelques réserves qu'on ait pu faire sur l'équitation de cirque, il n'en reste pas moins qu'on lui doit les trois plus grands écuyers de notre histoire : Laurent Franconi, Baucher et James Fillis.

Le cirque, dès ses débuts, présenta des chevaux dressés : funambules, plongeurs, aéronautes, boxeurs et footballeurs... On y voit encore le cheval contorsionniste, appelé aussi « cheval mort ». Il y eut, vers 1908, des chevaux calculateurs. A la même époque, dans la piste du cirque Mollier, l'étalon Germinal écrivait le nom de son maître avec un pinceau tenu entre ses dents. Les chevaux entrèrent dans la cage des fauves pour leur servir de monture : Harry Belli possède un tigre qui fait un extraordinaire numéro de voltige sur le dos d'un cheval au galop.

Les groupes de douze ou vingt-quatre chevaux en liberté apparurent seulement vers la fin du XIXe siècle. Selon la tradition du vieux cirque équestre, c'est presque toujours le directeur du cirque qui les présente car, en général, la cavalerie lui appartient.

Ces dernières années le cirque anglais de Bertram Mills avait de très beaux chevaux. Il est vrai que l'un de ses directeurs, Bernard Mills, est juge officiel dans les concours de modèles. C'est en Allemagne que l'on peut voir les dernières grandes cavaleries : chez Williams, chez Frantz Althoff qui présente quarante chevaux réunis dans l'arène, et surtout chez Kröne qui possède plus de cent chevaux de races différentes. En France, Alexis Grüss est le dernier écuyer directeur de cirque. Il dresse des étalons arabes barbes.

La cavalerie est aussi indispensable à la piste que les danseuses à l'Opéra. C'est le corps de ballet du cirque. Il y a quelques années, Freddy Knie fit « crier » de plaisir la salle comble de Medrano avec son groupe de douze lipizzans, grâce à la qualité de ses merveilleux chevaux de rappel.

Au XIXe siècle un public de connaisseurs envahissait le cirque des Champs-Élysées pour voir Baucher monter Partisan, et les soirs de générale les membres du Jockey-Club faisaient la haie à l'entrée de Caroline Loyo, sur Rutler. Quand Laurent Franconi passait à Saumur avec sa troupe, le commandant de Novital, écuyer en chef, le recevait dans son manège; il le pria même, un jour, de monter son cheval Ourphaly. Le général L'Hotte assistait souvent aux répétitions de Baucher.

Si en France le cirque a souvent perdu de son intérêt, il conserve encore son prestige à l'étranger. A Copenhague, Schumann présente le même programme pendant toute la saison, qui dure plusieurs mois. C'est le dernier conservatoire du spectacle équestre. Sa cavalerie est célèbre dans le monde entier. Tous les matins, de neuf heures à treize heures, Max et Albert répètent dans la salle déserte et silencieuse. Une lumière diffuse tombe de la coupole. Parfois, assis sur des fauteuils encore recouverts de leurs housses, quelques rares privilégiés assistent à ces répétitions. J'y ai vu Lis Hartel, médaille d'argent aux jeux Olympiques, venue en voisine, et le colonel Podhajsky, directeur de l'école de Vienne. Le commandant Saint-Cyr, champion olympique de dressage, a monté les chevaux d'Albert, comme autrefois à Saumur le commandant de Novital monta ceux de Franconi.

Je retrouvais là, avec un peu de nostalgie, l'ambiance merveilleuse qui régnait naguère dans le manège des officiers d'un régiment de cavalerie. Les Schumann sont des hommes de cheval. Ils ont une cavalerie de cirque, comme d'autres ont une écurie de course ou de concours. C'est pour eux un luxe et une source de plaisirs.

P. C.

Seigneur tigre devenu écuyer...

Voltige à cheval.

Pose de banderilles.

c / L'homme, le cheval et le taureau

par don Angel Peralta, traduction d'Alain Albaric.

Le combat du taureau à cheval, auquel prenait part la noblesse espagnole, trouve son origine dans les grandes fêtes royales, et l'on peut affirmer qu'à partir du XIVe siècle y participaient des cavaliers armés d'une lance. Charles Quint lui-même combattit un taureau de cette manière à l'occasion des réjouissances qu'il donna en 1527 à Valladolid pour célébrer la naissance de son fils, le futur Philippe II.

Le combat à pied naquit bien plus tard en Espagne, au XVIIIe siècle, et à mesure qu'il prenait de l'importance, le combat à cheval tendit à disparaître bien que les nécessités du travail l'aient maintenu dans les élevages de taureaux sauvages. Il connut un regain d'intérêt en 1921 quand don Antonio Cañero, maître d'un art équestre basé sur celui de l'école andalouse et pratiqué dans les élevages, vint combattre dans les arènes. Le javelot fut alors substitué à la lance, et le cavalier opposé à un taureau prit le nom de *rejoneador*.

On imagine la somme de qualités, morales et physiques, que doit avoir le cheval du *rejoneador* pour faire face à cette bête sauvage qu'est le taureau, la première étant bien entendu le courage. Certes, la plupart des chevaux sont craintifs de nature, mais la sélection se fait lorsqu'ils apprennent à connaître le danger. Les plus valeureux s'affermissent grâce à la confiance qu'ils mettent en leur cavalier et comprennent rapidement qu'ils esquivent plus aisément le danger en l'attendant qu'en allant au-devant; les plus timorés se refusent à combattre, ne pouvant supporter la présence d'un animal plus puissant qu'eux.

Le javelot de châtiment brise la violence du taureau. Le règlement permet d'en poser trois au maximum, d'une certaine dimension. Mais le *rejoneador* peut, s'il le désire, en utiliser de plus petits. Les banderilles, ornements posés par paires (trois ou quatre en général), permettent au cavalier d'exprimer son art. Au dernier acte de la corrida, on emploie le javelot de mort.

Ce n'est pas tout : le cheval du *rejoneador* doit être fort et harmonieux, haut de garrot, large d'épaules. Il doit avoir l'œil vif, l'encolure longue et naturellement arquée, la croupe longue également, et puissante. Il lui faut aussi de bons aplombs, des sabots ronds et proportionnés à sa taille (entre un mètre cinquante-cinq et un mètre soixante). On lui demande en outre de faire preuve de brio et de posséder de bons réflexes pour suivre spontanément les ordres reçus et esquiver ainsi les charges du taureau. Il doit être souple, agile, et pouvoir, sur l'injonction du *rejoneador*, effectuer en cas d'attaque les mouvements de riposte et dépasser le taureau. Enfin on exige de lui une parfaite docilité pour que, touché, il n'expose pas son cavalier en réagissant d'une manière dangereuse. Et puis, en toutes circonstances, il lui faut garder cette élégance indispensable qui contribue à faire de ce genre de combat l'œuvre d'art qui a enchanté tant d'écrivains des plus célèbres.

Ce sont les chevaux espagnols, par leur morphologie et leur caractère, qui possèdent le plus les qualités nécessaires, mais ils ont un défaut : ils manquent de vitesse. C'est pourquoi, surtout au début du combat, au moment où le taureau attaque avec le plus de rapidité, on emploie également des chevaux croisés. Le croisement qui jusqu'à présent a donné les meilleurs résultats comprend cinq huitièmes d'anglais, deux huitièmes d'espagnol et un huitième d'arabe. Mais on monte aussi des pur-sang.

Le taureau est le troisième protagoniste des jeux de l'arène. Au XVIIIe siècle, à mesure que les corridas prenaient de l'importance, les éleveurs se virent dans l'obligation de sélectionner leurs taureaux. A la fin du siècle se formèrent deux arbres généalogiques de caste différente, Vistahermosa et Vazqueña, dont sont issus tous les élevages actuels.

En Espagne les élevages de taureaux sauvages se situent principalement dans les régions d'Andalousie et de Salamanque. Chaque *ganaderia* a ses caractéristiques propres que déterminent la nature des pâturages, l'ascendance et les caractères des étalons sur lesquels les éleveurs ont fixé leur choix.

Leur sélection se fait également d'après leur façon d'attaquer le picador et le torero au cours de l'épreuve à laquelle ils sont soumis dans les arènes de l'élevage; le choix des taureaux de corrida se fait d'après la mère, qui a été éprouvée à l'âge de deux ans afin que l'on puisse juger de sa bravoure et de sa noblesse.

Les croisements dont est issu le taureau, son système nerveux et la nature de son alimentation dans les mois qui précèdent sa course influent sur la puissance dont il fait preuve dans l'arène. Celui qui est destiné au *rejoneador* doit être vif, prompt à attaquer, et surtout ne pas montrer une préférence à rester près des barrières.

Quand l'intelligence humaine s'empare de la volonté du cheval et quand l'instinct de conservation du taureau s'est transformé en attaque, alors commence le *rejoneo*, ou combat à cheval.

Le *rejoneo* espagnol a pour base l'école andalouse, caractérisée par ses mouvements brusques et ses réactions violentes imposés par la nécessité où se trouve le cavalier, dans les élevages de taureaux, d'improviser instantanément, sans pour cela perdre la maîtrise du cheval. Celui-ci est l'objet d'une excitation constante mais, pour ne pas effaroucher l'animal qu'il faut séparer du troupeau, il doit rester soumis à son cavalier qui le maintient « rassemblé », prêt à agir.

L'usage de la martingale est un expédient qui reflète peu de tact équestre. Les mors de cette école, appelés « vachers », sont plus puissants et nécessitent une main plus légère, précisément parce que leur action est plus forte. Le cheval ne doit pas considérer l'emploi des éperons comme un châtiment : leur objet, en effet, est de maintenir le contact entre l'homme et sa monture pour transmettre à celle-ci les ordres du cavalier. Ce dernier s'en sert afin de provoquer les vives réactions nécessaires pour toréer lentement. On chante à la campagne ce fandango :

Un espolazo a destiempo
Le duele a aquel que lo da;
Cuando se quiere pegar
Hay que esperar el momento,
Para no sufrir el mal.

Les cavaliers de l'arène,
héros prestigieux
pour toute l'Espagne...

Don Angel Peralta.

Pose de la rose.

Dans la monte andalouse, la main droite tenant la pique, le cavalier agit de l'autre main en rêne contraire. Le cheval doit « rencontrer » le mors et demeurer « rassemblé » pendant toute l'action, la tête fixe légèrement en dehors de la verticale, changeant de pied spontanément, ne cherchant jamais à déborder le cavalier par sa fougue à poursuivre le taureau. Il faut que l'encolure et la tête soient hautes et les postérieurs bien engagés sous le cheval pour qu'il puisse se déplacer aisément quand le taureau attaque.

L'école andalouse exige que le cheval sache s'arrêter fermement sur ses postérieurs, chargeant rapidement le poids sur ceux-ci, plaçant le centre de gravité sur une ligne presque perpendiculaire à celle de la pointe des sabots arrière et usant de ses membres comme d'un axe pour tourner en trois temps et un seul mouvement, portant les antérieurs très près du sol, restant uni pour recevoir l'impulsion des postérieurs et se lancer en avant. Pour débouler, la monture s'appuie fermement sur les postérieurs.

Le reculer s'exécute avec fermeté; il est utilisé pour accrocher à la croupe du cheval l'attaque du taureau. Il s'emploie beaucoup dans les exhibitions parce que la rapidité avec laquelle le cheval marque les temps et l'impétuosité avec laquelle il s'élance donnent une impression de force, de soumission et de beauté. Le reculer ne doit pas perdre l'harmonie du mouvement bien que ce soit le cavalier qui en commande la direction et la vitesse.

Dans l'arène, les chevaux sont toujours capricieux quand on les oblige à exécuter un mouvement. Ils ont tendance à chercher à l'emporter sur la volonté du cavalier. Mais, soumis d'une manière absolue, ils acceptent n'importe quel ordre lorsqu'il leur faut exécuter, sans tenter de résister, un effort, aussi violent soit-il. Quand leur condition physique ne leur permet pas de l'accomplir, ils préfèrent cependant le tenter plutôt que de désobéir.

Un cheval « soumis » en pleine campagne devant un taureau qui fuit doit rester « soumis » dans l'arène devant l'ennemi qui attaque et dont il sait combien il est dangereux. Cette soumission est effective lorsque la crainte que le cavalier inspire au cheval

Puissance, habileté, vivacité...
mais seul l'homme a choisi son rôle...

est supérieure à celle que suscite le taureau; mais la détermination du cheval à remplir sa tâche approche la rébellion et la lutte qui oppose l'homme à sa monture détruit l'harmonie de l'ensemble. C'est pour cette raison que le cavalier se doit de gagner la confiance du cheval, de lui montrer son affection et de lui prouver que l'intelligence de l'homme l'emporte sur son instinct; alors seulement il se laisse diriger par son cavalier.

Face au taureau, chaque cheval réagit d'une manière différente. Mais il est important que la monture ne détourne jamais son regard du taureau et qu'elle voie venir sa charge. Le contraire supposerait un réflexe de lâcheté qu'il appartient au cavalier de dominer.

Le temps que nécessite la préparation d'un cheval de *rejoneo* est fonction des aptitudes du cheval. Si le dressage commence à l'âge de trois ans, il faut environ une année pour « adoucir » le cheval, une autre pour le soumettre et une troisième pour l'habituer à esquiver le taureau. Mais il y aura peu d'élus; seul un très petit nombre atteindra les sommets de l'art.

Le combat à cheval suit les mêmes règles que celles du *toreo* à pied. Il faut « citer » le taureau, tempérer son attaque et garder l'initiative.

Le cheval est au cavalier ce que la cape est au torero; guidé par l'homme il entre dans l'arène, face au taureau, galopant du côté où il va toréer afin de pouvoir se rabattre sur la charge du taureau sans avoir à s'en détacher.

Les premières attaques doivent donner au cavalier une indication sur la manière de combattre. Les chevaux qui ont de l'expérience lui font savoir, par leurs réactions, qu'ils ont saisi le caractère du taureau. Mon cheval Sultan était de ceux-là. Selon l'endroit où se place le taureau, il y a plusieurs manières de toréer à cheval : près de la barrière, loin d'elle ou au centre de l'arène. De même pour la manière de poser les banderilles : devant le cheval, à la hauteur de l'étrier ou, avec moins de mérite, à la hauteur de la croupe. Au moment de les poser, le bras doit être horizontal et les banderilles perpendiculaires au garrot.

Lorsque le taureau se trouve très près de la barricade, il faut placer les banderilles *al sesgo*, c'est-à-dire le cheval à l'extérieur. Plus éloigné, le cheval peut entrer par l'intérieur, par l'extérieur ou en situation diamétralement opposée. Le cavalier ne doit pas improviser la rencontre en mettant à profit un galop qu'il aurait lancé dans une autre direction, mais la provoquer en faisant partir le cheval face au taureau.

Le combat se situe le plus souvent entre le centre de l'arène et la barricade. Lorsque le taureau est proche de celle-ci, la rencontre est inévitable si la décision est prise de passer. Le cheval ne peut désobéir à son cavalier et, de ce fait, ni le dressage de la monture ni la bravoure du taureau dont la charge est limitée ne peuvent être jugés. Aussi est-ce pour cette raison que le combat ne prend son maximum d'intérêt que lorsqu'il se déroule au centre de l'arène. Le travail du cavalier se juge différemment selon qu'il se dirige vers le taureau ou que, tout au contraire, le taureau vient à lui.

Son courage renforcé par les applaudissements du public, accordant une confiance aveugle à son cavalier, le cheval s'en remet à la volonté de ce dernier. Les sentiments de l'un et de l'autre se confondent. Leur victoire et leur joie sont communes. Aussi le *rejoneador* porte-t-il une double responsabilité : non seulement celle d'émouvoir le public, mais surtout celle de protéger son cheval du taureau. Ce sentiment s'impose avec force au cavalier.

Un jour, au cours d'une corrida, une dame me lança une rose. Je brisai une banderille, y fixai la fleur et en couvrit la blessure du taureau. C'est ainsi que fut créée la *suerte* de la rose en hommage à une femme.

Le taureau ressent peu les douleurs que lui causent ses blessures. Comme enivré par son courage, il lutte pour l'honneur, jusqu'à la mort. Les aimer pour ce qu'ils représentent, le cheval pour sa noblesse, le taureau pour son courage, c'est aimer la Création.

A. P.

... dans cet affrontement
où la beauté naît de l'harmonie.

La qualité première exigée d'un cheval de *rejoneador* est évidemment le courage. S'il n'en possède pas naturellement, une confiance totale en son cavalier lui en donnera peu à peu. Le cheval finira par comprendre que les ordres de son maître ont justement pour but de le protéger des réactions du taureau. Obéir aux moindres indications devient alors pour lui gage de salut. Ainsi s'expliquent sa parfaite soumission et sa maniabilité, car toute hésitation serait source de danger.

Jeux de l'arène.

Les joies du labeur

CHAPITRE 6

Qui n'a été touché devant un cheval au travail? Les tâches les plus pénibles, les moindres désirs du maître sont accomplis avec zèle : un commandement et il démarre, muscles bandés et volonté tendue sous le rude effort. Un ordre et il s'arrête, docile au milieu du bruit et de l'agitation. Que la pluie ruisselle sur son dos, que le soleil le cuise, que le froid l'engourdisse, il attend. Un signe de son maître, il repart. Le soir, une tape amicale sur son encolure sera, avec son avoine, sa récompense.

Un gardian surveille un troupeau. Sa monture connaît elle aussi son « métier » et se lance spontanément à la poursuite de la bête indisciplinée, allant jusqu'à l'écarter d'un coup d'épaule, jusqu'à la convaincre d'un coup de dent. Livrée à elle-même, elle s'arc-boutera pour résister à la victime capturée au lasso.

Le forçat mettra à profit une faute d'inattention du garde pour fuir. Le cheval dételé s'éloignera un peu pour brouter mais il reviendra à l'appel de son maître et reculera de lui-même dans les brancards. Il lui serait pourtant si facile d'utiliser sa vitesse pour fuir ou sa force pour renâcler!

Le cheval d'un déménageur que j'ai connu n'aimait pas attendre harnaché. Il avait coutume de se libérer en se frottant aux brancards, sans rien casser. Et son propriétaire le retrouvait à la même place.

Ce consciencieux compagnon de labeur contribue aussi aux loisirs de son maître. Attelé à une voiture légère, il comprendra qu'il ne s'agit plus là d'offrir sa force, mais sa vitesse. Il rivalisera alors avec son voisin. Ce sera à qui sera le plus fier, le plus brillant. Des chevaux qui, chaque jour de la semaine, tirent la charrue participeront le dimanche aux fêtes du village. Oubliant leur dur travail quotidien, offrant leur large dos aux enfants ravis, ils se prêteront à mille fantaisies, à mille jeux. Les plus intelligents en devineront vite les règles. Le cheval du gardian prendra part aux folles poursuites des taureaux de manade lâchés dans les rues les jours de fête...

Partageant labeur et joies, il est naturel qu'entre le maître et le serviteur s'établissent des liens profonds : c'est le cocher de fiacre qui donnait à son cheval son chapeau de paille, son ciré ou même sa peau de bique, selon le temps... Ces prévenances, un moteur pourrait-il les provoquer?

Comtois au travail.

a / L'attelage

par Adrien Drion,
contrôleur général, chef du service des Haras.

L'automobiliste qui, de nos jours, traverserait la France de Dunkerque à Bayonne ne croiserait que quelques rares attelages, peut-être même aucun. Aussi serait-il bien surpris d'apprendre que les statistiques annoncent encore près de neuf cent mille chevaux de trait dans notre pays.

C'est que maintenant les chevaux « ne font plus la route ». Les gros fardiers d'hier ont disparu devant les « poids lourds ». Seuls les camions transportent les betteraves à la sucrerie, les billes de bois à la scierie, les balles de lin à la filature. Les chevaux de trait restent à la ferme où souvent ils ne sont utilisés que pour les travaux légers ; les travaux lourds : labours profonds, débardage des betteraves, moissons sont effectués par les tracteurs agricoles.

Mais si le tracteur règne en maître dans les vastes plaines de la Beauce et de la Brie ou sur les plateaux du Soissonnais, il s'adapte mal aux régions accidentées comme les collines du Boulonnais, aux terres humides des Flandres, aux petites exploitations de l'Alsace ou de la Bretagne, aux vignobles du Midi.

Il reste donc encore de nombreux chevaux de trait qui, selon les climats, les formations géologiques des terres, les utilisations demandées se répartissent en quatre grandes races françaises, aux standards nettement définis : l'ardennais, le boulonnais, le breton et le percheron.

Il convient également de citer le petit comtois, cheval des plateaux du Jura, de taille réduite, distingué, très rustique, ardent au travail et résistant aux climats montagneux. Cette race, aux effectifs malheureusement peu nombreux, jouit actuellement d'une vogue bien méritée.

Il reste encore près de neuf cent mille chevaux de trait en France...

Le cheval de trait, si répandu en France autrefois, s'est vu détrôner par le tracteur pour la culture, par le camion pour le transport. Si beaucoup de poulains vont à la boucherie, quelques chevaux continuent leur labeur dans les petites exploitations ou dans les terrains que le tracteur ne saurait aborder.

Les plus purs spécimens de ces races se trouvent chaque année réunis au concours général agricole de Paris, et c'est toujours avec un grand succès qu'ils défilent sous les yeux admiratifs des citadins.

Il est navrant de constater que, par suite d'un soi-disant progrès, les chevaux de trait, résultat de plusieurs siècles de patiente sélection et de judicieux croisements, connaissent de nos jours une crise alarmante.

La mentalité est telle que le jeune cultivateur a peur de passer aux yeux du voisin pour un attardé s'il ne possède pas un tracteur aussi puissant et moderne que le sien. Et cependant, comme le reconnaissait un ancien ministre de l'Agriculture, « la motorisation a été poussée quelquefois au-delà de sa rentabilité même [1] ».

L'administration des Haras s'est donc émue d'une telle situation qui pousse à la ruine nombre de petits exploitants, bons cultivateurs sans doute mais médiocres comptables. Les traditionnels concours d'attelages de chevaux de trait ont été maintenus et développés dans les anciennes régions d'élevage, comme la Bretagne, d'autres ont été créés dans le but de maintenir l'amour du cheval dans les campagnes.

Les épreuves attelées de Bretagne sont très anciennes. Elles sont à l'origine de la race postière qui fit la fortune de cette province. L'ancien bidet de la Montagne bretonne ou de Cornouaille était de petite taille (un mètre quarante), d'un aspect commun et marchait l'amble; c'était l'unique moyen de locomotion de ces pays pauvres et mal pourvus de routes. Ce petit cheval fut transformé d'abord par croisement avec des étalons arabes ou anglais (cela occasionna quelques déboires), puis avec des carrossiers normands, enfin par l'importation d'étalons Norfolk. Ces derniers eurent une influence très heureuse en produisant le demi-sang norfolk-breton, qui devint le postier breton, à la réputation mondiale, dont les qualités étaient mises à l'épreuve sur le classique parcours de la lande de Pencram, couru traditionnellement la veille des achats d'étalons par les Haras nationaux.

C'est en s'inspirant des épreuves attelées de Bretagne que, plus récemment, ont été organisés les concours de Maîche (Doubs) et de Semur-en-Auxois.

Maîche est la capitale du cheval comtois. Ce petit cheval a toujours été réputé pour sa résistance et son aptitude à la traction. On raconte que pendant la Grande Guerre un ancien éleveur, le père Perrin, a effectué dans la journée, avec sa jument attelée à une voiture à quatre roues, le trajet Provenchère-Besançon et retour, soit cent douze kilomètres, en deux temps de trot. Nombreux sont encore les comtois qui, matin et soir, vont porter au chalet, c'est-à-dire à la fromagerie, le lait de la journée, attelés à une voiture à quatre roues (plus indiquée en pays montagneux qu'une charrette à deux roues). Cette voiture est remplacée, en hiver, par un traîneau.

Oui, les paysans du Doubs aiment encore leurs chevaux; ils en sont fiers et savent s'en servir.

C'est là un exemple qui pourrait et devrait être suivi dans d'autres régions où la jumenterie est encore nombreuse, comme le Boulonnais, les Ardennes ou la Mayenne.

Ces concours d'attelages, toujours populaires, doivent conserver un caractère folklorique; ils créent une ambiance de sympathique compétition, maintiennent le goût et l'utilisation du cheval rural, enfin sont une occasion d'activités artisanales et de joyeux divertissements locaux.

Si les races de trait subissent de nos jours une terrible crise qui amenuise très dangereusement leurs effectifs, il n'en est pas de même des races de chevaux de sang. Celles-ci, après la dernière guerre, avaient aussi connu une grave période de déclin due à la réduction brutale des achats de la remonte militaire. En quelques années, les effectifs de chevaux de selle avaient fondu, mais grâce

1. « Dans les exploitations familiales, seulement 12 % des travaux atteignent 80 % de la charge maximale du moteur, tandis que pour la moitié des travaux annuels le moteur ne fonctionne qu'à 35 % de sa puissance. De ce fait, bien souvent les cultivateurs achètent des chevaux-vapeur pour le plaisir de ne pas les utiliser et... de se ruiner. » (Dr Seifer, traduction littérale.)

... qui connaissent une renommée mondiale.

Le breton est le plus souvent alezan, avec beaucoup d'expression, une splendide épaule, les membres bien trempés et des actions brillantes. Il conserve de très nombreux adeptes tant en France qu'à l'étranger.

L'ardennais, jadis cheval de guerre, se rendit célèbre pendant la campagne de Russie. Son modèle cubique, très membré, très près de terre, sa grande rusticité et son caractère paisible ont beaucoup contribué à son extension.

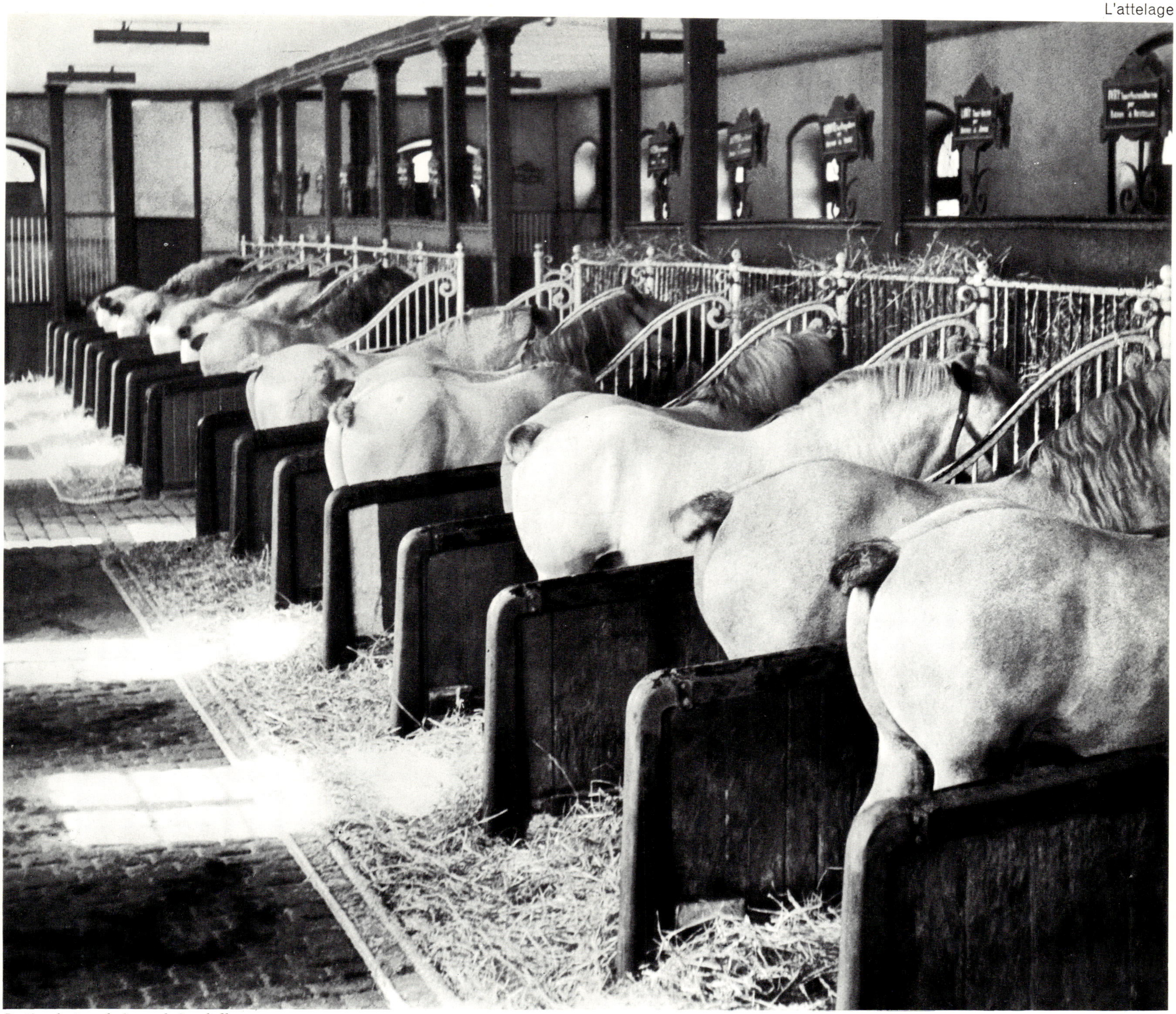

Postiers bretons du haras de Lamballe.

Le percheron et son cousin le trait du Maine, hier de robe pommelée, sont aujourd'hui gris très foncé ou noirs. Ils sont utilisés dans les exploitations de l'Anjou, du Maine, de la Mayenne, de la vallée de la Loire.

Le boulonnais, le plus souvent sous poils gris, est le véritable pur-sang des chevaux de trait. Il rappelle, par sa distinction, son tissu dense et son influx nerveux, le cheval arabe dont il est issu.

Ardennais.

Reprise d'attelage de postiers bretons.

aux efforts de l'administration des Haras, une jumenterie avait pu être conservée dans les berceaux de race de la Normandie, du Charollais et du Sud-Ouest. C'est en partant de ces « îlots de résistance » que l'élevage du cheval de selle put prendre le magnifique essor que nous constatons aujourd'hui, essor dû à l'engouement dont bénéficie l'équitation, tant l'équitation sportive que l'équitation de masse (l'équitation populaire, selon l'expression d'un ancien ministre de l'Agriculture). Les concours hippiques sont de plus en plus nombreux; les concours complets, bien que de création récente, se multiplient dans toutes les provinces et le dernier venu, le « tourisme équestre », commence à faire parler de lui en organisant de grands rassemblements nationaux et des épreuves d'endurance. Mais parmi toutes ces disciplines, il en est une qui, en France, sombre dans l'oubli : l'attelage des chevaux de sang. Dieu sait cependant si les attelages de sang étaient nombreux au début du siècle. L'automobile leur a porté un coup brutal et, maintenant, la circulation intense et les routes goudronnées, dangereusement glissantes, leur sont peu favorables.

Si les vieux principes de l'ancienne école française sont universellement répandus et forment la base de l'équitation moderne, ce sont par contre les méthodes anglaises qui ont été adoptées en attelage et constituent la tradition de l'art de mener, du « menage ».

Il n'y a plus en France de concours d'attelages de chevaux de sang; autrefois la Société hippique française en organisait chaque année au Grand Palais (jusqu'en 1914). Par contre, ces concours existent encore à l'étranger, dans les pays de l'Est en particulier.

En Angleterre, pays de traditions, nombreux sont encore les bons *whips* pratiquant le coaching et capables de mener aisément un *four in hand*.

En Suisse, le Dépôt fédéral de Berne possède une « section attelage » avec des spécialistes qui servent d'instructeurs et enseignent suivant le style classique anglais dans les centres de cavalerie, dans les sociétés hippiques et également dans les écoles d'agriculture; des concours sont organisés régulièrement sous le patronage de la Fédération suisse des Sports équestres.

L'Allemagne organise chaque année deux très importantes manifestations d'attelages. L'une se déroule à l'occasion du C.H.I.O. d'Aix-la-Chapelle, qui forme un véritable championnat d'Europe de cette spécialité, l'autre est le derby de Hambourg.

Le concours d'Aix-la-Chapelle réunissait l'année dernière onze teams allemands, trois hongrois, un polonais, un américain et deux suisses. La plupart de ces teams appartenaient à des établissements militaires ou à des haras d'État. Les attelages allemands avaient été sélectionnés auparavant dans des concours locaux. Le classement final se fit sur sept épreuves différentes : présentations à deux et à quatre, reprises imposées de dressage à deux et à quatre, et enfin deux épreuves en terrain varié avec passage de gué; de plus, en 1966, une épreuve facultative de tandems réunissait douze concurrents. Le gagnant de ce combiné, en 1966 et en 1967, fut le Suisse Auguste Dubay, instructeur en chef du Dépôt fédéral de Berne.

Quant au derby de Hambourg, créé en 1950, c'est une épreuve très dure qui nécessite des chevaux d'âge et très entraînés. Après les épreuves de dressage à un, deux et quatre chevaux, se dispute le fameux parcours de trente kilomètres comprenant dix kilomètres sur route au trot (allure libre), puis dix kilomètres au pas, et pour terminer un parcours en terrain varié avec obstacles naturels, passages de rivières... En 1967 le « Derby » fut gagné par le Hongrois Kädar (classé troisième au combiné d'Aix-la-Chapelle).

Actuellement en France, en dehors des officiers des haras, seuls quelques très rares amateurs continuent à « mener »; il convient de citer parmi eux M. Jean Landrin qui, récemment encore, présentait magistralement un très beau tandem attelé.

En 1963, à Bois-le-Duc, en Hollande, les Haras nationaux organisaient une magnifique présentation de dix attelages d'étalons, dont un tandem de trotteurs (Cluny) et un attelage de six selles français (Saint-Lô). Le véritable triomphe qui sanctionna cette manifestation constitua la plus heureuse des publicités pour nos races nationales, tant de selle que de trait, à tel point que l'année suivante la Belgique invitait l'administration à renouveler cette

Vifs et rapides en dépit de leur masse imposante...

Les puissants étalons de trait des haras, bien nourris et débordants de vigueur, ont besoin d'une détente journalière pour entretenir leur forme. Quand ils sont peu nombreux, ils peuvent être sellés et montés par leurs palefreniers, écartelés sur leurs larges dos. Mais il est plus commode de les faire travailler, plusieurs à la fois, en les attelant à de légères voitures qu'ils emportent à vive allure. Il est merveilleux de voir tant de puissance se dépenser avec tant de brio pour un si petit effort. Attelages à quatre, attelages à deux, attelages en tandem : c'est l'art du *menage*, si répandu encore en Europe centrale, si rare en France désormais.

Boulonnais à la faucheuse.

présentation à l'occasion du concours agricole de Bruxelles. Ce fut un nouveau succès et un véritable tour de force que de réunir tant d'attelages d'étalons dans l'enceinte couverte et relativement réduite du palais du Heizel. En effet les étalons sont beaucoup plus délicats et difficiles à mener que de simples chevaux de service. Ces deux présentations avaient été minutieusement réglées par l'inspecteur général de Laurens de Saint-Martin.

L'administration des Haras s'efforce donc de maintenir les traditions de l'attelage dans la plupart de ses dépôts, en particulier au Pin, à Lamballe, à Angers, à Saint-Lô. Ces traditions classiques impliquent la tenue des guides soit à la française (plus utilisée pour les attelages de trait), soit à l'anglaise, selon la méthode codifiée par L. Howlett dans son ouvrage *Leçons de guides*. Cette méthode est maintenant universellement utilisée. Elle permet de mener un attelage à quatre avec le plus de précision et de douceur possibles pour la bouche des chevaux. Son principe est simple : les quatre guides, très soigneusement et définitivement ajustées, sont tenues dans la main gauche tandis que de la main droite, qui déjà tient le fouet, le cocher peut « dialoguer » avec chacun de ses chevaux en jouant avec les guides comme un pianiste joue sur son clavier. Principe très simple mais dont l'application n'est pas aisée et qui demande un long entraînement.

La conduite d'un tandem est plus délicate que celle d'un *four in hand ;* elle exige beaucoup de doigté et des indications très discrètes car le cheval de flèche, à la moindre faute de main, peut faire demi-tour et venir, d'un air narquois, demander des instructions plus précises au cocher débutant. Aussi pour le tandem préférons-nous, au peloton de l'attelage à quatre, la conduite par légers glissements des guides, effectués avec la main droite.

De même qu'en équitation la discrétion dans l'emploi des aides est de rigueur; pas de saccades brutales sur les guides, pas de claquements de fouet, pas d'appels de langue trop sonores... Correction dans la tenue : « Le cocher doit être assis carrément et solidement sur son siège, les genoux rapprochés, les pieds bien appuyés sur la coquille, légèrement tournés au-dehors, le haut du corps vertical,

D'un pas paisible
ils assurent le pain de tous.

les épaules effacées, la tête haute, droite, dégagée des épaules, les coudes près du corps, les poignets soutenus et rapprochés à deux ou trois pouces de la ceinture » (chevalier d'Hemars). Comme en équitation, l'action des guides s'exercera par les poignets et ne nécessitera jamais le retrait des coudes. Correction encore dans la tenue du fouet qui doit être toujours dans la main droite et dirigé vers le garrot du cheval de timon gauche, ni trop relevé ni trop abaissé. Jamais, lorsque l'attelage est en mouvement, le fouet ne doit rester dans le porte-fouet. Parfaite correction, naturellement, dans la tenue vestimentaire ; on ne peut imaginer un cocher sans coiffure ou sans gants.

Qu'il me soit permis, avant de clore cet article, de citer deux anecdotes personnelles.

La première se rapporte au tandem. Il y a quelques années, mon cheval de chasse ayant été blessé au dos et de ce fait indisponible sous la selle, je décidai de l'atteler à une charrette pour le maintenir en condition. Je suivis donc quelques laisser-courre dans cet appareil et, pour ne pas perdre la chasse, il m'arrivait, lorsque le terrain n'était pas trop lourd, de suivre les cavaliers en futaie; cela était si passionnant que par la suite j'ai mis ce cheval en flèche de tandem et ainsi, au trot gaillard, je traversais les futaies en m'efforçant d'éviter les souches, les trous ou les grosses pierres. J'ai connu ainsi, sur la charrette de tandem, de grandes joies sportives en me faufilant au grand trot parmi les chênes.

Seconde anecdote : lors de la dernière réunion en nocturne organisée au vélodrome d'Hiver, la Société du Jumping avait, dans son programme, prévu une présentation d'attelages; j'avais été désigné par le ministère pour y participer avec mon attelage de quatre étalons trotteurs. Faute de temps, aucune répétition n'avait pu avoir lieu. Les chevaux, logés dans des boxes provisoires, avaient été garnis de nuit dans une petite cour voisine. L'intense circulation dans ce quartier empêchait d'emmener se détendre les chevaux dans les rues. Les quatre étalons, peu habitués au brouhaha parisien, étaient très nerveux, et moi très ému. J'envisageais le pire : accrocher la porte d'entrée, rompre un trait, casser la flèche ou un palonnier sous les yeux des milliers de spectateurs. L'instant du numéro approchait. J'ajustai mes guides et démarrai dans la nuit. Je pris le trot mais, dans le couloir d'accès, sortant de l'ombre je me trouvai brutalement ébloui par les flashes des photographes et par les projecteurs de la piste; je devinais à peine les oreilles des chevaux de timon, je ne voyais plus du tout les chevaux de volée. Pas question d'arrêter. D'un vigoureux appel de langue, j'enlevai les quatre étalons, la main gauche crispée sur les guides, heureusement bien ajustées, et la droite maniant vigoureusement le fouet. Et tout s'est très bien passé, hormis un pot de fleurs renversé à la sortie. Cette nuit-là aussi j'ai connu, du haut de mon siège, de bien vives « joies du cheval »!

En Belgique le baron Jean Casier, président de la Société des Courses et maître d'équipage du rallye Waregem, dans l'obligation d'abandonner l'équitation sportive, s'est tourné vers l'attelage; il possède, dans sa belle propriété de Nokère, la plus remarquable collection de voitures et de harnais qui existe actuellement. Le tout est merveilleusement entretenu. Tous ses chevaux de selle sont mis dans les traits et, grâce à l'attelage, le baron Casier continue à goûter les joies de l'homme de cheval.

Un proverbe arabe dit : « Où peut-on être mieux que sur le dos d'un cheval ? » Je partage entièrement ce point de vue mais j'ajoute que, solidement campé sur le siège d'un break, les guides dans la main gauche, le fouet dans la droite, au trot gaillard de quatre étalons de sang, on se trouve également fort bien!

A. D.

Quelle force émane
de ces puissantes épaules !

Trait lourd.

Dans les roseaux de Camargue.

b / Les gardians

par Denys Colomb de Daunant et Alain Albaric.

Voilà longtemps déjà que l'on redécouvre passionnément, chaque décade, l'exotisme camarguais; et pourtant, grâce à ses défenses naturelles, cette terre persiste à se cacher derrière elle-même. Afin de s'en bien persuader, il suffit de sillonner les routes du delta pour n'apercevoir à l'horizon ni gardian ni troupeau de taureaux ou de chevaux sauvages, sans parler des flamants.

Dans ce monde pressé où l'or est moins précieux que le temps, il est difficile d'expliquer au voyageur qu'il existe encore une soixantaine de manades comptant de cent cinquante à quatre cents têtes de chevaux et de taureaux, dix mille flamants en été, deux cent mille canards pour l'hivernage... et que toute cette vie subsiste justement à l'écart des routes et de ces gens « pressés ».

Il est difficile, aussi, de croire qu'il subsiste de simples gardians. Pour ces hommes, et aussi étrange que cela paraisse, l'essentiel de leur existence a peu changé. A cette époque où l'appel des villes est si fort, leur vie demeure plus que jamais celle de leur choix.

Dans l'exercice de son « métier », le cheval reste pour le gardian un précieux compagnon.

De taille moyenne, de robe claire, il est, selon Samson, l'un des équidés survivants le plus proche du type primitif et ressemble étonnamment au cheval préhistorique représenté par les dessins rupestres. Il faut cependant admettre que les tentatives d'apport de sang barbe et arabe ont été de longue date à peu près permanentes. Mais à l'analyse on constate qu'il n'en reste paradoxalement que peu de traces. Les hybrides, à de rares exceptions, ne peuvent résister aux conditions de vie particulièrement impropres que subit le cheval autochtone adapté depuis les temps les plus lointains :

Le cheval de Camargue,
sobre et rustique,
parfaitement adapté
à ce pays de prés et d'étangs...

Presque toujours de robe grise ou blanche, la tête carrée, les crins abondants, le cheval camarguais est très proche du cheval primitif. Son type rappelle les dessins rupestres découverts dans les grottes. Il en a consesvé la rusticité et la sobriété, mais aussi le peu d'étendue. Il est d'une résistance et d'une endurance étonnantes.

laissé en liberté constante, livré aux attaques des mouches, moustiques et sangsues, aux brusques écarts de température, il doit même parfois ne s'abreuver que d'eau saumâtre. Il y a tout lieu de croire que ce type de cheval disparaîtra le jour où les derniers milieux marécageux qui l'ont perpétué seront drainés. Le cheval camarguais transplanté en d'autres régions s'adapte volontiers à sa nouvelle condition, toujours meilleure que celle de son pays d'origine.

En Camargue plus qu'ailleurs le cheval est indispensable car la majeure partie des pâturages est impropre à tout véhicule classique. Il demeure le seul moyen de locomotion dans « ce pays des commencements du monde » où, comme le dit si bien Jean Proal, « la terre, le ciel et l'eau ne se seraient pas encore séparés ».

Dans cette nature, quelle est la vie de ce cheval et de cet homme? Deux saisons bien distinctes : six mois de vie intense où, perpétuant leurs traditions séculaires, les courses à la cocarde, de village en village, réclament au gardian un travail incessant, et six mois de vie pastorale pendant lesquels, plus ou moins replié sur lui-même, il veille sur son troupeau de taureaux et de chevaux.

L'apparition fréquente des clôtures en fil de fer a peu changé son labeur; elles côtoient l'ensemble du territoire de pacage sur de longs kilomètres, mais leur efficacité reste bien relative : si rien ne le trouble, l'animal égaré longe les barrages, mais à la moindre incitation il les franchit sans peine. Et, comme autrefois en définitive, le gardian doit veiller presque sans relâche.

L'hiver est la période choisie pour capturer le jeune cheval à dresser. Pour l'animal, subitement sevré de liberté, la première rencontre est souvent brutale. Il s'agit moins de dressage que d'une laborieuse prise de contact de deux êtres qui finiront par se comprendre. Peinant au travers du marécage, l'eau jusqu'au poitrail, luttant parfois dans plus d'un mètre de vase, l'animal ne tardera pas à se confier à l'homme.

Précisément le cheval inquiet accepte les directives de son maître. Son instinct lui dit que, seul, bien qu'allégé de la charge du cavalier, il n'oserait vaincre certains mauvais passages. Cela est déterminant dans les rapports entre l'homme et son compagnon. Si le cheval, au début, est craintif, il se montrera par la suite reconnaissant envers son cavalier chaque fois que celui-ci aura su l'engager à se surpasser.

A la surveillance des clôtures, à la garde du troupeau, au cours des longues tournées d'hiver, le gardian éprouve bien vite la joie de sentir de jour en jour son compagnon moins farouche. Ainsi est-il d'autant plus attaché à sa monture qu'il la sait irremplaçable dans le travail demandé. Bien adaptée à ce labeur particulier, celle-ci est supposée la meilleure d'entre toutes.

Il faut reconnaître au cheval camarguais, hors des qualités légendaires de rusticité, de frugalité et d'endurance, certaines autres qualités moins connues : sa sûreté de pied, son habileté en général, sa vivacité au déboulé, et surtout sa maniabilité. Désassemblé, mené sur des rênes flottantes, il porte l'encolure librement. Inactif, il semble sommeiller, la tête basse; dans l'action, au contraire, pleinement disponible, il est aux aguets de la moindre indication. Ne connaissant que la rêne contraire, il garde une sensibilité qui étonne le cavalier expérimenté. A l'inverse de ce qui est souvent affirmé, le mors à branches n'est nullement la cause de sa soumission, car à l'aide d'une simple corde de crin entourant le chanfrein il reste tout aussi délicat.

La selle camarguaise, bien définie, n'est autre que la selle à piquer, alourdie de sacoches pastorales. Quant à la monte, c'est logiquement celle que nous ont léguée nos ancêtres. Elle n'a rien de commun avec l'admirable équitation de compétition pratiquée de nos jours et conserve en usage quelques principes élémentaires traditionnels et classiques.

L'équitation gardiane va trouver sa meilleure justification avec la belle saison. Le gardian connaît alors une période de vie très active. C'est l'époque des « ferrades » où les veaux âgés d'un an sont marqués au fer rouge, à l'emblème de la manade. Maintenues par les nécessités de l'élevage, ces « ferrades » demeurent, comme il en a toujours été depuis des siècles, l'occasion de réjouissances.

Dans cette région sauvage et marécageuse, que ferait l'homme sans ce cheval...

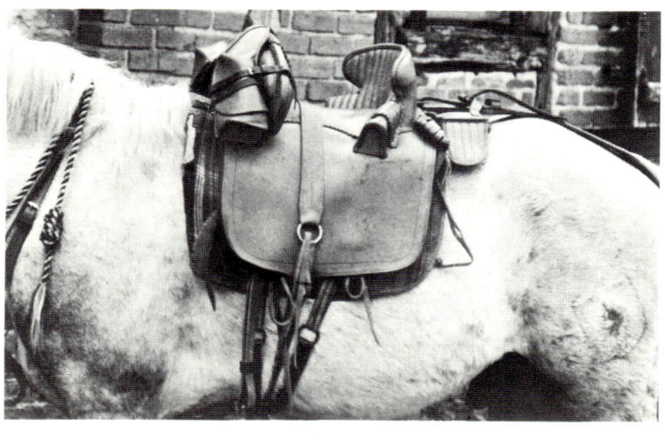

La selle camarguaise a beaucoup d'analogie avec la selle « à piquer » utilisée à Saumur pour les sauteurs. Encadré entre un pommeau et un troussequin proéminents, le pied fermement posé à plat sur un large étrier, le gardian s'y trouve particulièrement stable. Il doit en effet pouvoir, et cela en toutes circonstances, conserver sa liberté d'action.

Gardians et manade.

C'est aussi la saison des courses quotidiennes de taureaux dans l'un ou l'autre des villages de Provence ou du Languedoc proches de la Camargue. Si la raison d'être du cheval est le taureau, celle du taureau réside dans ces jeux populaires dont l'origine se perd dans la nuit des temps. Le « triage », qui consiste à séparer du troupeau les quelques taureaux destinés à la course, est une opération journalière mais délicate. Le taureau camarguais, probablement le plus mobile de son espèce, joute avec le gardian dont la monture est aussi rapide. Si le gardian demeure maître de son travail l'hiver, tout au long de la saison des courses l'aide de cavaliers fervents lui est nécessaire.

Chaque manade est entourée de ses gardians « amateurs », qu'elle tient en estime. Ce sont le plus souvent de petits propriétaires terriens épris de liberté, qui se transmettent de père en fils la selle gardiane et le trident. Chevalerie paysanne spontanée, elle s'attache à l'éleveur de son choix dans le plus complet désintéressement. Le gardian amateur passait autrefois souvent plus de temps à cheval que dans ses propres terres, plus de mois à la manade qu'à son propre foyer.

Les amateurs et le gardian, le matin du triage, vont rassembler la manade éparse dans les marais afin de l'amener sur les terres fermes, cette lande semi-désertique blanche, grise ou argentée selon la densité du sel remonté à la surface du sol. Un groupe de cavaliers forme un cercle à quelque deux cents mètres du troupeau tandis que d'autres, tridents en mains, poursuivent au cœur de la manade le premier taureau choisi, l'en séparent et le conduisent vers l'enceinte des cavaliers. Mais l'animal élu met toute sa volonté à tromper leur dessein. Les cavaliers luttent de vitesse et rusent avec le taureau aussi rapide que léger. C'est une poursuite tournoyante à travers le dédale des cornes. Parfois l'animal se retourne sur un gardian qui l'écarte et le repousse de son trident.

On a vu des montures se passionner à tel point pour ce triage que le cheval tentait de mordre la croupe de l'animal poursuivi! Ou bien, une fois dessellé et rendu à la liberté dans le troupeau, par instinct ou accoutumance séparer de lui-même un certain nombre de taureaux, tel le chien du berger. Pourtant, trop passionné, le cheval devient impropre et désobéissant; le triage ne peut bien se pratiquer qu'à l'aide d'une monture soumise et légère à la main.

Le plus souvent les six taureaux, une fois enfermés dans le *bouvaoù* (corral), sont embarqués puis transportés en char automobile jusqu'au village. Parfois pourtant les cavaliers conviennent de mener depuis le pâturage jusqu'aux arènes les taureaux prisonniers du cercle de leur monture. C'est ce qu'on nomme l'*abrivado*.

Après le triage, les cavaliers se resserrent prestement autour des taureaux et forment de leurs chevaux pressés les uns contre les autres un rempart afin que les captifs ne puissent s'échapper ni même donner le moindre coup de corne. Il est dès lors primordial que la formation ne s'arrête à aucun instant et reste toujours dans le mouvement en avant, chaque gardian tenant soigneusement sa place, quoi qu'il arrive.

Au trot rapide l'*abrivado* s'achemine à travers la campagne en direction du village. Mais voilà qu'un taureau plus farouche que les autres fait une percée entre les montures de tête. L'animal a vu le jour entre la croupe des chevaux, il s'est lancé, sa corne a éraflé la cuisse d'un gardian. Déjà la formation se disloque, les six taureaux se dispersent. Les gardians luttent de vitesse avec le fugitif de tête, le dépassent, le freinent dans sa course tandis que d'autres cavaliers rassemblent ceux qui sont restés en arrière et reforment le rempart.

Les taureaux, dont la nervosité s'apaise, vont peut-être se laisser conduire plus aisément... Le village approche. Sur la route que borde la plaine, toute une cohorte gesticulante et hurlante montée sur camions, automobiles ou voitures à chevaux essaye déjà d'effrayer montures et taureaux. Les jeunes gens partis à la rencontre de l'*abrivado* courent autour de la formation et la harcèlent. Le torse nu, ils font tourbillonner leurs vestes ou leurs chemises au nez des chevaux pour les contraindre à élargir les rangs et ouvrir une brèche par laquelle les animaux pourront s'échapper. Certains garçons, plus hardis encore, écartent de leurs bras les montures de

... qui traverse aussi facilement prairies et vastes étendues d'eau?

La surveillance du troupeau est la tâche quotidienne du cheval camarguais. Mais vient le temps où il faut isoler du troupeau le taurillon à marquer ou le taureau destiné à la course. Alors se manifestent l'ardeur et la maniabilité de ce valeureux petit cheval. Galopades éclaboussantes dans le marais, encerclement de la manade... le taureau choisi est vite repéré.

Dans l'étang de Vaccarès.

Taureau de Camargue.

tête; si les taureaux s'enfuient, c'est eux, en premier, qu'ils renverseront. D'autres, s'infiltrant entre les croupes qui ferment la marche, attrapent par la queue un taureau qui se retourne et, fonçant sur l'homme, fait éclater la formation.

Pendant ce temps, d'autres villageois ont allumé des feux de paille ou de fagots de sarments de vigne. Cavaliers aveuglés, taureaux et chevaux effrayés par les cris et la fumée, l'*abrivado* reformée charge à travers les rues, parmi la foule. Les villageois vont-ils vaincre? Ils étendent un drap blanc au sol afin d'épouvanter les montures. L'une d'elles bute sur un assaillant, le renverse et s'affale. La charge se disloque de nouveau. Les taureaux, libres, s'élancent maintenant à travers les rues, bousculent, blessent parfois ceux qui se trouvent sur leur chemin. Les gardians, convergeant les uns vers les autres, parviendront une fois encore à reformer l'*abrivado* pour l'amener au terme de sa course. Au plein galop, fendant la foule, l'*abrivado* pénètre dans les arènes; les taureaux sont enfermés dans le toril. Les cavaliers ont vaincu, la course aura lieu.

Si tous les excès sont admis dans la folie du combat qu'anime la passion de ce jeu violent et ancestral, l'*abrivado* terminée aucune rancune ne demeure. C'est l'allégresse collective. Cette victoire est d'autant plus chère au cœur du gardian qu'en cas d'échec plusieurs jours de recherche et de chasse seraient parfois nécessaires pour ramener à la manade les taureaux échappés.

Tout cela est loin de l'image conventionnelle. Le gardian de métier demeure éloigné du contact touristique. Il aime passionnément son travail, dont il tire les plus grandes satisfactions.

Ici les blockhaus, héritage de la dernière guerre, se sont enlisés. Toute entreprise semble éphémère. La violence des vents, la nuisance des moustiques, la nature incertaine de ces terres demeurent encore les meilleurs garants des beautés à préserver... et de leur pérennité que présagent les vers de Baroncelli :

« Et les temps nouveaux seront les temps anciens. »

D. C. D. et A. A.

L'entaille des oreilles du taureau
indiquant sa manade,
les cornes en forme de lyre
ou de croissant de lune...

L'aiguillon du gardian est un trident aux pointes droites et incurvées qui rappelle la silhouette des cornes du taureau. Il est fixé au bout d'un manche de deux mètres cinquante environ, en châtaignier.

Gardian tenant son aiguillon.

Les joies des enfants

CHAPITRE 7

Cette extraordinaire passion en faveur de l'équitation qui, nous le constatons chaque jour, prend plus d'ampleur, a remis à la mode une race qui semblait condamnée à disparaître : les races de petits chevaux.

Il faut voir là plusieurs raisons. En premier lieu l'enthousiasme équestre qui s'empare d'amateurs de plus en plus jeunes nécessite des montures proportionnées à leur taille. Parmi ces « mini-chevaux » pourtant, il en est de redoutables qui savent bien vite se débarrasser de leur cavalier. Un débutant ne pourrait les monter. Un cheval de taille courante est souvent plus placide. Évidemment, du haut de son dos la terre paraît bien basse! A mon avis un adolescent déjà riche d'une certaine expérience doit choisir un poney d'un mètre trente-cinq à un mètre quarante.

Les races pygmées ont ceci d'attirant qu'elles paraissent de véritables jouets. Ces petits chevaux se laissent cajoler comme de bon « nounours », tout au moins jusqu'au moment où l'on veut les monter. Cette docilité, même si elle n'est qu'apparente, contribue pour beaucoup à mettre en confiance le jeune candidat cavalier.

Mais une autre raison milite en faveur des poneys : leur rusticité et leur frugalité qui en font la plus économique des montures. Ces chevaux peuvent en effet vivre dehors tout au long de l'année ou se contenter du plus modeste des réduits. En outre ils mangent peu, et jamais d'avoine en général.

L'élevage des poneys peut ainsi être pratiqué par tous, alors qu'il est risqué par exemple de se lancer dans la production des chevaux de taille normale. Et puis elle est adorable la petite frimousse qui fait la joie de l'élevage familial!

Qu'il s'agisse de ramasser les feuilles mortes dans un parc, de transporter du fourrage pour les animaux, du terreau pour les potagers, le poney, attelé à des charrettes ou à de petits tombereaux, rend de multiples services.

Enfin ces modèles réduits sont doués d'une admirable énergie. Ils peuvent être utilisés à des travaux qui nécessitent de rudes efforts car leur cœur et une résistance insoupçonnée chez un si petit cheval leur permettent d'étonnantes performances.

Animal patient, sensible et fier, qui s'attache à son maître, le poney n'est donc pas seulement le compagnon idéal de nos enfants.

Étalon de Shetland (Event of Netherley) devant le massif de Belledonne.

Les poneys

par le docteur-vétérinaire Bidault.

Plus que les autres chevaux, les poneys ont gardé le souvenir de la jeunesse du monde. Négligés par les éleveurs qui ont oublié de les « améliorer », ils ont conservé l'aspect de leurs ancêtres, qui vivaient libres dans une nature sauvage.

Aujourd'hui encore, de nombreux poneys connaissent la liberté, non seulement celle de se mouvoir sans entraves dans une vaste étendue, mais l'état, privilégié pour des animaux domestiques, de vivre en harde, composée de l'étalon, des juments et des poulains. C'est sans doute pour cela que les poneys sont restés si joyeux, avec cette gaieté innée qui incite à jouer toutes les créatures sauvages et toutes les bêtes esclaves lorsque leur tyran a oublié de fermer la prison.

L'homme a façonné les races de chevaux en vue d'utilisations bien définies. Les sveltes pur-sang d'hippodromes comme les monumentaux percherons sont des créations de l'industrie de l'élevage.

On admire les lignes nobles du galopeur, on s'émerveille devant la masse du tractionneur, mais le poney, par son seul aspect, fait naître le sourire.

Sa tête, aux bons gros yeux bien ouverts, est crânement portée sous le panache ondulant du toupet et de la crinière. Son corps, à la fois replet et agile, semble toujours prêt à bondir sous l'impulsion vigoureuse des jambes courtes, mais solides et nerveuses. Le buisson touffu de la queue accentue l'aspect « petit cheval indompté ». Avoir l'air sauvage et être en fait si brave, si gentil, voilà l'amusant paradoxe du poney, voilà bien de quoi séduire les amoureux des bêtes et de la nature.

De très nombreuses races de chevaux de petite taille ont existé jadis. A vrai dire, tous les chevaux primitifs étaient des poneys.

Hirsute et poilu,
il broute paisiblement.

Poneys de Shetland.

Leurs descendants, plus ou moins « modifiés », habitent encore des régions défavorisées, où tout au moins jugées telles.

Il existe de par le monde, dans de telles régions, un grand nombre de races de poneys; une trentaine sont répertoriées. Rien de commun entre ces races, sinon une taille réduite. Toutefois il semble que le froid agisse en raccourcissant la longueur des membres (et des oreilles), tout en maintenant un corps massif, large et bien éclaté. Par contre, le climat chaud diminue l'ampleur du corps et allonge les membres. Élevés dans des régions plus clémentes, les poneys y conservent leurs caractéristiques ancestrales et n'ont pas tendance à grandir.

Le plus typique, le plus poney des poneys, celui dont la race est restée absolument inchangée depuis deux mille ans, est le petit Shetland : cent sept centimètres au maximum, véritable concentré d'énergie équine. Le portrait type que nous avons tracé s'applique parfaitement à lui. Il reste à préciser que toutes les robes sont admises, même les pie, et que son poil d'hiver, composé d'une fourrure soyeuse sous-jacente et d'un revêtement superficiel de longs poils, le rend absolument insensible aux intempéries.

Le poney Highland, des hautes terres d'Écosse, dont il existe plusieurs types (le plus petit étant celui des îles de l'Ouest), ressemble à un Shetland grossi. Très docile, d'une résistance étonnante, il peut porter ou tirer d'énormes charges en terrain difficile. Sa taille varie d'un mètre trente à un mètre quarante-cinq.

Immédiatement au sud de la frontière écossaise, nous trouvons les curieux Dales, très grossis par l'apport de sang Clydesdale auquel ils doivent les longs poils de leurs pâturons. Ces chevaux, ainsi que leurs voisins restés purs, les poneys Fell, sont presque tous bai brun. Avec les poneys du pays de Galles nous passons au groupe numériquement le plus important des îles Britanniques. Ayant jadis reçu un apport de sang arabe, leur silhouette a de ce fait acquis une distinction particulière. Ils ont été classés en quatre sections en fonction de leur taille : le Welsh mountain pony (section A) mesure d'un mètre douze à un mètre vingt-deux, le poney gallois (section B) mesure jusqu'à un mètre trente-huit, le robuste poney gallois type

Poney de Shetland.

En toute saison ils s'ébrouent gaiement.

cob (section C) et le cob gallois (section D). Le poney gallois (section B) est un cheval de chasse miniature. Les robes admises sont le bai, l'alezan et le gris.

En Angleterre du Sud-Ouest vivent encore à l'état sauvage les très rustiques Exmoor, race très ancienne et très pure. Poney athlétique, aux yeux saillants, aux oreilles petites, aux épaules et aux reins extrêmement puissants, il est bai, gris foncé ou alezan. Signe particulier : tout le bas de sa figure jusqu'au chanfrein est de couleur gris farine d'avoine. Il ne dépasse pas un mètre trente.

Son voisin le Dartmoor lui ressemblait beaucoup à l'origine. Il fut ensuite croisé avec le Shetland pour produire un modèle apte au travail des galeries de mine. On cherche maintenant à revenir au type pur. En regagnant Londres, on rencontre l'élégant New Forest; il vient tout de suite après le gallois quant à son importance numérique. Très imprégné de sang oriental, ce poney d'un mètre vingt-cinq à un mètre quarante-cinq est bai ou alezan. Assez étroit d'épaules, il a conservé du modèle ancien l'encolure un peu courte, l'ossature solide, ainsi qu'une grande robustesse. C'est un excellent poney de selle pour enfants et adultes.

En Irlande de l'Ouest, dans le comté gaélique de Connaught, vit le fameux poney Connemara. La race reçut à plusieurs reprises du sang espagnol et oriental. Cet apport lui a donné de la distinction. Le corps reste trapu, porté par de courtes jambes; la taille varie d'un mètre trente-deux à un mètre quarante-trois. Toutes les robes sont admises, sauf la pie. Le Connemara, très recherché en raison de sa douceur et de sa docilité, s'adapte aussi bien à l'attelage qu'au concours hippique, où il excelle.

En France, nous n'avons plus aucune race de poneys susceptible d'aligner un nombre suffisant de sujets bien typés. Le poney des Landes, petit cheval assez étroit, aux membres longs et grêles, est semblable à un barbe de modèle réduit. Cette race est en voie de disparition, mais des efforts sont entrepris pour la reconstituer. Le poney pyrénéen de Mérens, montagnard trapu, aux membres puissants, mériterait d'être tiré de l'oubli. Les poneys basques, ou Pottokak, sont élevés sans trop de méthode à l'état sauvage.

1

2

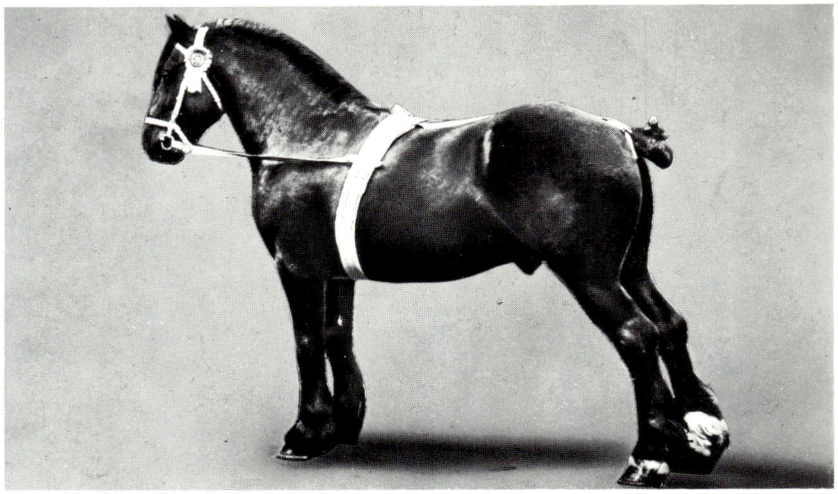

3

4

Rien de commun entre ces races

1 Le Shetland, épais et compact, ne doit pas dépasser 1,07 m. Toutes les robes sont admises, le poil variant selon les saisons. La crinière abondante qui retombe en avant lui cache les yeux. La force et la résistance de ce poney sont extraordinaires.

2 Le Dales mesure de 1,42 m à 1,47 m. Il est noir et brun foncé la plupart du temps, bai quelquefois. Il a le dos court, la croupe musclée. Résistant et de caractère facile, son maniement et son dressage sont aisés. Cette race un moment menacée est aujourd'hui en pleine extension. Ce poney est la meilleure des montures pour les longues randonnées.

3 Le Fell, qui se reconnaît à sa crinière et à sa queue, longues et très fournies, a une hauteur moyenne de 1,37 m. Il est puissamment charpenté, avec des membres solides. Il a le pied rond et bien formé, recouvert d'une corne dure; ses oreilles sont bien plantées et pointues.

4 Le Welsh mountain pony, un poney gallois de montagne, a la tête petite, l'encolure longue et la queue haut greffée. Mesurant environ 1,12 m, il ne doit pas dépasser 1,22 m. Sobre et résistant, il est fougueux et fier. On le décrit souvent comme un arabe qui serait miniaturisé; il est particulièrement remarquable.

Plus près de nous, les Haflinger du Tyrol sont des montagnards d'une rare élégance, à la robe généralement alezane ornée de crins blancs. D'une extrême docilité, aussi bons sous la selle qu'à l'attelage, leur taille varie d'un mètre trente-cinq à un mètre quarante. Ils commencent à être connus en France.

Cette trop courte description de quelques races de poneys vous laisse deviner ce que vous pouvez attendre de ces sobres et robustes petits chevaux.

Lorsque l'on dispose de terrains assez étendus (prairies, landes, bords d'étangs), il est passionnant de se livrer à l'élevage, à condition de commencer sur des bases solides, c'est-à-dire avec des reproducteurs bien typés, jeunes et en bonne santé. Vous savez, en effet, que de nombreux poneys n'ont pas d'origine bien définie (le nombre de ceux-ci tend à s'accroître en raison d'importations qui ne sont certainement pas faites dans le seul but de favoriser l'équitation). Vous attacherez donc une grande importance à la conformation et vous vous renseignerez sur les origines, sans oublier les « papiers » qui en sont les preuves certaines.

Avec de bons animaux, vous éprouverez un plaisir raffiné, simplement en les admirant; vous aurez de plus la satisfaction matérielle, mais non négligeable, de posséder des sujets de valeur.

Le cadre agréable que vous saurez préserver et embellir pour votre troupe doit également vous procurer du plaisir. La prairie en fleurs, bordée de haies, avec de beaux arbres plantés çà et là, s'anime par la présence des poneys au poil luisant et aux gestes harmonieux.

Naturellement un élevage ne va jamais sans déboires. Mais c'est aussi une grande satisfaction que d'apprendre, avec patience et méthode, à l'école de la nature, à affronter les difficultés et à triompher du sort contraire.

Mais quelle joie lorsque, au printemps, vous découvrez vos poulains nouveau-nés. L'année précédente, à la saison où l'étalon recherche les juments, c'est avec une certaine inquiétude mêlée d'admiration que vous avez observé le fier petit mâle, toute crinière au vent, triomphant de la coquetterie de ses partenaires.

sinon une taille réduite.

5

6

7
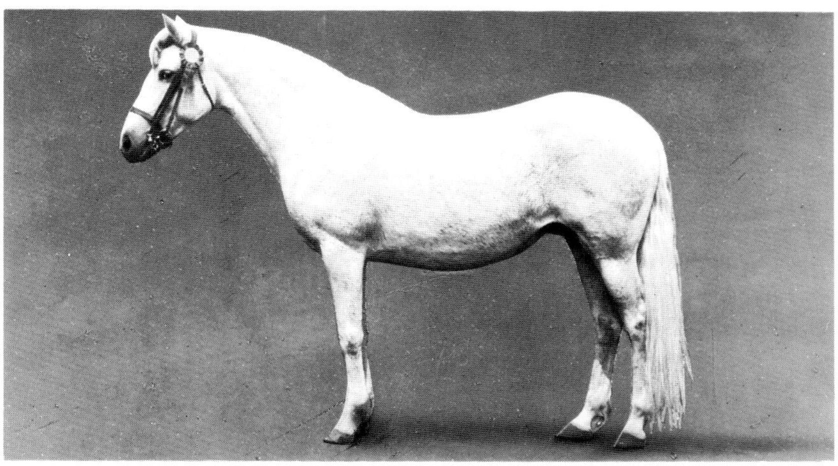

8

5 L'Exmoor, endurant et frugal, est caractérisé par sa robe due au climat de son pays d'origine (l'ouest du comté de Somerset et quelques landes du Devon) : pelage rugueux, terne l'hiver, brillant l'été. Pour augmenter sa taille on l'a croisé avec d'autres races. Il mesure de 1,27 m à 1,29 m.

6 Le New Forest appartient à une race fort ancienne et jouit en Angleterre d'une juridiction spéciale. Sa taille varie de 1,24 m à 1,47 m. Sa robe est le plus souvent baie, ou brune. Il a une solide ossature, une belle tête avec le front large et plat. Robuste, vivant toute l'année dehors, il est par excellence le poney de famille.

7 Le Connemara, un poney irlandais, doit mesurer entre 1,32 m et 1,42 m. Intelligent, endurant, docile, il s'adapte à tout emploi. Il a le corps ramassé sur des jambes courtes, et sa robe est de couleur variée. La tête et l'encolure sont bien équilibrées, l'action libre et aisée.

8 Le Haflinger, dont le berceau est le Tyrol, a une taille comprise entre 1,34 m et 1,50 m. Sa tête est courte, avec l'œil grand et vif, et de fins naseaux. Bien musclé, il a les membres puissants et courts. Sa robe est généralement alezane, avec de longs crins. Monture docile au pied sûr, c'est le poney idéal pour les enfants.

Poney d'Islande.

C'est un spectacle étonnant que d'assister au travail d'un étalon libre. A ce moment-là les juments sont suivies de leurs poulains âgés d'une semaine environ, ce qui les rend inquiètes et nerveuses. Même dans leur état de réceptivité, elles ruent brutalement l'étalon en poussant des cris stridents. Il est merveilleux de voir le mâle isoler la jument choisie, en veillant à ne pas bousculer le petit poulain, tout en « encaissant » les coups avec sérénité.

Viennent les frimas et commence une longue attente. Sous leur bourre hivernale qui leur donne l'air de gros jouets en peluche, les ponettes ont affronté avec une magnifique égalité d'humeur les pluies glaciales, la boue collante, le gel qui tue l'herbe, la neige qu'il faut gratter.

Enfin les bourgeons de l'épine noire ont éclaté en fleurettes blanches et les mamelles gonflées ont apporté la certitude.

Un petit matin gris, comme poussé par un pressentiment, vous approchez de l'enclos. Une jument est là, debout, l'air un peu hagard, les oreilles en alerte, tout son être tendu en une sorte de défi. A son côté, une petite créature toute mouillée flageole sur des jambes trop longues, épuisée par l'effort du contact brutal avec le monde extérieur. Touchez-la légèrement de la main et vous sentez, sous cette apparence de faiblesse, l'immense vigueur des tout jeunes muscles déjà durs. Quelques jours plus tard des galopades éperdues sur la belle herbe nouvelle, des jeux sans cesse recommencés et que l'on ne se lasse pas de regarder feront votre joie.

L'élevage des poneys, c'est ce contact intime avec des animaux presque sauvages puisqu'ils sont capables de se passer de nous. Mais c'est aussi la joie des rencontres avec ceux qui sont animés de la même passion. Car, bien sûr, vous allez visiter d'autres élevages, vous sortirez avec vos poneys, vous les conduirez aux expositions, aux concours. Et cela implique beaucoup de soucis, beaucoup de travail pour éduquer et dresser tout ce petit monde.

Ce dressage, c'est votre affaire (pour peu que vous soyez initié aux choses équestres), mais c'est plus encore l'affaire des enfants.

Chez nous c'est un garçon de quinze ans et deux fillettes d'une douzaine d'années qui s'occupent des poneys.

La surveillance, que j'exerce discrètement, se borne à faire respecter quelques principes très simples : ne jamais courir après les poneys pour les attraper; ne jamais harnacher sans leur parler et les caresser; ne jamais tirer sur les rênes ni donner de grands coups de talons dans les flancs; ne jamais galoper vite plus de quelques secondes; ne jamais distribuer de gâteries sans motif valable.

Ainsi toute notre petite cavalerie devient d'abord douce et familière, confiante et docile ensuite.

Par attirance naturelle, les poulains s'approchent volontiers des enfants. Certains, par contre, sont plus méfiants. C'est avec ces derniers que j'ai assisté à des travaux d'approche fort amusants : un enfant se met à quatre pattes et s'avance tout doucement. Le poulain, curieux, pointe les oreilles, étend l'encolure et flaire l'étrange quadrupède. Il se laisse alors caresser sans difficulté. Le premier pas étant fait, le reste suit aisément.

Le poulain familier, au contact continuel des enfants, devient si confiant qu'il ne se lève même pas lorsqu'il se repose, allongé de tout son long, et que son petit maître vient lui dire bonjour. Dans un abandon alors total il pose sa tête frisée sur les genoux de l'enfant.

Croyez-moi, rien n'est plus sérieux que ce jeu des enfants avec leurs petits chevaux. De tels enfants garderont toute leur vie le respect de toutes les créatures, bêtes domestiques ou bêtes sauvages, dont le bonheur et même la simple survie dépendent des hommes.

Ce respect est vivement acquis lors des premiers essais d'art équestre appliqué. Les poneys ne sont pas des jouets passifs. Ils sont au contraire extrêmement volontaires et n'obéissent que si l'ordre est donné correctement.

Dans notre famille, le garçon est monté très jeune (il n'avait pas quatre ans). Notre premier poney, une monture d'emprunt, était un Shetland très doux mais qui, en guise de dressage, avait été souvent taquiné par des imbéciles. Ce n'était donc pas un poney pour débutant, mais bien le contraire.

Lorsque, vers sept ans, l'enfant fut devenu assez fort pour se débrouiller seul, il avait appris à estimer la force et la volonté du

Sobre et robuste petit cheval...

Ponette de Shetland et son poulain.

poney et son assiette à cru pouvait se comparer à celle de n'importe quel petit Mongol nomade ou à celle d'un jeune Australien du *bush*.

Je n'ai pas eu à recommencer les mêmes travaux avec les deux fillettes. D'abord parce que leur frère était devenu un moniteur compétent, sinon très écouté, ensuite parce que, au lieu du poney « d'occasion » de nos débuts, nous avions nos Shetland bien à nous, qui, à l'appel de leur nom, viennent jusque dans nos jambes. Les petites filles ont appris à monter en jouant; la mise en confiance s'est ainsi faite toute seule.

Maintenant j'ai moi aussi ma ponette, mais attelée. Je me réserve la solide Pooka, qui n'aime pas beaucoup être montée et préfère le sulky ou le tombereau. Crinière dressée, tête haute, au moindre appel de langue son trot s'accélère et les durs petits sabots claquent sur la chaussée.

La route est belle sous le clair soleil d'automne. Les ponettes sont joyeuses de respirer l'air frais, enfin débarrassées des mouches exaspérantes et des taons féroces. Sur l'herbe dense des bas-côtés, mes deux petites cavalières trottinent. Sous leurs pantalons de toile bleue leurs minces jambes musclées sont bien plaquées sur le poil bourru de Paola, pie, et de Mélusine, alezane. Nous allongeons le trot. Les petites nattes blondes fouettent l'air de chaque côté des frimousses roses et rieuses...

L. B.

... idéal compagnon de jeux
pour nos enfants.

Un saut laborieux.

Table des matières

Les dessins
sont du commandant Yves Benoist-Gironière
à l'exception de ceux figurant pages 68 et 69
qui sont extraits de l'ouvrage
« Standards des races de chiens courants »
édité par la Société de Vénerie française.

Les photographies sont de :

Agence France-Presse : page 116 — H. Alder : pages 14 (1), 15 (1) (2), 46, 49, 55 — Associated Press Photo : pages 31, 101 (2), 146-147, 148, 149 — Atlas Photo : page 12 — B. Barbey (Magnum Photos) : page 166 (3) (4) (5) — R. Barbier-Petit : pages 69, 70, 74-75, 78, 80-81 — Y. Benoist-Gironière : page 36 — M. Bertrand : page 121 — P. Bertrand et fils, pages 30, 32-33, 131, 133 (1) (2), 135, 153 (3), 157 — Bibliothèque nationale : page 195 — Blanchaud (École d'application de l'Arme blindée et de la Cavalerie, Saumur) : pages 184 (1), 185 (2) — J. Bouët-Willaumez : pages 48, 50, 56-57 — M. Brelet, page 158 — J. Bridel (l'Année hippique) : pages 95, 107 — Camera-Press (Parimage) : pages 256-257 — Cano : page 221 — M. Chapuis : page 97 — J.-P. Charbonnier (Réalités) : page 90 (1) (2) (3) (4) (5) — P. Chastel : pages 246, 248 (1) (2) — H. de Chatillon (Rapho) : page 51 — Cliffords Inn (Black Star, Rapho) : page 165 (1) (2) — D. Colomb de Daunant : pages 237 (1) (2) (3) (4) (5), 243 — P. de Cordon : pages 206, 208 (1) (2), 209 (1) (2), 210, 211, 213 — O. Cornaz (l'Année hippique) : pages 96, 98, 105 (1) (2), 113, 119, 124 (1) (2) — C. Dautreppe (Atlas Photo) : page 153 (2) — C. Delcourt : pages 39, 85, 92 (2), 101 (1), 117, 120, 122-123 — M. Desjardins (Réalités) : pages 184 (2), 185 (1), 187 (1) (2), 214, 217, 220 (2) (3) (4) (5) — R. Doisneau (Rapho) : pages 18 (1), 132 (1), 154, 155 (2) — R. Dourdin : page 64 — G. Ehrmann : pages 27, 28, 29 — Y. de la Fosse-David : pages 24 (1) (2) (3), 25 (1) (2) (3), 38 — Y. de la Fosse-David (Images et Textes) : pages 35, 37, 39, 40, 224, 225, 226 (2) (3), 227 (1) (2), 228 (2) — E. Haas (Magnum Photos) : pages 53 (1), 203 (1) (2) — H. Hammarskiold (G. Bern) : page 58 — L. Hoffenreich : pages 183, 188 (2), 189 (2) — Holmès-Lebel : page 11 — S. Holtz : pages 196, 197, 198, 199, 202 (2), 201, 238 (1), 239, 242 — T. Höpker (Magnum Photos) : pages 102, 111 (1) (2) (3) (4), 118, 127 — M. Jacot : page 10 — B. Jerger (Globe-Photos, Holmès-Lebel) : page 202 (1) — J.-R. Kehoe : page 220 (1) — F. Kern : pages 181, 189 (1) — M. Koner (Jackson-Legros) : page 166 (1) — Y. Lanceau : pages 23, 236, 251 (4) — Y. Lanceau (Images et Textes) : pages 249, 254-255 — J. Launois (Black Star, Rapho) : page 194 — R. Levasseur : page 126 — Life © Time Inc. : page 141 (1) — Loew (Holmès-Lebel) : page 155 (1) — C. Machatschek : pages 108, 136-137, 159, 227 (3), 228 (1), 230 — Magnum Photos : page 53 (2) — J. Marquis : pages 21, 132 (2) — R. Martinot : page 234 — F. Mateo : page 218 — F. Mayer (Magnum Photos) : pages 130, 138 (1) (2) (4) — W. Menzendorf : pages 175, 188 (1) — D. Miller (Globe Photos, Holmès-Lebel) : page 200 — A. de Monbrison (Rapho) : pages 43, 174 — Monty (Images et Textes) : pages 250 (3), 251 (2) (3) — Neil ffrench Blake : page 88 — Nicolas (Images et Textes) : page 252 — W.-D. Osborne : pages 144, 166 (2) — F. Peyer : pages 92 (1), 93, 150 — Photonews : page 250 (4) — Paul Popper Ltd. : pages 115, 143 — Rapho : page 128 — Reporters Associés : page 138 (3) — Rigot (Images et Textes) : page 77 — Riss-Photo : pages 163, 168, 171 — Rouch (Images et Textes) : pages 250 (1) (2), 251 (1) — R. Schall : pages 13, 17, 18 (2) — C. Seghers II (Black Star, Rapho) : page 145 — H.-W. Silvester (Rapho) : pages 238 (2), 240-241 — Streshinsky (Pix Incorporated, Homès-Lebel) : page 205 (1) (2) (3) — J.-L. Swiners (Réalités) : pages 141 (2), 153 (1), 156 — B. Trutmann : pages 68, 73 (1) (2), 83 — V.I.P. : page 22 — Walt Disney Productions : page 190 — Yan : page 235 — Ylla (Rapho) : pages 14 (2), 233 — Zalewski (Rapho) : pages 52, 60-61.

Cet ouvrage a été élaboré
dans le cadre des éditions Hachette Réalités.

La maquette est de Jean-Louis Germain.

Achevé d'imprimer
le 30 septembre 1976
sur les presses de la Néogravure
sur papier couché demi-mat.

ISBN 2-01-002401-X
Dépôt légal n° 2964 - 3e trimestre 1976
Éditeur n° 26.83.0171.05
Imprimeur n° 75166

26.0171.4
77-II